Existierend leben

FRANÇOIS JULLIEN

Existierend leben

Eine neue Ethik

Aus dem Französischen übersetzt von
Daniel Fastner

Matthes & Seitz Berlin

Derjenigen, die »heraussteht«, 卓立,
dieses Exerzitium in Existenz

INHALT

1. Leben ist, was uns am meisten bedeutet, sich aber auch dem Denken am beharrlichsten widersetzt. Denn worin wir uns zeitlebens – seit der Geburt – tätig finden, gerade zu dem fehlt uns der Abstand und die Perspektive. Doch zugleich ist es auch das, wonach wir unaufhörlich streben, als ob wir ständig entfernt davon wären. Was könnten wir uns schließlich mehr wünschen, als zu leben? Wir verhalten uns distanzlos dazu, weil wir uns von Anfang an darin verwickelt finden; und gleichzeitig entzieht es sich uns fortlaufend. Dieses Verb gibt es nur entweder ohne Jenseits oder ohne Diesseits: Es bezeichnet die Bedingung aller Bedingungen oder den höchsten Gipfel all unserer Bestrebungen: »Lebe endlich!«

Wo finden wir festen Halt auf der Spiegelfläche – in dem Labyrinth – dieses Widerspruchs: auf der Oberfläche wie in den Verschachtelungen dessen, was sich unserem Zugriff entzieht und daher nur in Gemeinplätzen Ausdruck findet – in Banalitäten, denen das Denken immer nur hinterherläuft?

Wo finden wir, wenn wir auf dieses Unmittelbare, leben*, zu sprechen kommen, zu dem wir aber erst Zugang erlangen müssen, einen *Einstieg* ins Denken?

2. Faktisch langweilen uns alle diese Ansichten über das Leben, die man gewöhnlich an uns heranträgt; auf der Steilwand des lebens bringen sie uns nur ins Rutschen. Mithin bieten sie so wenig Halt. Selbst das »Vergiss nicht zu leben!« der Stoiker tönt im Grunde hohl: Es klingt

* Anm. d. Übers.: Im Deutschen verdeckt die konventionelle Schreibweise die Unterscheidung zwischen dem Substantiv »das Leben« (im Franz. »la vie«) und der Substantivierung des Verbs »leben« (»vivre«), also üblicherweise ebenfalls »das Leben«. Um diese für den Gedankengang bedeutsame Differenzierung sichtbar zu machen, wird hier und im Folgenden die substantivierte Verbform kleingeschrieben (also »leben« oder »das leben«).

wie eine Mahnung. Aber lässt es dieses »leben« nicht zu altvertraut unangetastet, unerkundet, als ob es sich ganz ohne Weiteres verstünde? Auch »Nutze das Leben!« sagt man uns wie eine Selbstverständlichkeit. Man spricht es ernst aus und mit der Gewissheit der reifen Frucht der Erfahrung: dass alles andere unnütz ist, dass nur lebendig sein, in der Gegenwart, im Augenblick, in diesem Hier und Jetzt sein zählt. Aber das Argument ist so vernünftig – so unbestreitbar –, dass es uns nicht überzeugt. Oder besser, es überzeugt uns so sehr, dass es uns nicht berührt. Diese »Binsenweisheiten« sind wahr, sie sind so wahr, dass sie uns kaltlassen – könnten sie uns etwa einen »Einstieg« bieten? Alles, was wir mit ihnen tun können, ist sie wiederkäuen; sie von Leben zu Leben und von Generation zu Generation weiterreichen. Doch umschließen sie nicht vielleicht gar, von uns unbemerkt, wie ein Käfig unser Denken?

Denn wir tragen an ihnen, ohne es zu bemerken, die Last unseres immerwährenden Abgleitens und Wiederkäuens; dieser kontinuierlichen Wiederholungen, die, selbst wenn sie unter Urheberschaft, unter den Namen ihrer »Autoren« in Umlauf gebracht werden, anonym bleiben und das große, an Sentenzen reiche – denkfaule – Raunen bilden, das die Menschheit über das Leben von sich zu geben pflegt: diese Geräuschkulisse, von der unser eigenes Leben abzuheben uns so schwerfällt und die lediglich sporadisch von den kühnen Rufen von Denkern oder schöpferischen Geistern durchstoßen wird. Wenn nun aber das Leben ganz anders wäre, als man gewöhnlich zu verstehen gibt? Sind denn diese Allgemeinheiten, die »über das Leben« kolportiert werden, jemals überprüft worden? Hat man dieses stillschweigende Einvernehmen, in das man uns so früh gebracht hat, dieses berühmte »So ist das Leben …«, das wie ein letzter Grund ausgesprochen wird und doch ohne jede Begründung bleibt, hat man dem jemals nachzugehen versucht? Von diesen mit Weisheit angepinselten Banalitäten über das Leben, die sich nur darauf stützen, dass sie sich ansammeln und fortlaufend vermehren; von diesem großen Geschwätz, das sich für gültig erklärt wähnt genau durch den Trott, den es in die Welt setzt, müssten wir uns endlich frei machen. Sprich, wir müssten damit anfangen, uns herauszuhieven aus diesen diskursiven Versandungen, die der Philosophie selbst zugrunde liegen und in denen das Denken unablässig schlingert: indem wir umstoßen, was im Hinblick auf das »Leben«

umso sicherer im Denken verankert ist, als man nichts davon einer Überprüfung unterzogen hat; und was nichts anderes tut, als zu gerinnen und zu sedimentieren. Daher ist der *Abweg*, den ich am Anfang der Philosophie fordere (statt des »Zweifels« oder des »Staunens« als ihre klassischen Ausgangspunkte), zunächst ein Sich-Widersetzen gegen dieses Übereinkommen, dem sich unser Leben und unser Denken in einer solchen Selbstverständlichkeit beugen, dass sie keinerlei Ausbruch mehr wagen.

Woran aber können wir uns halten, um von diesen Banalitäten über das Leben abzukommen, die das Leben mit Mauern umgeben, zwischen denen das Denken dann endlos oszilliert? Mein Vorschlag wird sein, dieses ungreifbare *leben* zwischen den beiden mit ihm rivalisierenden oder zumindest ihm beigeordneten Verben zu fassen zu kriegen: *sein* und *existieren*. Ich bin, ich lebe, ich existiere – so setzt die Sprache sie parallel, aber zugleich nicht ohne Unterschiede. Wenn ich mich frage: »Warum lebe ich?«, befrage ich mich einzig über die Bedingungen meines Lebens, die möglicherweise zu hart sind und mein Weiterleben nicht mehr rechtfertigen. Wenn ich aber frage: »Warum existiere ich?«, lasse ich augenblicklich direkt aus dem Leben heraus eine Dimension zum Vorschein kommen, die sich davon ablöst und mich *außerhalb* dieser (Lebens-)Bedingungen stellt: Sie bilden dann nicht mehr den Horizont, und ich bin unmittelbar ihrer Begrenzung enthoben. Durch ihre Abstände voneinander entstehen Spannungen zwischen diesen Verben: *leben* springt hier wieder hervor. Während sie sich gegenseitig erhellen, fließen sie ineinander über – *leben* enthüllt hierin sein Potenzial: *existierend* zu leben. Nun bedeutet existieren wörtlich »außerhalb stellen« (lateinisch heißt es: ex-sistere). Außerhalb wovon, ist aber die Frage. Man muss also eine Antwort darauf geben, außerhalb wovon es sich zu stellen gilt, um leben für seinen Aufschwung zu öffnen.

3. Aber zunächst einmal, hat denn die Philosophie dieses *leben* nicht längst unter ihren Vorannahmen begraben? Schließlich hat sie es unter das Sein geordnet. Insbesondere hat sie durch ihre Verallgemeinerung die Einzigkeit von leben unter der Abstraktion des Begriffs verdeckt; so wie sie auch die wesentliche Mehrdeutigkeit von leben unter ihrer

Wesensanalyse verdeckt hat – also der Analyse von in distinkte Gegenstände des Bewusstseins verwandelten Wesenheiten. Seit die Philosophie, von Platon an, *leben* nicht mehr in seinen beiden miteinander verknüpften Grundbestimmungen, der *Mehrdeutigkeit* und der *Einzelheit*, denken kann, und es stattdessen in das jenseitige Ideal des *alēthḗs bíos*, des »wahren Lebens« verschoben hat, kann das hier und jetzt leben keine Konsistenz mehr erlangen und erweist sich als »überholt«.

Daher hat man sich des lebens traditionell nur angenommen, weil das Religiöse etwas davon aufscheinen ließ: Je mehr sich insbesondere im Christentum die Idee Gottes Bahn bricht, desto deutlicher zeigt sich, dass Gott »Leben ist«, Gott als Person und nicht als Prinzip: Leben des Lebewesens (*zōḗ*) und »Quelle« eines Lebens, das nicht stirbt (beim Apostel Johannes). Die Mehrdeutigkeit des Lebens wird von da an als die der menschlichen Natur begriffen, wie es sie das Bild Gottes vorstellt, aber gerade getrennt von ihm; und die Einzigkeit wird zu derjenigen der individuellen »Existenz« befördert, als ein buchstäblich »sich außerhalb« seines Schöpfers »Stellen«, das sich an jeden einzelnen Menschen um seines eigenen Heils willen richtet.

Auch wenn das Philosophische und das Religiöse Rivalen geblieben sind, mit dem Niedergang des Letzteren ist die stillschweigende Übereinkunft beider zerbrochen. Unsere Moderne – die auch daraus oder überhaupt erst daraus geboren wurde – musste sich dieser neuen Situation stellen oder sah vielmehr darin eine Herausforderung, die sie als Ansporn nahm. War es nicht zuerst die Literatur, die mit ihrem konzeptuellen Bruch Anfang des 19. Jahrhunderts *leben* zu ihrem Gegenstand oder genauer gesagt zu ihrem unmöglichen Objekt gemacht hat? Denn sie beleuchtet, im Unterschied zur Philosophie, ja gerade die Mehrdeutigkeit und zugleich Einzigkeit des *lebens*. Sie *beschreibt* leben hier und jetzt und verschüttet es nicht mehr unter einer ideellen Konstruktion. Folglich hat sie nichts mehr darüber zu lehren, wie man leben soll; beziehungsweise klärt sie, skeptisch gegenüber den guten Gefühlen (die bekanntlich schlechte Literatur machen), nur über Umwege, indirekt, implizit darüber auf, wie man leben kann (ihre Sprache ist das Implizite). Wenn sie etwas in Erfahrung bringen möchte, verlegt sie sich nicht mehr auf eine abstrakte Trennung von Wesenheiten, sondern lässt diese in einem ungewissen Halbschatten *changieren*, indem sie dem möglichen Verlauf eines Lebens und einer Erfahrung folgt (»ein Leben«: der Gattungstitel des Romans des 19. Jahrhunderts) – und zwar ohne moralisieren zu müssen.

Was geschieht dann aber mit dem Präskriptiven, das uns lehrt, wie wir leben sollen? Mit dem Verkümmern der religiösen Moral bleibt ein Gebiet unbesetzt. Sowohl die seit den Griechen an die »Wissenschaft« gekoppelte Philosophie als auch das dogmatisierte Religiöse, dessen unabdinglicher Glaube in der Moderne eine Entwertung erfuhr, überlassen das Gebiet sich selbst. Auf dieser Brache sprießt das Kraut der »Persönlichkeitsentwicklung« – dieses sehen wir heute mit zahllosen Büchern, die Nicht-Bücher sind, das Feld überwuchern und die Philosophie aus den Bibliotheksregalen vertreiben. Darin wird *leben* auf einer »persönlichen« Ebene thematisiert – die »Person« dient dazu, die Einzigartigkeit des Individuums mit der Subjektposition zu verschmelzen; und dies gleichzeitig in Form einer »Entwicklung«, in der man sich angeblich über alle Ideologie erhebt und die ursprünglichsten Pfade des »Wohlbefindens« und der »Harmonie« wiederentdeckt.

Doch die Persönlichkeitsentwicklung kann weder beschreiben und aufklären, wie es die Literatur macht; noch lehrt sie aufbauen und befragen, wie es die Philosophie macht. Sie *arbeitet* in der Tat nichts *aus*, weder ein Produkt noch eine Frage noch einen Begriff; sie entwickelt keine Modelle und gibt keine Beispiele – sondern sie predigt. Ihre theoretische Inkonsistenz sucht sie dadurch zu kompensieren oder besser gesagt zu verbergen, dass sie, unter dem Deckmantel, sich nicht von der Natürlichkeit des »Erlebten« zu lösen, die eingangs erwähnten ewigen Banalitäten wiederkäut und recycelt: Zwischen diesen kann man nur schlittern und rutschen, aber keinen *Einstieg finden* (in das Eigentliche des Themas); und sie kleidet sie umso leichter in die jeweils aktuelle Ideologie, je weniger sie intellektuell Position bezieht und mithin einen Diskurs schafft. Oder sie variiert sie in Form von Ausrufen des Entzückens: »Das Leben ist so schön …«; oder bescheidener: der Zufriedenheit (die »Lebensfreude«). Sie handelt sehr wohl vom Hier und Jetzt, aber in Form einer Beschwörung, welche Naivität heuchelnd die ältesten Klischees hervorholt (»Leben ohne Warum« usw.). Auf diesem Pfad der Glückseligkeit spekuliert sie allerdings mit geringem Einsatz. Daher müssen wir uns freimachen von dieser medienkonsumistischen

Unterphilosophie, weil sie von der Notwendigkeit zu arbeiten entbindet; uns freimachen von dieser falschen Münze, die durch die Verwirrung, die sie stiftet, die Tätigkeit, sprich den eigenen Wert des Denkens, verfälscht, und freimachen auch von dieser Einfalt, die ihre Faulheit einmal mehr unter dem alten Flitter der Weisheit zu verstecken sucht.

4. Ich werde hier ohne Umschweife und Rücksichten voranschreiten. Die Philosophie muss sich heute mit der Frage des *lebens* befassen, will sagen, sie muss das *leben* – und nicht nur das in seiner Allgemeinheit leicht zu subsumierende Leben – zu ihrer ureigenen Frage, ihrer bohrenden, durchdringenden Frage machen, die sich nicht mehr abweisen lässt. Dies einmal vorausgesetzt, erkennt man schon im Voraus, was sich dem Begreifen am meisten widersetzen oder sich nicht auf Anhieb in das Forschungsprojekt einordnen lassen wird. Insbesondere wird sich die Philosophie im Bündnis mit der Literatur damit befassen müssen, das Einzigartige und das Mehrdeutige zu denken, statt wie zuvor ihre Bewältigung in einem metaphysischen Jenseits zu avisieren: Sie wird *leben* im Hier und Jetzt erforschen müssen, statt seinen großen Aufschub zu organisieren. Deshalb werde ich mit der Ausarbeitung derjenigen Begriffe des *lebens* den Anfang machen, die direkt am Erlebten liegen oder sich am schwersten davon ablösen lassen: diejenigen, die mit der Phänomenalität der Erfahrung getränkt sind und keine oder möglichst wenig Kohärenz zeigen, uns aber erlauben, sie freizulegen. Ich sage »möglichst wenig«, weil man sich in dieser Hinsicht nicht vom Widerstand der Sprache überlisten lassen darf, auch nicht davon, dass sie selbst uns dazu drängt, ins Abstrakte zu kippen. Folgendes sind die Begriffe, mit denen ich hier Masche um Masche ein Netz zu knüpfen beginne, um damit einzufangen, was eine Rolle spielt beim Übergang *vom* Leben *zu* seinem Existenzvermögen, welches jenes emporhebt: Anhaften und Widerstand, Versanden und Umkippen, Einleiten und Resorption (Kapitel I–V). Die menschliche Existenz hält sich auf die Phänomenalität der Welt gerichtet und in Kontinuität mit ihr, statt sich willkürlich von ihr abzulösen (Kapitel VI–VII).

Gleichzeitig bringt mich jeder dieser Begriffe kraft seiner Phänomenalität zu der Beobachtung, wie leben in seinem Fortgang immer zu dem hingeführt wird, was allein es vielleicht definieren kann: nicht träge in Übereinstimmung und Kongruenz mit sich selbst zu bleiben, sondern sich aus sich selbst heraus zu ver-stimmen, um sich zu aktivieren und wieder in Bewegung zu versetzen. Das scheint mir das Eigentümliche des *lebens* zu sein: das *Ver-stimmen*. Leben an sich ist ver-stimmend – dies ist das einzige »an sich« des lebens. Daraus ergibt sich schon die Legitimität seiner *Mehrdeutigkeit*: leben lässt sich nicht in Identitäten sperren; ebenso lässt sich daraus die *einzigartige* Position eines Subjekts bekräftigen, die durch Ausnutzung dieser *Ver-stimmung* zutage tritt. In dieser phänomenalen Zerrissenheit der Phänomenalität selbst und in dem Spielraum, den sie in Erscheinung treten lässt, eröffnet sich die Möglichkeit einer Freiheit, in der sich unsere Ex-istenz ausbreitet. Eine solche Freiheit ist nicht unmittelbar, qua Natur, gegeben, wie es die Metaphysik wollte, die sie von ihrem Jenseits ausgehend postulierte. Vielmehr ist sie die Freiheit eines Subjekts, das sich erst wirklich *außerhalb stellen* und eigentlich »ex-istieren« kann, indem es sich seiner selbst dadurch versichert, dass es eine Bresche schlägt – in dem Maße, in dem es eine Bresche schlägt – in die Einhegung dessen, was die »Welt« ausmacht. Aber »*außerhalb*« wovon genau stellt man sich? Unterwegs werde ich dieses *außerhalb*, durch das ex-istieren voranschreitet und möglich wird, unablässig modifizieren. Außerhalb dessen, was an seinem Platz, in Übereinstimmung und nicht mehr *wachsam* ist. Folglich außerhalb dieser Welt, aber ohne, dass es noch um eine »andere Welt« ginge (Kapitel VIII). Existieren ist dieses moderne Verb, das sich zwischen »sein« und »leben« gesetzt hat und dadurch eine solche Möglichkeit *hervorzutreten* sichtbar macht (Kapitel IX).

Wir kennen in der Tat die Schwierigkeit, zu leben. Wir können nur hier und jetzt leben, aber »hier« und »jetzt« sind die abstraktesten Begriffe, die für jedes Hier und jedes Jetzt Gültigkeit haben (Hegel am Anfang der *Phänomenologie*); Hier und Jetzt entziehen sich uns ständig, sodass die Empfindung selbst schon steril ist, eingeschlossen in diesen verlorenen Augenblick (Proust am Ende von *Die wiedergefundene Zeit*). Wie können wir von hier Zugang zu diesem Unmittelbaren finden, das sich, weil es unmittelbar ist, entzieht? *Existieren* wird der Begriff sein, durch den es sich neu hindurchzuarbeiten gilt, um Licht in diese schwierige Angelegenheit zu bringen.

In ihm eröffnet sich der Weg einer neuen *Ethik*.

I

ANHAFTEN – LOSLÖSEN

(oder wie weit kann man sich vom Vitalen ablösen?)

1. Die erste Frage ist vielleicht: Wo setze ich an, um meine Einbindung ins Leben, inmitten des Lebens, zu benennen – die Tatsache, dass ich am Leben bin? Und wie kann ich Aufschluss darüber erlangen, was ihm zugrunde liegt, nicht dem »ich denke« oder dem »ich bin« (das bereits so späte *cogito*), sondern dem »ich lebe«? Ich werde hier den Anfang damit machen, es als »Anhaften« (*adhérence*) zu bezeichnen, und zwar im Unterschied zum »Anhängen« (*adhésion*). Welcher Sache wir anhängen, ist Gegenstand einer Entscheidung, oder zumindest einer Wahlmöglichkeit; in diesem Sinne sind wir aus freien Stücken Anhänger von lokalen und partikularen Erscheinungen (wir hängen einer Meinung, einem Ideal, einer Partei an). Das *Anhaften* hingegen muss viel vorgängiger, näher am Vitalen in uns und damit auch in globaler Bedeutung verstanden werden. Mit diesem Begriff möchte ich ins Ursprünglichste zurückkehren, in die Immanenz, die uns mit dem Leben verbindet, insofern wir leben; die macht, dass wir leben, also noch bevor die Distanz dazwischen tritt, die durch die Reflexion und ihre Negationsmacht hineinkommt. Was kann an unserem grundlegenden Verhältnis zum eigenen Am-Leben-Sein ans Licht kommen, wenn wir möglichst tief unter das Bewusste und Gewählte hinabsteigen – oder wie ließe es sich noch elementarer ausdrücken? Es wird darum gehen, in ihrer ganzen Breite die verborgene *Unterseite* unserer Existenzen zum Vorschein zu bringen – die dem Einvernehmen, der Zustimmung, jeder Anhängerschaft vorausgehende *Unterseite*. Denn »Anhaften«, das *als Phänomen betrachtet* das Vermögen beschreibt, an etwas festzuhalten, der ganzen Länge nach und über die ganze Ausdehnung einer Oberfläche an etwas zu haften, enthüllt uns unser Vermögen, am Leben in seiner Fortentwicklung

und Ausbreitung zu kleben: So weit sich mein Leben erstreckt, hafte ich an, und »ich« löst sich selbst als »ich« kaum davon. »Ankleben«, wie ein Reifen an der Fahrbahn klebt und nicht ins Rutschen kommt – werden wir aus diesem Bild herauskommen können? Es handelt sich um dasselbe Bild, das wir aus Sokrates' Munde kennen, von seinem letzten Augenblick, seinem letzten Wort, aber gerade, um damit zu brechen (*Phaidon*, 117a): »dass ich mir selbst lächerlich vorkommen würde, wenn ich am Leben klebte«, *glichómenos toû zên* (γλιχόμενος τοῦ ζῆν).

Denn das Eigentümliche des »Menschen«, der sich aus der Tiernatur herausarbeitet, ist genau, dass dieses Anhaften, das ihn kontinuierlich und unumschränkt am Vitalen festhalten lässt, seine Kompaktheit verliert, verwickelter wird und Risse bekommt, sich zugleich aufspaltet und diversifiziert; dass es variabel wird: dass es eine solche Festigkeit erhält, wie man sie nicht erwartet hätte, oder auch sich abschwächt, ja sich sogar so weit erschöpft, dass es selbst fragwürdig wird. Von diesem Anhaften, das sogar wie ein »Kleben« (*glischrós*) empfunden wird, will Sokrates sich losmachen, als er am letzten Tag entscheidet, das Trinken des Schierlingsbechers nicht länger hinauszuschieben. Denn ein menschliches Subjekt *kann* so einem Anhaften den Rücken kehren, mit dieser Natürlichkeit, die es einschließt, brechen, und aus dem, was es als Passivität wahrnimmt, ausbrechen, indem es die Initiative für sein Leben selbst in die Hand nimmt und genau darin sich zum *Subjekt* macht. Bis der Mensch sich entschlossen von diesem Lebensstrom abklemmen kann, der durch ihn fließt und ihn, so urteilt er nun, in der Versklavung hält. »Allein der Mensch« unter allen Lebewesen, so wissen wir, kann sich selbst das Leben nehmen. Aber wir wissen es in Form eines Wissens, das man ein ganzes Leben lang unter Verschluss halten kann wie einen Aiolos-Schlauch, den man sich zu öffnen hütet.

Insofern ist dieses Anhaften ursprünglicher als jede Zustimmung; es lässt uns weiter, elementarer in unser Am-Leben-Sein eindringen. Bei der »Zustimmung« (das *adsentior* der Stoiker) handelt es sich um eine Art der Bejahung des Lebens, in die man einwilligt, die gewählt ist; eine Art, den Zusammenhalt des Lebens zu erfahren und sich anzueignen, bei seiner Erneuerung mitzuwirken, zu seiner Rechtfertigung überzugehen, die, selbst wenn sie das ganze Leben betrifft, doch immer noch von einer Entscheidung des Geistes abhängt. Der Stoiker sieht im Leben eine notwendige Verkettung, die gleich das ganze Negative umfasst, das darin begegnen kann. Es gibt viel Leid: Unglücksfälle, Krankheit, Tod; doch statt mich dagegen aufzulehnen, erkenne ich in ihnen eine gemeinsame Vernunft, *lógos*, die sie mich nicht nur akzeptieren lässt, sondern besser noch, mich zur Ruhe bringt: und zwar nicht in Resignation, sondern auf eine Weise, die durchaus heiter sein kann, da dieses Negative zugleich in allen seinen Ausprägungen die kohärente Entfaltung der »Natur«, der *phýsis*, zum Ausdruck bringt. Während nun eine solche Zustimmung aktiv erfolgt und einem Entschluss entspringt, ist Anhaften ein viel primäreres, grundlegenderes Phänomen, das es erlaubt, die Bedingung der Möglichkeit unseres Am-Leben-Seins zu erforschen. Denn leben setzt Anhaftung voraus und scheidet zugleich wie ein Sekret selbst ein Anhaften aus, das allerdings, weil leben zum Teil, möglicherweise zum größten Teil darin eingetaucht bleibt, der Wahrnehmung des Subjekts entgeht; sodass dieses in der radikalsten Form aktiv werden muss, um sich davon loszumachen, sich davon loszulösen, sich gegen es zu wenden und sich wirklich als »Subjekt« zu setzen.

Unsere *Haftfläche* hat solche Ausmaße, ihre Berührungspunkte variieren so stark, dass normalerweise kein Rand zu sehen ist, der uns das Anhaften zu Bewusstsein bringen würde. Alle Verwandtschaftsverhältnisse geben ihm bereits ein Fundament, den Einbezug in eine Geschlechterfolge: die »Familie« – was ist eine Familie, wenn nicht ein mit Anhaftung versehenes und dadurch begrenztes Feld? Oft verharren wir übrigens in dieser Selbstlegitimation des Vitalen aus jenen Beziehungen, die sich aus Abstammung und Fortpflanzung ergeben. Ich erbe das Leben und gebe es weiter: Bedarf es noch einer weiteren Rechtfertigung? Wir werden den schmalen Horizont dieses Verhältnisses nicht überschreiten (wir werden nicht darüber nachdenken): »meine Eltern« / »meine Kinder« – ich bin selbst Kettenglied, indem ich Leben an Leben binde und mich in diese Immanenzverkettung eingeschlossen, absorbiert finde. Die »Familie« stellt ein Schutzschild (eine Sichtblende) dar, der von vornherein jede Infragestellung abwehrt und unter dem wir uns sicher fühlen vor dem Einbrechen selbstverständlich nicht nur des Todes, sondern des Nichts. Deshalb ziehen wir uns dorthin zurück, um uns zu schützen: Zur selben Zeit, wie sie uns mit Stolz erfüllt, enthebt sie uns bequem jeder Rechtfertigung. Die Familie legitimiert zu den geringsten Kosten, stiftet unmittelbar »Sinn«, sodass man sich gar nicht mehr auf die Suche begeben muss – mit ihr habe ich immer etwas, woran ich mein Denken festmachen kann. Das gute Gewissen des »ich denke an andere«, die aber zu mir gehören, die mein Ich nur erweitern: Mit ihnen muss ich nicht mehr darüber hinaus denken; es autorisiert uns sogar, umso erbitterter die eigenen Interessen zu verteidigen (es ist ja »für sie«). Indem man sich auf die Familie zurückzieht, muss man weiter draußen nichts riskieren, davon ist man befreit. Ich sage »Familie« und was damit außerdem an Abgestandenem, atavistisch Borniertem, durch Affekt und Interesse Zusammengehaltenem einhergeht, und nicht etwa nur *ein Kind, Kinder*, die vielleicht von mir abstammen, aber mir *nicht gehören*, sondern eine neue Möglichkeit – als neuer Auftakt, Neuanfang – der Menschheit bilden, die ein weiteres Mal, das immer das erste Mal scheint, der Möglichkeit nachgehen, sich zu überschreiten. Eine Möglichkeit, die vielleicht vertan wird, aber es ist die Möglichkeit, die zählt.

Oder diese *Haftsamkeit* hängt sich an ein Kollektiv: Nation, Region, Religion, »meine« Kultur (die Fantasie davon, was meine Identität ausmachen würde). Auch ein Ort ist Quelle des Anhaftens: das Milieu, die Nachbarschaft, »mein Haus« – oder besser noch ein Gefilde. Aber ebenso Geld und Eigentum, die, obgleich höchst abstrakt, doch Träger und Faktoren einer Bindung ans Leben – *im* Leben – darstellen, die man nicht infrage stellt (die bewirken, dass man nichts infrage zu stellen braucht). Denn der Besitz rechtfertigt sich wesentlich nicht aus irgendeiner egoistischen Habsucht, wie ihm unterstellt wird, sondern weil er beständig am Leben *klebt*, indem er seinen adipösen Einfluss wie Tentakel ausbreitet. Der Besitz wird gesucht, um jeden drohenden Riss in der Anhaftung zu kitten – ihn präventiv zu verschließen und zu verhindern. Es wäre tatsächlich verkürzt zu sagen, wenn man nach Besitz strebt, dann um sich (über seine Ängste) zu beruhigen oder sich (von seiner Langeweile) abzulenken: Die Beschäftigung, in die es uns verwickelt, dient vielmehr dazu, uns ans Leben zu *fesseln*. Denn auf diese Weise bringt man im Vorhinein und per Lastschriftverfahren, indem man sich an die Dinge (und von den Dingen) kleben lässt, das zum Schweigen, was an Argwohn sogar gegen das Leben selbst ins Leben einzudringen droht, und festigt oder kräftigt das eigene »Anhaften«.

An unsere Bedürfnisse anknüpfend (*woran* man zu *denken* hat: ans Essen, ans Schlafen ...), *binden* uns die Zeitpläne und Aktivitäten direkt ans Vitale und erfüllen uns damit. Unsere Begierden und Projekte (Ambitionen etc.) haben, indem wir sie vorantreiben, dieselbe sich wiederholende Bindefunktion, und dies sogar unter ständiger, kein Ablösen zulassender Erneuerung. Unsere Zuneigung, selbstverständlich, aber ebenso auch oder sogar mehr noch unser Abscheu und unsere Ressentiments bewirken ein Anhaften, in diesem Fall ein negatives Anhaften – aber diese Negativität versetzt noch mehr in Spannung und belebt. So viele Saugnäpfe, die uns angeklebt halten – aber an was? An etwas, das keinen Namen hat, so sehr ist es Erstes in uns (und wofür das »Vitale«, der elementarste Begriff, vielleicht schon ein Surrogat darstellt). »Worauf« findet der Verstand so wenig Halt, worauf gelangt er nur so schwer zu einem Überhang? Wie nur sich aus diesem Bindegewebe losmachen? Und zunächst einmal: Muss man sich davon überhaupt losmachen wollen? Denn in welches *Exil* würde uns das führen? Wieso sollte man unter dieser Decke, die uns von allen Seiten ansaugt und sich andrückt und mit ihrer Klebrigkeit das Subjekt untertaucht, wieso (hier wird das »wieso« plötzlich unermesslich) sollte man daraus *hervortreten* wollen?

Jeder wird so die Landkarte seines eigenen Anhaftungssystems und seiner eigenen Anhaftungsordnung zu einem gegebenen Zeitpunkt anfertigen können, indem er danach fragt, was den Unterbau seines Lebens ausmacht; indem er dessen Umrisse einzeichnet und dessen Geografie oder besser Geologie erkundet. Jeder wird bemessen können, was wir seinen *Anhaftungsgrad* an jedem seiner Orientierungspunkte nennen können. Vielleicht bestünde darin das berühmte »sich kennen«. Ist mein Anhaften, wenn ich es in seiner Verteilung betrachte, eher familiär oder beruflich? Eher »materiell« (die Habe, der Erwerb) oder eher »spirituell« (der Glaube, das Engagement oder auch nur dieses Buch, das ich gerade schreibe)? Denn ich weiß sehr wohl, dass ein Buch schreiben die Anhaftung aufrechterhält, selbst wenn wie in meinem Fall Ablösung das Ziel ist. Wie komme ich zu einer Einteilung dieser Anhaftgebiete, wie bringe ich sie in eine Hierarchie, wie gleiche ich sie aus oder kompensiere sie? Genügt es insbesondere, wenn ich jede Anhaftzone gegen null streben lasse? (Dass ich beispielsweise wähle, allein zu leben, oder Geldfragen in den Wind schlage?) Welchen Einfluss und welche Auswirkungen wird diese Reduktion auf die anderen Bereiche meines Anhaftens am Vitalen haben, und kann sie Gefahr für sie bedeuten? Oder wird sie sie umgekehrt fördern und festigen? Wird sie sie durch Übertragung noch stärken, oder droht ihre Abnahme umgekehrt auch diese in Mitleidenschaft zu ziehen?

Denn wenn wir begreifen, welches Phänomen hier unter Anhaftung verstanden wird, indem wir möglichst tief in unser Am-Leben-Sein eindringen, sprich auf elementarste Weise benennen, was uns in diesem Strom des Lebens hält (uns unterhält); wenn wir insbesondere begreifen, dass Anhaftung nicht auf den Glauben reduziert werden kann, selbst wenn unsere religiösen oder allgemeiner ideologischen Überzeugungen sich ebenfalls in Form von Anhaftung ausbilden, aus der sie ihre Rechtfertigung ziehen, dann werden wir ebenso begreifen, dass sich das Leben unter einem bestimmten Niveau oder einem bestimmten Anhaftungsgrad als problematisch erweisen kann; und schon dass, je nachdem, was mir im Verlauf der Tage Unterschiedliches zustößt, mehr Positives oder mehr Negatives, Günstiges oder Ungünstiges, mein Anhaftungsgrad zu- oder abnimmt. Daraus ergibt sich ein bestimmter höherer oder niedrigerer Anhaftungs-Koeffizient, anhand dessen sich unser Leben bemessen und charakterisieren lässt. Mittels dieses Koeffizienten der Anhaftung am Vitalen kann noch vor jeder im eigentlichen Sinne ethischen Wahl so etwas wie eine von ihm ablösende Initiative sichtbar werden; und mittels dieses Anhaftungs-Koeffizienten lässt sich auch das Vermögen eines Subjekts, sich seiner Autonomie zu betätigen, bemessen – statt dass man es gratis, und zwar gleich aus Prinzip und absolut, mit einer solchen Autonomie ausstattet, wie es die Metaphysik getan hat. Denn ließe sich jenseits davon, also wenn man es nicht mit der fundamentalsten Form dieses Anhaftens zu tun hat, noch jenes »sich außerhalb stellen« des *ex-istierens* (*ex-sistere*) begreifen? Erst im Blick auf dieses Phänomen der Anhaftung oder vielmehr gegen es, durch Abkopplung davon, indem man sich gefährlich außerhalb seiner Reichweite stellt, anders gesagt durch Loslösung, enthüllt die »Existenz« wahrhaft ihre Möglichkeit; oder, wie wir gerne sagen, erst darin »existiert« der Mensch.

2. Man sagt häufig, dass es ein Minimum an »Befriedigung« braucht – so der üblicherweise genannte Begriff –, damit ich weiterleben will (oder kann). Ich prüfe und zähle die Quellen meiner Zufriedenheit auf, und ich beurteile es ganz realistisch, wenn ich »genug habe« – diese Formel ist ebenso nüchtern wie diese Rechnung. Ich ziehe »den Schlussstrich«, wie man so sagt: Unterhalb eines bestimmten Niveaus von Niedrigwasser wird leben wieder unsicher, fehlt der Antrieb. Aber *Befriedigung(en)* gehört schon zu sehr der Ordnung Resultat an, ist zu bröselig und im Gegensatz zu dem, was man sich vorstellt, auch zu abstrakt. Ist schon zu stark in die Pole Zufriedenheit und Enttäuschung aufgespalten; zu sehr in die Begrifflichkeiten von Absicht, Ziel und Erwartung (von Beeinträchtigung) gefasst; zu sehr entlang der Alternative von Erlangen und Nichterlangen gedacht. »Befriedigung« ist also womöglich nicht der Primär- und Elementarbegriff, für den man ihn hält – selbst wenn Freud noch daran festhielt. Sein Leben am Maßstab der Befriedigung zu beurteilen oder besser zu bemessen – bedeutet das nicht, sich in gewisser Weise bereits in einer anderen, distanzierten, zu mittelbaren Ordnung, in einer »Repräsentation« und folglich einer Abstraktion zu bewegen?

Wenn man die Begriffe abschreitet, die Anspruch darauf erheben, am elementarsten zu sein, bietet sich als Kandidat für diesen Primärbegriff »Investition« an, der uns, wie bei Freud die »Besetzung«*, tiefer dringen lässt. Für das Resultat der Befriedigung bildet die *Investition* die Vorbedingung. Und dieser Ausdruck nützt uns tatsächlich, weil er durch seinen Bruch mit der (so missverständlichen) »reinen« Absicht der Moral und seiner strikten Bemühung um Quantität Klarheit schafft. Denn *Investition* verbindet auf vorteilhafte Weise die Ökonomie mit der Psychologie. Das Leben oder eher das Vitale bildet ein bestimmtes Kapital, ein Energiekapital, das man begrenzt weiß (fühlt), das man nutzt, ausgibt und »investiert«. Ich investiere in meine Aktivitäten und meine Träume, in meine Beziehungen und Gefühlsbindungen, wie man eine Anlage tätigt, von der man sich einen Ertrag, eine Ausbeute

* Freuds Begriff der »Besetzung« wird im Französischen mit »investissement« übersetzt. Im ökonomischen Kontext bedeutet das Wort »Investition« (Anm. d. Übers.).

verspricht – die berühmte Anlagerendite, die sich dann in der »Befriedigung« bemisst. Das Freud'sche Denken hat durch sein Festhalten an diesem vereinheitlichenden Begriff (im Deutschen unter der Bezeichnung *Besetzung*) den Anwendungsbereich weit (vielleicht zu weit) aufgestoßen: vom Neuronalen (die Besetzungsenergie und ihre Formen) zur libidinösen Besetzung bis hin zur Metapsychologie des Triebs. Man investiert eine Quantität freier Energie in eine Fantasievorstellung oder einen Körperteil oder ein fremdes Objekt und besetzt sie in diesem Maße positiv oder negativ, mit seiner Liebe oder Abscheu; sogar die Besetzung eines Ich-Subjekts wie im Narzissmus korrespondiert proportional einer weniger starken Besetzung (Desinvestition) der »Objekte«.

Außerdem möchte ich an der ursprünglich militärischen Bedeutung des Begriffs »Investition« festhalten, an seiner Bedeutung im Italienischen (*investire*), aus dem wir diesen seinerseits an sukzessiven Investitionen so reichen schönen europäischen Begriff übernommen haben – von dort, wo sich Sprachen wie auch Denkfelder kreuzen: So bezieht er sich in dieser militärischen Etymologie auf eine Festung, die man einschließt oder »investiert« (belagert). Der Begriff der Investition erhält damit eine strategische Dimension, die als solche einheitlich bleibt und das Denken des lebens in einer globalen Perspektive erhellen wird, und dies zugleich auf ursprünglichere Weise – statt es von Vornherein den anderen Urteilsmaßstäben zu überlassen, darunter der in sich zerrissenen Moral. Ich wähle (und mir gelingt) mein Leben in Entsprechung zu dem, was ich investiere; oder in der Art, wie ich mich investiere. Ich kann zweckmäßigere oder klügere Investitionen tätigen als andere. Sei es, dass ich meine Investition allein für mich beanspruche (die exklusive Leidenschaft, bei der ich die »Wettsumme« ganz für mich in Beschlag nehme); sei es, dass ich diversifiziere, um nicht alles auf einen Schlag zu riskieren (nicht alle Eier in denselben Korb legen, rät Freud). Ich *investiere* oder auch desinvestiere (mich) – durch Ablehnung oder Rückzug, durch Verlust oder Verzicht. Dies wird also der im eigentlicheren Sinn existenzielle Manöverspielraum sein, der sich unter dem Strategieprinzip in das übersetzt, was man Ethik nennt. Wenn man etwas über das Leben (im Leben) lernt – andernfalls lernt man in der Tat nichts –, dann das Wissen, ein aus der Erfahrung gewonnenes, aber auch entschiedenes, gewähltes, weil reflektiertes Wissen, *wo man vor-*

zugsweise investiert und mithin auch, woraus man sich zurückzieht, und ob man nicht überinvestiert. Leben lernen ist zuallererst dies: seine subjektive Investition wählen. Sich beispielsweise entscheiden, sich aus dem Bereich der Ambitionen und den Orten des Wirkens (der Macht) zurückzuziehen; und seine Investition – ökonomisch – in die Denkarbeit und in Freundschaften zu verlegen. Wie diese Wahl auch ausfällt: Eine Subjektfunktion entwickelt sich aus diesem Gewebe der Anhaftung, bestätigt dadurch deren Vorgängigkeit, und setzt sich als Primärbegriff.

Aber auf welcher Ebene dieser Begriff der Investition auch ansetzt, er führt doch alles auf die Perspektive der Initiative zurück; er ist zu absichtsvoll aktiv, um den ursprünglich teilhabenden Charakter oder besser noch integrativen, inklusiven, *anhaftenden* Charakter unseres Am-Leben-Seins begreiflich zu machen. Er gibt sich insgesamt zu geflissentlich als Erstes aus, um tatsächlich dieser erste Begriff sein zu können. In der Tat geht mit ihm verloren, was unser Am-Leben-Sein ursprünglich zugleich an Auf-der-Welt-Sein einbegreift. Denn dass sich die Investition nicht mehr allein im Bewusstsein abspielt, sondern zwischen das Unbewusste und Vorbewusste rückt; dass der Verdrängungsprozess selbst voraussetzt, dass den Vorstellungen die Energie, mit denen sie besetzt waren, entzogen und, verfügbar geworden, in abwehrender Funktion und sogar als Gegenbesetzung neu investiert wird – dies setzt voraus, dass eine Subjektfunktion immer schon gleich bezeichnet und gegeben ist, der man aber nie ansieht, *woraus sie sich speist*. Insbesondere sieht man nicht (und darin liegt auch der seitens der Psychoanalyse nicht befriedigend geklärte Punkt), woraus und damit auch wie sich, von einem System zum anderen, *Bewusstsein* entwickeln kann. Wenn die Funktion des Besetzens/Investierens auf der Ebene des Bewusstseins dieselbe Gültigkeit hat wie im Unbewussten, dann kann man von ihr ausgehend nicht erkennen, welcher Operation das Bewusstsein seinen Aufstieg verdankt, anders ausgedrückt, woraus es seine eigene Macht bezieht, *woran* es sich festhält, wenn es *hervortritt*.

3. Ich werde »Loslösen« im eigentlichen Sinn dieses Vermögen nennen, das das Bewusstsein hervortreten lässt, indem es es vom Vitalen abkuppelt; und damit auch das Vermögen, das die Subjektposition zum Vorschein bringt und dem Subjekt erlaubt, sich »außerhalb zu stellen«

und zu *ex-istieren*. Dies lässt sich auch umgekehrt ausdrücken: Je mehr sich das Bewusstsein vor mir ausbreitet, desto weniger bin ich von (in) meinen Anhaftungen eingenommen, absorbiert, an ihnen »klebend«, wie Sokrates sagte; und aus diesem Loslösen, dieser offenen Zurücknahme, geht umgekehrt die Reflexivität hervor, die das Bewusstsein ausmacht und das Subjekt kennzeichnet. Bis zu welchem Punkt kann ich diese *Loslösung* nun aber treiben, indem ich mich *des* Bewusstseins bediene und es befördere? Hat dieses Befördern nicht ein Ende? Liegt darin nicht die erste ethische Frage, noch bevor sich eine »Ethik« entwickelt? Jenseits einer bestimmten Schwelle, die viele erahnen, aber nur diejenigen, die sie überschritten haben, kennen (und die eben diejenigen sich gegenseitig erkennen lässt), werden diese Anhaftflächen gefährlich schmal und spärlich, der bindende-anhaftende Kokon, mit dem sich unser vitales Sein umgibt, verliert dort seinen Zusammenhalt und wird löchrig. Eine Interesselosigkeit tritt zutage, die Stück für Stück die gewöhnlichen Probleme an Bedeutung verlieren lässt; ein Infragestellen tritt hervor, das zunehmend einsam macht, indem es einen dazu hinführt, von den alltäglichen Sorgen und Fragen, bei denen alles schon eingeordnet, alles gleich schon »eingefügt« ist, abzurücken. Ein *Abweg* öffnet sich, wächst sich gar zu einer Kluft aus, in die sich was wir »Bewusstsein« nennen, weil es keinen Halt mehr findet (keine »Klammern«, sagt Nietzsche), ausbreitet und sich sogar aufstachelt; in der was wir »Subjekt« nennen, weil es sich von seinen Anhaftungen zurückgezogen hat, sich in sich selbst isolieren kann, und zwar dergestalt, dass es seine Selbstauslöschung als Subjekt ins Auge fasst.

Denn erlaubt nicht allein ein Begreifen der Entstehung des Bewusstseins von einem solchen *Vermögen der Loslösung* her, ihm ein Fundament zu geben und seinem Begriff so neues Leben einzuhauchen? Wir wissen, wie sehr das moderne Denken diesem Begriff zugesetzt hat – bis man nicht mehr wusste, was ihn ausmacht und seine Sonderstellung rechtfertigt. Meine bewussten, »psychischen« Handlungen sind Lebensprozesse wie andere auch, erkannte Nietzsche, und sie hängen von derselben Phänomenalität ab wie diese. Beziehungsweise welche Rolle, fragt Freud zusammenfassend, bleibt in unserer Darstellung für dieses einst alles überspannende, alles beherrschende »allmächtige Bewusstsein« noch übrig, das seine Souveränität angesichts der Hypothese des Unbewussten eingebüßt hat? Und was ließ nun aber Freud, als er das Bewusstsein als Sinnesorgan für die Wahrnehmung psychischer Qualitäten definierte, unaufgelöst? Das Problem, das die Psychoanalyse stellt, besteht tatsächlich nicht darin, dass sie das Bewusstsein aus zu viel Bescheidenheit zurücknehmen würde, sondern dass sie sich keine Rechenschaft mehr darüber abzulegen weiß, was wir ebenfalls »Bewusstsein« nennen müssen, ohne es in gleicher Weise zu hypostasieren: über das, was dieses an eigener Funktion oder Initiative in sich trägt, sich nicht auf die durch Merkmale reizbare Wahrnehmungsfunktion beschränkt; oder, umgekehrt gesagt, über die Tatsache, dass es uns – und darin besteht durchaus seine Tätigkeit – tatsächlich von dem *abtrennt*, was es dann sich gegenüber als die Welt und das Am-Leben-Sein setzt. Oder, um beides zu verbinden: Das Denken Freuds erlaubt es nicht, den Aufschwung und die Position eines *Subjekts* zu denken (es bedurfte eines ganz anderen Zugriffs durch Lacan, um dies zu erreichen); und dies festzuhalten, bedeutet nicht, zu einer traditionellen »Bewusstseinsphilosophie« zurückzukehren, die wir seit Langem überholt wissen.

Wenn es für Freud tatsächlich zunächst einen Automatismus der Verschiebung von Besetzungen gibt, dem sich eine zweite, subtilere Form der Regulierung »anfügt«, nämlich die Regulierung durch das Bewusstsein, die sich der ersten Form sogar entgegenstellen und sich widersetzen kann, so bleibt dieses vom Bewusstsein offenbarte Widerstandsvermögen nichtsdestoweniger in eine Logik der *Anpassung ans Vitale* eingeschlossen. Die *Abkopplung vom Vitalen*, die das Bewusstsein betreibt, wird folglich dadurch nicht erklärt. Das »Vorrecht des Menschen vor den Tieren«, sagt Freud am Ende von *Die Traumdeutung*, hänge nur an diesem Wert der »Überbesetzung«, der dem Bewusstsein zukommt. Indem er die Funktion des Bewusstseins aber auf diesen regulierenden, den Ertrag des psychischen Apparats »perfektionierenden« Einfluss beschränkt, kann Freud die grundlegendere Dimension der Befreiung (des Rückzugs) nicht offenlegen, oder sagen wir besser die Dimension der bis zur »Nichtung« (der Begriff Sartres) vorangetriebenen Negation, die das, was wir »Bewusstsein« nennen, gleichermaßen oder besser noch vorrangig zum Vorschein bringt. Wenn wir das Bewusstsein lediglich als eine Schicht verfeinerter Wahrnehmungsfähigkeit auffassen, können wir nicht erklären, woher dieses Neue kommt: welcher ursprünglichen, einen Bruch bewirkenden Operation das Bewusstsein oder besser gesagt *Bewusstsein* es verdankt, dass es hervortritt – diese Operation, die ich *Loslösung* genannt habe und die sein Vermögen kennzeichnet. Wenn »Bewusstsein« kein leeres Wort, kein hohler Kern ist, die Rassel, mit der sich der gute alte Humanismus allzu leicht zufriedengab, dann deshalb, weil das Bewusstsein aus dieser Macht hervorgeht, sich gegen die Bedingung des Anhaftens zu wenden, in die uns das Vitale verstrickt hält und von der die Position des *Subjekts* uns nun freimacht.

Man hat in der Tat nicht »ein« Bewusstsein als einen gegebenen, bestimmten und feststehenden Besitz. Sondern *Bewusstsein tritt hervor* kraft Loslösung, indem es sich in diesem »Ich« ausbreitet, das sich »Subjekt« nennt und dieses Ich als ein solches konstituiert. Das »Bewusstsein«, das die moderne Philosophie unablässig als illusionär verdächtigt hat, sieht sich unter diesem Blickwinkel als Loslösungsfunktion des Subjekts wieder in Wert gesetzt (indem es ein Subjekt hervortreten lässt). Nun erstreckt sich dieses Vermögen des Bewusstseins, das aus einer ersten Tat des Bruchs hervorgeht und seine Kraft aus seiner negativen Macht heraus bezieht, mehr oder weniger weit und über verschiedene Stufen: Je mehr ich mit meiner Anhaftung breche, desto mehr ist jenes gefordert, sich zu entwickeln. Es finden sich selbst bis ins Erwachsenenalter Personen, deren Bewusstsein noch kaum hervorgetreten ist, weil es sich kaum vom Interesse des Vitalen gelöst hat und somit in einem engen Horizont eingeschlossen bleibt, der es in affirmativer Abhängigkeit hält. Ebenso kann man auch diese Tat der Loslösung immer weiter treiben, das eigene Vermögen, Abwege zu beschreiten und Perspektive zu gewinnen, steigern, will heißen, diese perzeptive – reflexive – Distanz zum Am-Leben-Sein, das ich bin, steigern. Sokrates hat sie bereits der »Seele« nachgesagt (immer noch im *Phaidon*, der nicht mehr das Plädoyer für den Idealismus ist, als das man ihn kennt): Wenn die Seele unsterblich sein kann, dann nicht als etwas Gegebenes, sondern durch dieses Vermögen, emporzutreten und sich loszumachen, durch das sie befördert wird (und das sie befördert). Oder wenn allein der Mensch seine »Blöße« entdeckt, nackt *sein kann*, anders gesagt, wenn allein er »existiert«, wenn allein der Mensch sich selbst das Leben nehmen kann, dann sicher nicht aufgrund irgendeiner Sonderstellung, die ihm »nach dem Bilde Gottes« als Privileg verliehen worden wäre; sondern weil (in dem Maße wie) er sich kraft der negativen Macht, die nur diese Abtrennung zum Vorschein bringt, aus der natürlichen Phänomenalität herausnimmt: Die Loslösung von der umfassenden Ordnung des irdischen Paradieses und von der Unbewusstheit, in der dieses ihn getaucht hält. Ein Loslösen, das *ins Exil* vertreibt, im gleichen Atemzug aber auch eine Geschichte der Subjekte beginnen und *existieren* lässt.

Loslösung wäre daher dieser vorgängigste, radikalste oder entlegenste Begriff, der noch nicht aus der Perspektive des Bewusstseins und des Subjekts gefasst ist, aber *schon* – jedoch *noch* in phänomenaler Form – die Ablösung vom Vitalen ausdrückt, von der her gerade der Ausgang aus der Phänomenalität verständlich wird – ein Ausgang, der das Bewusstsein charakterisiert und von dem her sich das Subjekt selbst befördert. Loslösung unterscheidet sich so mit gutem Recht von dem, was die Psychoanalyse unter Desinvestition versteht: eben weil es dorthin nicht durch einen Abzug der Besetzungsenergie gelangt, wie es sich unter einem ökonomischen Gesichtspunkt darstellen würde, sondern durch einen Bruch mit der Ökonomie des Vitalen selbst, durch den ich Distanz zu meinem Am-Leben-Sein erlange – und von diesem Punkt aus kann sich ein Bewusstsein entfalten, das nicht einfach nur »perzeptiv« ist, wie Freud es wollte, sondern auch reflexiv. Loslösung ist zudem ein neutraler, leidenschaftsloser Begriff. Damit unterscheidet er sich sowohl von der *Depression* als auch vom *Verlassensein*; er ist weder klinisch noch metaphysisch: Er lässt sich weder von der einen noch von der anderen Seite beanspruchen (reduzieren), weder von der Psychiatrie noch von der Theologie. Es gibt nichts, worum sich zu sorgen noch was zu retten wäre. Unter allen diesen Begriffen, deren Präfixe (Los-, De-, Ver-) den Rückzug zum Ausdruck bringen, steht der der Loslösung für Autonomie.

Dieses *Los*- der Loslösung rechtfertigt sich in der Tat an beiden Fronten: Es bedeutet weder Verlust noch Fall, sondern Freimachen und Zugang. Während die *Depression* einen Energieverlust beschreibt, einen Zustand der Hemmung oder das Gefühl emotionaler Verarmung, eröffnet die Loslösung neue Möglichkeiten (die Bestätigung des

Bewusstseins und des Subjekts), schafft Klarheit. Darum ist das Loslösen nicht pathologisch, in der Tat gibt es daran nichts zu beheben. Dass ich heute ein wenig anhaftendes, oder anders gesagt weitgehend dissidentes und sich (durch geringe familiäre, berufliche, besitztümliche Einbindung) von seiner Umgebung abspaltendes Subjekt sei, bewirkt die Kraft meines Denkens – dieses Recht ist allen Widrigkeiten zum Trotz zu bewahren; oder besser zu *investieren*. Andererseits, während das *Verlassensein*, sei es von einem kosmischen, ethischen oder theologischen Blickpunkt, ein Gefühl des Aufgegebenwordenseins ausdrückt (von der Natur, den Anderen oder Gott), stellt das *Exil*, in das das Negative der Loslösung wirft, für seinen Teil kein *Verlassensein* dar, es gibt weder Anlass zur Verzweiflung, noch verlangt es nach Heil. Denn dieses Exil ist Errungenschaft; die Existenz, die sich dort enthüllt, enthüllt sich nicht aus Mangel an »Sinn«, indem es alles Wirkliche nur in seiner Kontingenz erfahren würde; vielmehr ist es, wo es hier einen Gegenstand zur Auseinandersetzung entdeckt, ein Freimachen. Die Negativität ist in der Loslösung am Werk, ist anders gesagt eine Enteignung, die nicht am Ende wieder auf Neuaneignung zielt (Versöhnung mit einem Anderen etc.); und darin, dadurch, verschafft sie kühl und unpathetisch *Zugang*.

Denn wenn das Anhaften im Unterschied zum Anhängen erlitten, passiv, ungewählt ist, geschieht das *Loslösen* doch bereitwillig oder jedenfalls billigend: Es ist kraft Emanzipation des Bewusstseins Ausdruck der Freiheit des Subjekts; oder genauer, es ist das, von dem ausgehend eine Freiheit sich entwickelt, durch die sich ein Subjekt setzen kann. Die Freiheit ist nicht metaphysisch gegeben, sondern wird Schritt für Schritt und durch sukzessives, allmähliches Loslösen errungen – nur bis zu welchem Punkt? Wenn ich mich nicht mehr in den Umkreis irgendeiner Zugehörigkeit (meine Familie, mein Haus, meine Gesundheit: das »bei sich« eines *ich*) einschnüren lasse; wenn ich mit dem Anhaften durch Geld und Besitz und ebenso mit dem Anhaften durch Ehrgeiz (der Karriere) breche, aber ohne sie durch einen Glauben zu ersetzen, der von diesen vergänglichen und partikularen Abhängigkeiten losbindet, allerdings zugunsten einer absolut errichteten umfassenden Zugehörigkeit (als »Kind« Gottes usw.) –, was ergibt sich dann? Beziehungsweise wer blickt dann durch den sich auftuenden Schlitz? Was geschieht dort Faszinierendes und Gefährliches: Gefährliches für das Lebewesen, Faszinierendes aber für das Bewusstsein eines Subjekts, das, wenn es ins Exil geht, sich vorwagt und zu *existieren* beginnt?

Da haben wir schon das Ufer verlassen, sitzen nicht mehr fest, haben den Anker gelichtet, der uns an den Boden kettet, an den Grund: »Exil«. *Exil* bedeutet »ohne Boden«, *exsul*. Abdriften: »Ich spürte, wie mich die Treidler nicht mehr zogen ...« (Rimbaud, »Das trunkene Schiff«). Das entvölkerte Schiff, dessen Segel nicht mehr eingeholt werden, das nicht mehr »gelotst« wird, kann selbst nun »ich« sagen und *Subjekt* werden. So kehrt auch der Freidenker Nietzsche hierher zurück und bricht von hier aus wieder auf, einsam, mit seinem großen Koffer, von Sils Maria an die genuesische Küste, von Gasthaus zu Gasthaus: Er unternimmt lange Wanderungen oder ruht über Stunden auf dem Kliff, das über dem Meer aufragt, bevor er des Nachts zur Klärung seiner Gedanken zurückkehrt von der Mittagssonne. Oder handelt es sich vielleicht schon um Descartes, der »maskiert voranschreitet«? Der alles durchschneidende »Zweifel«, oder besser gesagt der, mit dem Descartes so genial versucht, selbst über dieses »alles« von Anfang an hinauszugehen, dieser *Zweifel*, von dem sich danach alles ableitet und in dem sich zuerst das »ich denke« enthüllt, bezeichnete der nicht auch – zumindest wenn ich ihn »existenziell« lese – die negative Macht einer solchen Loslösung (bevor er als Fundament für das Bewusstsein dient), von der ausgehend allein die Initiative des *sich als Subjekt setzenden* Subjekts möglich ist? Und danach das große Vorhang-Auf des Denkens ...

4. Wenn wir ein klein wenig durchblättern, was uns aus dem Leben zahlreicher Künstler und Denker übermittelt ist, werden wir bestätigen können, dass sie in der Loslösung vom Vitalen den Aktionsradius oder Spielraum ihrer Unabhängigkeit fanden, oder anders gesagt ihren eigenen schöpferischen Weg. Selbst wenn sie sich darüber nur mehr oder weniger bewusst sind, ja vielleicht gar nicht danach streben, es zu wissen, und noch weniger, Nutzen daraus zu schlagen, kann doch kein Zweifel daran bestehen, dass sie darin etwas Fruchtbares finden; und dass sie sogar eine gewisse »Devianz«, die sie mehr oder weniger weit

abführt, erst auf die richtige »Bahn« bringt, nämlich durch die *Abwege*, auf die sie sie führt (in dem Sinne, wie man gemeinhin »auf Abwege geraten« sagt), auf diesem Weg der Loslösung, den sie nutzen, um sich weiter vorzuwagen. Eine vorteilhafte und mithin nützliche *Devianz*, selbst wenn sie sich ihrer schämen, oft durch sie verwirrt sind, und man leicht sieht, dass sie wie eine List auf sie wirkt: eine List der Schöpfung, wie man von der List der Vernunft in der Geschichte gesprochen hat, will sagen, dass sie ihnen in gewisser Weise dient, sie dazu bringt, aus diesen Spurrillen des Anhaftens auszubrechen, und sie auf den einsamen und schmerzhaften Weg verpflichtet – dies so zu beschreiben, ist kein Romantizismus –, den man von da an, von außen und vom Resultat her betrachtet, nur als ihre »Originalität« bezeichnen wird.

Welches Verhältnis oder sogar Wechselverhältnis lässt sich nun zwischen der *Loslösung* und der *Devianz* feststellen? Führt die Loslösung kraft jenes Freimachens, das sie ermöglicht, gewissermaßen als Konsequenz zur Devianz? Oder ist es vielmehr die Devianz, die unter ihrem Stachel – ein banales, aber vielsagendes Bild – zur Loslösung als ihrer Wirkung nötigt? Sie stützen sich auf jeden Fall gegenseitig: Ab einem gewissen Stadium oder Umfang der Loslösung zwingt das Normgeleise nicht mehr, ja es zeichnet nicht einmal mehr einen »Weg« vor, und damit ist man direkt in Gebiete vorgestoßen, auf die andere mit dem Finger zeigen und die sie »deviant« nennen. Denn da sie sich ohnehin von den erlaubten Verhaltensweisen, einem Usus, abgrenzten, ist es gar nicht so sehr der Skandal, den diese berühmten Devianten suchten, indem sie den »Bürger« provozierten, ebenso wenig wie der Genuss, den sie in der Befriedigung irgendeiner »Lasterhaftigkeit« fanden; dies alles wirkt nämlich nur unterstützend und als Voraussetzung, bietet so viele Optionen und Erklärungen, die berechtigt sein können, aber nicht hinreichen. Bei dieser Abnormalität des Verhaltens, worunter an erster Stelle gebührend die des Sexualverhaltens rangiert, geht es aber nicht so sehr darum, sich abzusondern oder sich von anderen auszunehmen; es geht nicht so sehr um eine sperrige Libido, die sich entladen müsste. Es handelt sich nicht einfach um ein vorübergehendes Hinabsteigen in den Ekel, um dort heftiger wieder aufzuleben, während man nach einem Neubeginn, einer durchschlagenderen Werteerfahrung sucht: nun nicht mehr als gesellschaftlich auferlegte

Werte, sondern als persönlicher Anspruch des Subjekts, das wieder auf die Füße zu kommen versucht. Sondern in erster Linie tritt ein In-die-Schwebe-Geraten – ein Fallenlassen – ein und bewirkt eine Destabilisierung des Systems der Anhaftung, das das Denken zurückhält und begrenzt und es daran hindert, sich zu befreien.

Proust hat diese Fruchtbarkeit der Devianz, die zugleich der Preis für den Aufschluss des Schöpferischen ist, in den Figuren Swanns und Charlus' angedeutet. In ihnen sieht man aber auch, wie die Abweichung von den Normen Gefahr läuft, sich wieder in eine neue Spurrille, in neues Anhaften zu verkehren. Denn die Devianz hat bereits aus sich selbst eine Gewohnheit gemacht, hat damit ihre Kraft zur Loslösung eingebüßt und kehrt in die Unfruchtbarkeit zurück: Die Abweichung hat sich in Laster verwandelt – laut Proust ein doppelter Teufelskreis, weil es daraus absolut kein Entrinnen gibt. Sie hat Charlus für die Kunst empfänglich gemacht, während der Prinz von Guermantes, dessen Leben und Sitten in den Fängen der Moralität und gewöhnlichen Geselligkeit geblieben sind, in komfortabler Verschlossenheit verharrt. Doch weder Charlus noch Swann sind Schöpfer. Denn ihre Devianz ist erstarrt, fixiert, versteinert; sie ist mit sich selbst vertraut geworden und hat sich verwandelt, eingemauert, in eine Manie, die nicht nur ihre ganze Energie aufbraucht, sondern sie vor allem auch in Abhängigkeit hält. Sie treten nicht mehr genügend durch und in das Denken hervor, sind wieder eingefangen von einem außergewöhnlich heftigen Drang zur Wiederholung. Daher sind sie nur Amateure, die sich in den Genuss fertiger Werke zurückziehen, aber kein Vermögen zu – wirkliche Impulse setzender – Initiative entwickeln, die allein dazu befähigt, Werke zu schaffen.

Diese Ökonomie der Devianz ist also delikat, ihr Gleichgewicht fragil. Es gilt, angesichts dieser Schwierigkeit eine *Strategie* zu entwickeln. Denn wenn, auf der einen Seite, die Devianz nicht »ausagiert« wird, wenn also kein Übergang zur Tat erfolgt, dann bleibt diese »Abweichung« im Stadium einer Ersatzfantasie und wird nicht produktiv, wird sogar zur Feigheit: Es gilt, sich wirklich, in seinem Verhalten, und nicht nur fiktiv von der Bedingung des Anhaftens loszulösen, damit ein solcher Abweg Wirksamkeit erlangt, damit er eine Störung und damit auch *Befreiung* sein kann. Doch auf der anderen Seite setzt mit der Devianz, sobald sie in die Tat umgesetzt wird, eine Gewöhnung ein, und dies schon vom ersten Mal an; sie bereitet den Boden für eine neue Abhängigkeit: Die Kraft des Abwegs ist dahin, seine Spannung kommt nicht mehr zum Tragen, es entsteht eine Fixierung, die den Aufschwung des Bewusstseins hemmt und nicht mehr »ins Exil führt«, nicht mehr *ex-istieren* lässt. Die Devianz muss ihren Ausnahmecharakter wahren, um ihre Fähigkeit zum Aufstand zu bewahren, also ihr Vermögen, eine neue, die Normalität erschütternde Normativität hervorzubringen; und nicht ein neues Einkapseln zu bewirken, das sich alsbald verfestigt und nur von Neuem unterjocht: eine Kapsel, in der man festgehalten wird, deren Gefangener man wird, in deren Umkreis die Vitalität sich abermals einschließen lässt.

Doppelschneidigkeit der *Devianz*; oder vielmehr ist sie wesentlich mehrdeutig. Der Deviante spielt mit dem Feuer, er lässt sich auf ein gefährliches Spiel ein, dessen »Ablösung« der Überwachung bedarf. Denn er muss auf die Forderung, die ihn dorthin bringt, eingehen, muss seine Position halten im Emportauchen, in der Loslösung, zu der ihn eine solche Devianz hinaufgezogen hat, ohne wieder hinabzugleiten. Er muss sich auf dem Grat zwischen der Anhaftung, von der er sich losgemacht hat, und der, die ihn von Neuem bedroht, halten und darf sich von keiner Seite wieder einfangen lassen. Denn die Devianz darf, um ihre Wirkung zu tun, kein Schein sein; noch darf sie, um wirksam zu werden, in die Unterjochung zurückfallen. Denn der beschrittene Abweg darf sich, um das Leben wieder unter Spannung zu setzen, nicht in Manie verwandeln. Es gilt, sich von seiner Devianz, die zur Loslösung geführt hat, loszulösen: um nicht in ein Anhaften zurückzufallen, das, um nicht mehr unbekümmert oder naiv zu sein, zwanghaft würde. Wie kann man nun seine Devianz strategisch unter Kontrolle halten, nicht um sie klug zu zügeln oder zu bremsen, denn von dieser Zügellosigkeit erwartet man ja gerade, auf Abwege geführt zu werden, die einem die Loslösung erlauben – sondern um zu verhindern, dass es sich unserem *Ethos* aufzwingt, das dadurch in ihre Abhängigkeit geriete?

Wenn sich die Loslösung radikalisiert, ihre Wirkung total werden lässt und dadurch zunehmend schwerer rückgängig zu machen ist, führt sie bis hin zur Ablehnung des Lebens durch das Subjekt; oder sie überlässt das Feld der Devianz derart freigiebig, dass diese, weil sie nichts mehr an ihrer Aushärtung hindert, eine neue, noch stärker zwingende Abhängigkeit schafft. Die Gefahr beziehungsweise das Verderben ist mindestens, dass wir uns, wenn das Anhaften nicht mehr hinreicht, in eine Ziellosigkeit entlassen finden, die unserem Willen die Kraft raubt. Daher kann man sich auch entscheiden – mittels einer strategischen Wahl, die wir unschwer in den Biografien so mancher Kreativen entdecken können, um eine solche Loslösung nicht zu einer Irrfahrt werden zu lassen, um ihre Fruchtbarkeit in dieser Loslösung zu bewahren, um ihre Absichten nicht in der Schwebe, nicht vakant zu lassen –, sich neue Anhaftungen zu schaffen (dieses Mal lokale, vorübergehende, genau bemessene Anhaftungen), die man nach eigenem Gutdünken *investiert*. Nicht mehr »Saugnäpfe«, mit denen man »Fuß fassen« würde, aber doch Ankerpunkte, um dieses Freimachen nicht durch die Leere schweben zu lassen und folglich um sich aktiv im Existieren halten zu können. Aber weil diese *Neuanhaftungen* von einer Loslösung herrühren, werden sie nicht mehr erlitten: Sie sind weder erzwungen noch künstlich, nicht zwingend und auch nicht mehr nur scheinbar und vorgespielt. Es handelt sich vielmehr um wirkliche Haltepunkte, über deren Dosierung und Ausmaß man dieses Mal aber bewusst entschieden hat; über die man die Kontrolle behält, um nicht dort stecken zu bleiben. Man erkundet also – in der Ermittlung dieses Gleichgewichts besteht die Strategie –, wie vieler Stützbalken man minimal bedarf, um durch die Wiedereinführung einer Ökonomie des Vitalen, die das Leben wieder *lebensfähig* macht, seine Existenzfähigkeit von da ausgehend zu entfalten: und zwar so, dass die negative Kraft der Loslösung, von der die Loslösung ausgeht und die wiederum zugleich durch Letztere freigesetzt wird, entdeckt, wie sie sich selbst regulieren kann und sich damit in die Lage versetzt, ihre Berufung auf Dauer zu erfüllen. Oder sollte man es vorziehen, ein Ende zu suchen wie Nietzsche oder Rimbaud?

Wiederanhaften an Orten, Gelegenheiten, Tätigkeiten: beispielsweise in der Verschönerung eines »Fleckchens« zum Leben. Dabei dreht es sich nicht mehr um eine Leidenschaft, und weniger noch um eine Fixierung, sondern um ein leichtes Anhaften, das man im Fluss hält, das man flüchtig will, das nicht mehr »festklebt«. »Nicht nah nicht fern«, sagt so wunderbar das Chinesische (*bù jí bù lí* 不即不离): sich nicht im Anhaften festleimen noch sich in eine unhaltbare Askese verschließen, die uns, sosehr sie uns der Außenwelt beraubt, innerlich verarmt. Ich erfreue mich an meinen Bildern, solange sie da sind, vor meinen Augen, sagt Su Dongpo gegenüber einem gebildeten Sammler, wäre aber nicht gar so unglücklich über ihren Verlust. Ein Bild, ein ideeller Gegenstand, am wenigsten Objekt unter allen Objekten, lässt sich in der Tat kaum besitzen. Vielmehr nehme ich daran »teil«, aber verschreibe mich ihm nicht: Sich aus der Anhaftung zurückzuziehen, lässt einen ansprechbar bleiben. Es geht nicht um eine Rückkehr zu einem zaghaften, vor dem Exzess zurückschreckenden goldenen Mittelweg, sondern darum, ein solches offenes Verhältnis zu wahren: Dieses erlaubt aufzunehmen, doch ohne zu behindern. Ich hafte an, ohne anzuhaften, könnte man im Geiste *Laozis* sagen: Dieses punktuelle, zufällige Anhaften lädt ein, regt an, aber überwältigt nicht, bedrängt nicht. Aus diesem suchtfreien Anhaften mache ich keine »Klammern« mehr, die mich festklemmen, sondern ich fertige Bojen, sagt Zhuangzi elegant, Körbe, dank derer ich mich zu dem führen lasse, was ich an (moralischer, gesellschaftlicher) Konformität brauche, um in meinem alleinigen Vermögen, zu existieren, beharren zu können. Sind nicht Goethe, Hugo vielleicht, Meister in dieser Kunst der Wiederanhaftung gewesen, in dieser strategischen Manier, umso wirkungsvoller das Negative der Loslösung einzusetzen, als es sich nicht selbst zu einer Spurrille einschleift und seine Spannung verliert?

II

WIDERSTAND

(*oder welches Negativen bedarf alle Existenz?*)

1. Man wird zunächst denken, Widerstand wäre das Gegenteil von Anhaftung: Jener besteht auf seinem Dagegen, während diese haften bleibt wie am eigenen Fundament. Doch wenn wir einmal umfassend das gesamte Spektrum der Dinge in Betracht ziehen, die uns an das oder besser im Leben gebunden halten, von den menschlichen Bindungen bis hin zu den materiellen Gütern, von allen unseren Formen des Glaubens und der Selbstvergewisserung bis hin zu dem, was, bereits auf der Sinnesebene, unseren elementarsten Modus selbiger darstellt und was Merleau-Ponty in Ermangelung eines besseren Ausdrucks »perzeptiven Glauben« genannt hat, dann begreifen wir ohne Umschweife, dass die Tatsache, dass wir Widerstand leisten, ebenso mit unserer Anhaftung zusammenhängen kann; beziehungsweise dass Widerstand allein nicht schon Loslösung bedeutet: Das eine Mal mag er Trennung vom Anhaften bedeuten, das andere Mal mag er es sogar noch festigen. Dass es da Negatives gibt, gegen das wir Widerstand leisten, gegen das wir uns in der Tat erheben und das wir bekämpfen müssen; dass wir einen Mangel zu beheben, eine Unzufriedenheit zu beseitigen haben, all das trägt ebenso, gewiss sogar vordringlich dazu bei, uns im Vitalen gebunden zu halten. Ohne ein Mindestmaß an Widerstand hängen wir nicht genügend am Leben. Wir brauchen ein *gegen was* (gegen das wir zu kämpfen, zu wollen, zu hoffen haben), damit sich unsere Lebenstüchtigkeit ausbilden kann. Wenn mir alles nur in den Schoß fällt, sodass ich nichts mehr hinreichend begehre, alles zu glatt läuft, dann finde ich auch nichts mehr, um mich daran *festzuklammern*. Was ich zu schnell erlange – es ist eine Banalität, es auszusprechen –, »langweilt« mich – nicht in Form einer vorüber-

gehenden Langeweile, sondern als unheilbare, Pascal'sche Langeweile, eine fundamentale Langeweile, die bewirkt, dass ich, weil ich nichts mehr finde, wonach ich trachten könnte, auch nichts mehr habe, was mich antriebe. Ohne eine gewisse Schwerkraft, gegen die ich mich aufrichten kann, wird mein Leben nicht mehr angeregt, jeder *Aufschwung* wird unmöglich – dieses »gegen was« ist ursprünglich.

Wie leben ein gewisses Maß an Anhaftung verlangt, so erfordert das, was wir gemeinhin »Glück« nennen, ein gewisses Maß an Widerstand. Wenn dieser zu schwach ausfällt, ergeht es meinem Verlangen schlecht; hat es nichts, dem es sich entgegenstemmen könnte, kann es sich auch nicht mehr durchsetzen: Ich finde nichts mehr, um das ich mich bemühen müsste – dieses *sich darum bemühen müssen* (das spinozistische *conatus*) lässt mich anhaften; ohne es dreht mein Leben gewissermaßen frei, lässt mich ziellos umherirren. Doch wenn die Widrigkeiten überhandnehmen, sodass ich zu viel zu kämpfen habe, wenn mein Verlangen zu systematisch bekämpft und mit Füßen getreten wird, bis es sich erschöpft, dann kann sich auch kein Widerstand mehr entfalten und mich dadurch tragen. Was wir gewöhnlich Glück nennen, hängt an dieser richtigen Proportion: Um *zu leben zu haben*, bedarf es eines gewissen Maßes an Widerspruch, dem man sich entgegensetzen muss, um seinen Widerstand ausbilden zu können, ohne den der Aufruf, zu leben, ungenügend bleibt; aber diese negative Macht darf auch nicht zu stark ausfallen, ihr Gegengewicht sich nicht in Unterdrückung verwandeln, sonst wird die Anstrengung, die uns an das Leben bindet, zu groß und hält zu viele Enttäuschungen bereit. Damit es Widerstand gibt, muss das, dem ich mich widersetze, ausreichend Konsistenz besitzen, damit ich überhaupt etwas Widerständiges verspüre, aber auch nicht im Übermaß, sodass es mich erdrückt: Denn losgebunden, enthoben, kann ich mich nicht mehr widersetzen. Gegen die übliche Illusion, aber *zum Ersehnen notwendige Illusion*, dass ich glücklicher wäre, wenn sich meinem Verlangen weniger Widerstand entgegenstellte, drängt sich ein hellsichtiger Gedanke auf, über den sich die Moralisten seit Langem einig sind: Durch diesen Widerstand, von dem man weder freigestellt noch erschöpft ist, zwischen einem Zustand, in dem sich einem nichts entgegenstellt, und einem, in dem man keine Kraft zum Widerstand mehr aufbringt, kurz, wenn man sich in optimalem Umfang widersetzen muss, wird *Leben* auf günstigste Weise mobilisiert.

Dass es sich nun dabei um eine ursprüngliche Bedingung für leben handelt und sogar um eine, die auf elementarste Weise das Phänomen des Lebens zu verstehen erlaubt, verhüllt die Biologie schon lange nicht mehr. Wenn Bichat das Leben als »Gesamtheit der Funktionen, die sich dem Tod widersetzen«, auffasst und diese Erklärung für umfassend befindet, gibt er damit die Grundgleichung an, die allein als Definition dieses Undefinierbaren gelten kann, das an sich das Leben ist. Denn ab dem Punkt, an dem das Leben von seinem Metabolismus aus begriffen wird, von seiner Funktion des Stoffwechsels und inneren Wandels, das heißt als Gesamtheit der Phänomene (des Wachstums, der Erschöpfung, der Reproduktion …), die von der Geburt bis zum Tod alle Organismen aufweisen, wird das Leben nicht anhand vielfältiger Eigenschaften, sondern von dieser einzigen umfassenden Kraft, zu reagieren und sich zu stellen, her gedacht. An dem Punkt, an dem es in erster Linie in seiner positiven Form betrachtet wird, als Entwicklungsprozess und unablässige Erneuerung, da ist es schließlich noch grundsätzlicher als diese Kraft der Negation begriffen: Zu leben heißt nicht aufhören, sich dem zu widersetzen, was sich dem Leben entgegenstellt: Wenn man aufhört, sich dem Tod zu widersetzen, stirbt man. Statt also das Leben und den Tod als einander äußerlich und damit simple Abfolge zu denken (so die Sichtweise des antiken Epikureismus, der von der Angst mittels jenes Gedanken befreien wollte, dass Leben und Tod »sich nicht berühren«), geht es darum, das Leben als die Macht (Pflicht) aufzufassen, nicht davon abzulassen, sich zu aktivieren, um das Feld nicht diesem inneren Tod zu überlassen, der sich unabwendbar seinen Weg bahnt und der, wie die Biologen heute bestätigen, schon begonnen hat, bevor wir auch nur das Licht der Welt erblicken.

Der aus der Physik übernommene Begriff der *Neg-entropie* unterstützt diese Auffassung. Zumindest können wir aus ihm folgende Lehre ziehen, auch wenn auf diesem Terrain Vorsicht geboten ist: Wenn ein System isoliert oder in eine gleichförmige Umgebung versetzt wird, so wird man feststellen, dass von da an jede Bewegung zum Stillstand kommt; dass sich dieses System zu einem Brocken träger Materie reduziert hat, und zwar als ein Dauerzustand, in dem kein

Ereignis mehr eintritt. Indem es permanent seine Entropie steigert, also positive Entropie entwickelt, nähert es sich gleichzeitig gefährlich dem Zustand maximaler Entropie, sprich dem Zustand des thermodynamischen Gleichgewichts, der dieser Zustand der Trägheit ist. Man wird sich also nur davon fern-, sprich am Leben halten können, indem man der umgebenden Umwelt ständig negative Entropie entzieht und so die Entropiezunahme kompensiert, zu der es durch das Leben kommt – die es aber zum Tod führt. Es handelt sich um ein grundlegendes physikalisches Gesetz, konstatiert Schrödinger, der es auf die Biologie überträgt, nämlich dass es die natürliche Tendenz der Dinge sei, »sich dem chaotischen Zustand anzunähern [...], wenn wir ihm nicht zuvorkommen«. Und Schrödinger insistiert darauf, dass der Metabolismus selbst daher nicht so sehr von einem *Stoffwechsel* abhängt als vielmehr davon, dass es dem Organismus gelingt, sich von der positiven Entropie zu befreien, die er schlichtweg schon dadurch produziert, dass er einfach lebt; daher ist die negative Entropie, von der er sich »nährt«, allein wirklich positiv, da sie ihm ermöglicht, dieser tödlichen Stabilisierung zu widerstehen.

Sogar jeder Halt oder Stillstand enthält nämlich sein Gegenteil. Dies ist bereits – sehr beredt, wie ich finde – in einem griechischen Wort ausgedrückt, das in seinen Bedeutungskreis einschließt, was kein einzelner Begriff (einheitlich) sagen könnte: die »Stasis« (στάσις), die den schlichten Akt, »zu stehen« (*hístēmi* ἵστημι), bezeichnet. Denn was bedeutet *stehen* bzw. wie steht man, sofern man kein »Ding« ist, sondern am Leben teilhat? *Stasis* bedeutet, dass man verharrt, sich in einer festen Position hält, und zwar im Gegensatz zur Bewegung. Aber der Begriff drückt gleichzeitig das Gegenteil aus. Denn »stehen« ist auch »aufragen« und mithin entgegenstehen, sogar sich entgegenstellen. Jede Setzung ist eine Entgegensetzung; oder damit, dem geflügelten Wort nach, jede Bestimmung eine Negation sein kann, muss man zunächst in der Begrifflichkeit von Kräften und Größen denken. Und diese zweite, adversative Bedeutung der Stasis erstreckt sich sowohl auf den physischen wie auch den gesellschaftlichen Bereich, handelt von natürlichen Elementen ebenso wie von menschlichen Beziehungen. *Stasis* besagt also, dass zwei Personen (oder zwei Gruppen) sich gegeneinanderstellen, indem sie Position beziehen (allein durch die

Tatsache, dass sie eine Position einnehmen), und das auch auf philosophischer oder politischer Ebene; daher im Griechischen seine übliche Bedeutung der Zwietracht und der umstürzlerischen Partei, der Kraft der Revolte, des Zwists, des Aufruhrs. Nun gilt dies gleichermaßen für die elementarste Lebensäußerung, ebenso für den Wind, der sich erhebt, wie für die Welle, die sich unter ihm aufwirft. Wenn man also der einen wie der anderen Möglichkeit des Worts nachspürt, es in der Bedeutung des Feststehens wie auch des Gegenteils, der Erhebung, auffasst, sieht man, wieso sich beide nicht trennen lassen: »Stehen« bedeutet der Instabilität trotzen und, notwendigerweise gleichzeitig, sich konfrontieren; das eine ist die Bedingung des anderen, beide stehen in einem dialektischen Verhältnis.

Wir können, indem wir den einen Begriff dem anderen entlocken, unschwer ableiten, dass *ex-istieren* grundlegend von *re(s)-istieren* herkommt; dass »sich außerhalb stellen«, in einem Aufschwung emportreten, »sich entgegenstellen« bedeutet, und zwar indem man, wie es die griechische »Stasis« sagt, gleichzeitig reagierend und offensiv die Stirn bietet (dieses »reagieren« ist nicht passiv). Die Existenz bemisst sich, anders gesagt, an ihrem Vermögen, im Konfrontieren sich von der Trägheit zu lösen. Daher kommt, dass der Widerstand nichts Sekundäres, Nachträglich-Äußerliches ist, sondern etwas Innerliches und sogar Ursprüngliches; und daher kommt auch, dass die Beförderung der Existenz vom Widerstand ausgeht und sie sich durch ihn überhaupt erst freimacht. Oder sagen wir, dass aus der Spannung, die durch den Widerstand in die Welt kommt, die Intensität der Existenz resultiert. Was wir aus der ersten Annäherung lernen – dass ohne das Negativ des Todes, ohne diese Kehrseite das Leben oder besser, rudimentärer, »Leben« sich nicht abheben würde und folglich nicht hervortreten könnte –, bestätigt sich in jeder Aktivität, selbst in der abstraktesten und ideellsten, dem Denken, wenn man es als etwas Wirksames begreift, was eben auch bedeutet, der Trägheit, der Schwere oder Apathie des Geistes, seiner Faulheit oder Passivität angesichts der Gedankenlosigkeit zu widerstehen. Im Unterschied zu einem Phänomen wie dem der Resilienz, also der Fähigkeit, in Reaktion auf das Erleiden einer Störung die Funktionsweise wiederherzustellen, ist der Widerstand initial, verfügt von sich aus über Initiative. Und während der Begriff der *Resilienz*, selbst auf die Gefahr hin, darüber in Auflösung zu geraten, immer weiter um sich gegriffen hat, von der Ökonomie auf die Ökologie, von der Biologie auf die Psychologie, von der Technik auf die Politik, hat der Begriff des *Widerstands* für seinen Teil keine so bemerkenswerte Karriere durch alle Felder hinter sich, weil er bei der Übertragung aus der Biologie auf das Intellektuelle oder aus der Physik auf die Metaphysik, indem er ihre Kontinuität sichtbar macht, ihren Gegensatz auflöst: Von der elementarsten Bedingung, der des Am-Leben-Seins, kehrt er sich in die Berufung, zu ex-istieren, um, das heißt in die Berufung, sich aus der Bedingtheit, gegen sie anarbeitend, herauszuziehen, woraus sich dann die Position und Möglichkeit eines Subjekts bestimmt.

2. Wenn es ein eigenes Ansinnen der Philosophie gibt, das sie als solche aus allen Weisheitsreden heraushebt und sie rechtfertigt, ein Ansinnen also, das sie definiert, dann ist es dieses: nicht dem Negativen *auszuweichen*. Von Heraklit bis zu Nietzsche geht es ihr darum, sich dieser Wahrheit zu stellen und nichts von ihrer Unerbittlichkeit aufzugeben: *das Negative, dem man widerstehen muss*, um sein eigenes Existenzvermögen entwickeln zu können, zur Geltung und sogar in Ehren zu bringen. Anstatt zu versuchen, es einzuschränken, ihm auszuweichen, es zu kaschieren. Aber kann man, so fragt Nietzsche, mit einer solchen Wahrheit leben, ihr ins Gesicht sehen? Denn wenn *widerstehen müssen* zweifellos das ist, was die Logik des Vitalen mit der Beförderung der Existenz verbindet, mit dem, was Letztere an Idealem enthält, so versucht leben doch, indem es der Konfrontation abschwört, sich in der Illusion zu bestärken, dass es besser wäre, keinen Widerstand mehr ausüben zu müssen; dass dieser aus einer aufgezwungenen Einschränkung herrührt; dass also das Negative, wenn nicht zu beseitigen, so doch mindestens zu »überwinden« wäre. Nun gilt es aber nicht nur, den alten Argumenten der Theodizeen folgend, zu verstehen, dass das Böse mit dem Guten einhergeht; oder dass wir ohne Krankheit nicht wüssten, was Gesundheit ist; oder dass wir uns ohne den Tod nicht am Leben fühlen könnten, oder anders gesagt, dass es zu jedem Ort eine Kehrseite geben muss oder Dunkelheit auf dem Gemälde, damit die Farben hervortreten können. Es geht also nicht nur darum, das eine um des anderen, das Negative um des Positiven

willen zu akzeptieren, weil man sie als untrennbar erkennt, also Ersteres aufgrund der Vorzüge des Zweiten in Kauf zu nehmen. Sondern es geht darum, sich jene Klarsicht zu bewahren: dass wenn das Negative zu etwas dient oder nützt, dann nicht nur als Bedingung eines Guts, sondern weil es selbst Wert hat; ja sogar, dass erst aus ihm sich jeder »Wert« mit Leben füllt und seine »Lebenskraft« zieht (was mit dem lateinische *valere* bezeichnet ist).

Dementsprechend viel Mühe, *Klarsicht*, ist gefordert, um sich von der Idee zu lösen, dass das Positive der Zweck und das Ziel wäre. Und es bedarf, wenn man dem schon seiner Logik nach zustimmt, ebenso viel zusätzlicher Anstrengung und Denkarbeit, damit diese Wahrheit, von der man sich leicht überzeugen kann, wenn man sie denkt, konsequent ihre ganze Wirkung auf unser restliches Denken entfalten und es entschlossen in ihren Dienst nehmen kann. So tief ist die Weigerung verankert; so beruhigend das Ansehen »alles Positiven« mit all den so leicht reproduzierbaren Banalitäten im Schlepptau: das Ideal des Friedens, eines erhofften Endes der Gewalt, der »Harmonie« (das *Paradies*). Das liegt aber nicht daran, dass man sich darüber täuschen ließe, was jeder Manichäismus als Schwäche an den Tag legt, indem er das Gute vom Bösen trennt, sondern daran, dass einen der Schwindel ergreift, wenn man plötzlich die Radikalität dieses Gedankens des Negativen erhascht, aus der man Konsequenzen ziehen müsste. Aber reicht es denn schon aus, zu sagen, dass das Negative »Stachel« und Unterstützung, dass es das »Treibmittel« der Schöpfung ist, wie Nietzsche sich ausdrückte? Heißt das nicht, es voreilig zu überspringen, es auf einen Zweck hin zu durchschreiten, nämlich *bereits* mit dem Gedanken, es zu *überwinden*, über es zu triumphieren oder sogar nur einen »Tugendbeweis« daraus zu machen, wie es der Stoizismus wollte. Ohne sich also weiter an diese Forderung zu halten: dass man das Negative wirklich zum Vorschein bringen muss, um die eigene Existenz hervorzurufen.

Wenn selbst Nietzsche, der so viel wagte, nicht hinreichend unterschieden hat zwischen dem schlicht mitwirkenden Negativen (»der zuträgliche Gegensatz«, *tò antíxoun sympháeron* τὸ ἀντίξουν συμφέρον, sagt Heraklit) und diesem ursprünglicheren Negativen, das aus dem leben die Existenz hervorbringt und fördert, dann kann man ermessen, welche Verweigerung hier noch am Werk ist, von der man sich unaufhörlich lossagen muss. Vielleicht handelt es sich um die große Verweigerung der Menschheit: nicht den *Bedarf* erkennen zu wollen, den sie, um zu existieren, am Negativen hat. Wenigstens hat Nietzsche die Tatsache, dass man *Widerstand leisten muss*, als Grundlage der Motivation benannt, aus der das Aktivwerden herrührt, und damit auch das, was das moralische Leben beherrscht. Es ist gewiss so viel einfacher, die Befriedigung der persönlichen Interessen und folglich des Egoismus zum höchsten Maßstab des Handelns zu machen; wobei man nicht weiter schauen darf als bis auf die eigenen Füße und einen Nahblick wie die Utilitaristen braucht (»man muss Engländer sein«), um zu glauben, dass »der Mensch immer seinen Vorteil sucht«. Welche Vorteile ist im Gegenteil der Mensch nicht bereit zu opfern, um den Forderungen seiner Leidenschaften, den Ansprüchen seiner Gemütsregungen nachzukommen (*Der Wille zur Macht*, XVI, § 930)! Wenn sich unsere Begierden unter dem Anschein des Egoismus an die Dinge heften und an ihnen »vergreifen«, dann sucht »ihre aufgestaute Kraft [...] die Widerstände«. Das besagt, dass unsere Begierde hinsichtlich ihres wahren Objekts hellsichtiger ist als wir selbst (als unser Bewusstsein): Wenn es bereitwillig den hohen Preis für den Schmerz zahlt, wenn es dieses Opfer bringt, dann weil es mit Gewissheit, instinktiv, weiß, dass die wirkliche Befriedigung nicht in der Befriedigung der Begierde, sondern in ihrer Anstachelung liegt, nicht im Stillen der Begierde, sondern in der Konfrontation mit ihr.

Daher muss man die Geschichte rückwärts lesen, genau entgegen der Art und Weise, wie unsere Angst – angesichts der Destabilisierung, die schon ein kurzer Blick auf diese Wahrheit nach sich zieht – und das Bedürfnis nach Beruhigung uns sie haben lesen lassen. Das gilt auch für die erste Geschichte, die Geschichte des Anfangs selbst: als Adam und Eva den Apfel aßen. Um sich darin zu bestärken, dass der Einbruch des Negativen ein provozierendes und treibendes Element hatte, war man ganz versessen darauf, es umzubiegen und zu verfälschen, indem man es durch die Erfindung des Teufels oder der Schlange mit der Figur des Bösen bemäntelte. Deren unerwarteter Eintritt ins irdische Paradies wäre der Anfang des Risses, des Sprungs, der Spaltung, der Beginn des Verfalls und der Verlassenheit, von wo an der Mensch sich nackt, ausgeschlossen, in die Mühsal gezwungen und zum Tode verurteilt sieht – sein Leid findet sich dadurch, wenn schon nicht gerechtfertigt, so doch zumindest erklärt und zur selben Zeit gereinigt, weil auf ein äußerlich bleibendes Prinzip bezogen. Infolgedessen beruhigt sich unser Geist (unser Leben), kann in seinen Dämmerschlaf zurückkehren: um von einer durch und durch guten Welt zu träumen und sie für möglich zu halten. Und selbst, wenn man dann sagen konnte, dass der Verzehr des Apfels sich als vorteilhaft erwiesen habe (»glückliche Schuld«, *felix culpa*, lesen wir noch bei Leibniz), weil sich ja die schuldige Menschheit durch dieses Unglück unmittelbar auf ihr Heil hin ausgerichtet fand, hat man nicht einmal zumindest erwogen, dass der Umstand des Bruchs selbst, in Gestalt des zwecklosen Ungehorsams oder auch eines ersten Anzeichens von Verfall, eine Umnachtung darstellte, nach der man eine zweite Chance verdienen sollte.

Nun ist natürlich das Gegenteil wahr: Indem sie den Apfel aßen, den Bruch in sich aufnahmen, sind Adam und Eva von der Harmonie befreit, unter der begraben sie gelebt hatten. Von nun an leben sie nicht mehr nur (in der Unbewusstheit des Natürlichen), sie beginnen zu *existieren*. Denn dadurch, dass sie den Apfel aßen, haben sie sich ausgeschlossen, haben sie sich nackt gesehen: Sie erkannten, dass sie *allein* »nackt« waren, nackt sein konnten und damit fähig, sich herauszunehmen: nicht mehr eingeschlossen zu sein (in die Immanenz der Welt und des Lebens). Das bedeutet, dass es diese Verdammung ist, die ihnen *Zugang verschafft*; ihr Exil öffnet ihnen ein Außen, gibt ihnen zu begegnen, sich zu widersetzen, sich vorzuwagen (im »Guten« wie im »Bösen«): Da es ja von nun an »Gutes« gibt, das das Böse *sichtbar macht*. Denn wenn sie nun dazu verdammt sind, »sich außerhalb zu stellen« (außerhalb des irdischen Paradieses), also im eigentlichen Sinn zu »ex-istieren«, dann weil sie sich unweigerlich wider-setzen, die Widrigkeiten anpacken müssen, wobei sich das eine im anderen erfüllt. Es gibt ein *Dagegen*, das aufstehen macht, sich darin aufrichten lässt, worin sich die »Menschheit« als solche zeigt und befördert. Dieser Widerstand gegen Negatives ist es, der ihnen plötzlich ihre Freiheit enthüllt und ihnen daher erlaubt, sich näher zu bestimmen: so wie sie von nun an Teil einer Geschichte sind (im irdischen Paradies passierten keine Geschichten); und zu Subjekten befördert.

3. Beim Bösen und beim Negativen handelt es sich, soweit es das Leben betrifft, in der Tat um exakt dasselbe: den Tod, das Leid, die Gewalt … Doch im einen Fall neigt man dazu, es auszuschließen: indem man zu seiner Zurückweisung, ja sogar zur Revolte aufruft und so das »Böse« zu dem macht, vor dem sich die Menschheit retten muss. Im anderen Fall neigt man im Gegenteil dazu, es einzuschießen: Man lässt das vermeintliche *Negative* mit dem Guten zusammenwirken, jenes Positive, von dem man begreift, dass es die Kehrseite ist, sobald man erkennt, wie es an der allgemeinen Ordnung teilhat. Aus Synonymen, da sie ja dasselbe bezeichnen, verkehren sich diese Begriffe in Antonyme, zwischen denen wir zu wählen hätten, wie wir leben wollen. Oder man verschiebt bewusst den moralischen Cursor zwischen diesen beiden Polen und mischt auf diese Weise die eine Option mit der anderen ab (schon Platon). Die erste Variante bezeichnet die Berufung des Gläubigen und des Heiligen, die an ihrer durch diesen Ausschluss möglichen Erwählung arbeiten (»Erlöse uns von dem Bösen!«); die zweite ist die des Weisen, der das Negative in die »Syntax« der Welt einbaut, deren Kohärenz auf diese Weise sichtbar wird. Nun ist es aber, meine ich, der Philosophie eigen, gleichermaßen von der einen wie der anderen Variante abzurücken: sich davor zu hüten, das, was man nun fliehen sollte, *hochzuspielen*; aber ebenso davor, das *aufnehmen* zu wollen, was auf Anhieb gefällig ist und keinen Anlass zum Widerstand mehr böte. So hält sie von der Religion wie von der Weisheit ihren Abstand. Denn in beiden Fällen, ob das Negative nun zurückgewiesen oder zugelassen, als das Böse verbannt oder als von Anfang an legitim entschärft wird, lässt es nicht mehr die Möglichkeit zum Widerstand, der allein die *Existenz* aufgehen lässt und befördert. Es kommt also der Philosophie zu, das Negative nackt, lebendig, virulent, anders gesagt bei jener Arbeit zu halten, der sie ihre »Klarsicht« verdankt.

Wir müssen noch zwischen zwei Arten von *Negativem* unterscheiden. Auf der einen Seite das fruchtbare Negative, das durch Einführung einer Nichtangemessenheit (»Ungleichheit« sagt Hegel) das Positive aus seiner Lähmung und Trägheit herausholt: Es ist nicht so sehr »Mangel« oder Defekt als vielmehr bewegendes Element, *das Bewegende* oder das Neg-aktive, wie ich es nennen möchte, das zu konfrontieren, zu widersetzen gibt und dadurch voranbringt. Seine bekannten Figuren sind (dialektisch) die des Knechts, der seine Knechtschaft umkehrt, indem er den Widrigkeiten seines Zustands trotzt, nämlich durch Bewältigung seiner Arbeit; und (mythisch) die des Apfels im Garten Eden, der die Menschheit über den Bruch dazu zwingt, die Initiative zu ergreifen und sich als Subjekt anzunehmen. Aber diesem Negativen gegenüber gibt es noch ein anderes, definitiv unfruchtbares Negatives, das es zu unterscheiden gilt: das rein kumulative *Negativ-Negative*, das nichts antreibt, nichts aufstachelt und nichts hervorbringt. Nun wurde aber auch Hegel, da er diese prinzipielle Unterscheidung verkannte und seinem Irrtum verhaftet blieb, letztendlich dazu geführt, den ewigen Weg der Weisheit zu beschreiten und das Negative *gänzlich aufnehmen* zu wollen. Auch er sah sich dazu verurteilt, einen versöhnenden Ausweg zu entwerfen, nicht mehr das Paradies der Schöpfungsgeschichte, aber doch das Paradies des Endes der Geschichte und des Wissens, und so die unerschöpfliche Macht des Negativen preiszugeben und zu verraten (indem er dem dialektischen Prozess willkürlich ein Ende setzte) – und das allein dadurch, dass er zwischen dem einen und dem anderen keinen Unterschied machte: zwischen einem Negativen, das zu neuen Möglichkeiten erhebt, und demjenigen, das überhaupt nichts befördert.

Schon im Hinblick auf den Tod können wir diese Unterscheidung geltend machen. Es gibt den Tod des *Metabolismus*, Bedingung der Erneuerung und daher gerechtfertigt, und es gibt den nicht zu behebenden *Verlust*: Ein Subjekt – einzigartig, wie es ist – verschwindet für immer. Es gibt den Tod, der sich aus all dem rechtfertigt, was wir über die zum Leben notwendige Transformation des Lebens, die Generationenfolge und die Zerstörung der Wesen wissen, die dem großen Wort Anaximanders zufolge einander nach »Zuweisung der Zeit« »Gerechtigkeit und Wiedergutmachung« widerfahren lassen für ihre »gegenseitige Ungerechtigkeit«, gewesen zu sein. Auf der anderen Seite gibt es *ohne jede Möglichkeit einer weiteren Beziehung* (unnütz, davon zu träumen, sie würde gewährt) den Verlust des geliebten Menschen, das reine *Verlassen* dieses für immer einzigartigen Subjekts, dessen Fehlen sich nirgends einfügt und daher kein mögliches Ende findet. Nun gibt es dabei nicht nur unterschiedliche Maßstäbe, wenn Gott sich um die Dinge im Großen kümmert und dem Teufel bekanntlich die

Sorge fürs Detail und die Dramatik überlässt. Denken wir vor allem an den Holocaust, an dem der triumphierende Hegelianismus zerbrach. Wir können das Ereignis Auschwitz betrachten, als ein Weltereignis von jeder möglichen Warte aus, können versuchen, in dem Leid und dem Wahnwitz irgendeinen verborgenen Zweck zu entdecken, oder irgendeine List der Vernunft erbitten, die von dort ihren Ausgang nähme – jede Bemühung dieser Art wäre nicht nur lächerlich, sondern ihrerseits abstoßend. »Abstoßend« soll heißen, im eigentlichen Sinne abzustoßen. Wie die Psychoanalyse die Ab-reaktion behandelt, gibt es die *Ab-stoßung*, die man nur feststellen kann: die man nicht einmal zu verurteilen braucht (im Namen von Werten, die sie verdammen würden), sondern die vor jedem Urteil, durch Reaktion der *Menschlichkeit* in uns und indem es negativ dieses »Menschliche« weckt (enthüllt), seine pure Ablehnung hervorruft. Nicht dass wir durch Rückkehr zur Hypothese irgendeines »radikalen Bösen« eine neue Runde über die Figuren des Heils und der Heiligkeit drehen müssten, sondern weil einzig im nackten, sturen, in dieser Hinsicht allein auf sein eigenes Durchhaltevermögen zählenden Widerstand Menschlichkeit weiter Bedeutung hat.

Sobald wir einmal dieses Negativ-Negative, dieses *abstoßende* oder sagen wir »abzustoßende« Negative erkannt haben, verstehen wir, dass sich das Negative selbst über eine Werteskala erstreckt – oder sie sogar hervorbringt. Wir müssen also das Negative fördern, damit es selbst zum Förderer wird, da nicht alles *Entgegengesetzte* gleichermaßen zum Arbeiten bringt. Wenn das »durch und durch Positive« in Wahrheit dumpf ist, nicht weil es unerreichbar (zu idealistisch) wäre, sondern weil es aufgrund seiner Trägheit unerträglich wäre, wie die Fadheit jedes Eden beweist; wenn alle Vorstellungen eines künftigen Friedens nicht utopisch sind, weil er zu schwer zu realisieren wäre, sondern weil ein solcher Frieden eine Erschlaffung bedeuten würde (es hat etwas durch und durch Heuchlerisches, den »Frieden«, ob auf Erden oder im Paradies, als endgültige Lösung für die Menschheit vor sich herzutragen); wenn somit jede Weisheit selbst verdächtig ist, dadurch dass sie alles verstehen, alles integrieren, alles annehmen will, muss der Weise, in dem Maße, wie er »weise« ist, also nicht mehr kämpft und jeder Unterdrückung und vor allem Politik den Boden bereitet, auch erkennen, dass es gilt, dieses Negative, dem man widerstehen muss und das »existieren« lässt, zu fördern, es heraufzuziehen. Ein jeder zeichnet sich in der Tat weniger durch die Ziele, die er sich setzt, durch die Ambitionen, die er nährt, aus, als vielmehr zuerst durch das, was er sich als Gegner oder Widrigkeit erwählt.

Denn der Krieg ist auch *dumpf*, er ist ein wildes Tier, noch bevor er brutal ist, er ist beschränkt, weil er hasserfüllt ist, um vernichtend sein zu können, und das allen vorgebrachten Rechtfertigungen zum Trotz – rar ist die Eleganz eines Saint-Loup, der inmitten der ganzen Germanophobie eine Melodie von Schumann summt, bevor er loszieht, um sich an der Front über den Haufen schießen zu lassen. Und der Widerstand, den der Krieg hervorruft – sich mit dem Gewehr in der Hand ans Leben zu klammern –, bleibt ebenfalls zwangsläufig elementar. Selbst ihn als Negation der Negation zu denken, wie Hegel es getan hat (wenn der Gemeinschaftssinn eines Volks sich auflöst, schreitet der Krieg rettend ein), konnte ihn nicht davor bewahren, wesentlich zerstörerisch zu sein, also statt neue Möglichkeiten zu wecken, diesem Negativ-Negativen verhaftet zu bleiben, aus dem nichts entsteht. Ihn in *softeren* Formen zu betrachten, als Konkurrenz zwischen den Nationen (die Fußballweltmeisterschaft), nimmt ihm Brutalität, aber ohne vergessen zu machen, dass er dort in einer Ersatzform auftritt, immer mit dem Ziel, dem Anderen, wenn er denn nicht mehr ausgelöscht werden soll, immerhin eine Schmach zu bereiten – es sei denn, man bestimmt den Begriff des »Gegners« genauer. Denn der Gegner ist nicht der Feind. Während der *Feind* nämlich nur einen Nutzen hat, weil man ihn mit Feindseligkeit besetzt, mit dem Willen, ihn zu schädigen und letztlich zu unterdrücken, erhält der *Gegner* seine Würde aus diesem *Gegen* (diesem »Entgegnen«), in dem man ihn hält, um sich, indem man ihn sich gegenüberstellt, ihm entgegenstellen zu können und somit sich selbst etwas entlocken zu können, eine in diesem »ich« schlummernde Erfüllung, die wir auch *ex-istieren* genannt haben.

Wir müssen nun überlegen, welche Gestalt dieses Negative, dem wir uns zu widersetzen haben, annehmen soll. Und vor allem müssen wir folgende zwei auf den ersten Blick synonym erscheinende Verben unterscheiden lernen, indem wir sie wie zuvor schon beim Bösen und Negativen in Antonyme umkehren: die Verben ausstoßen und ausschließen. Lernen, (dieses *Ab-stoßende*) *auszustoßen*: dieses Negativ-Negative zu beseitigen, auszuscheiden (das unfruchtbare Negative – der »Abfalleimer« der Geschichte, denn es gibt durchaus einen »Abfalleimer« der Geschichte, der mit keiner List der Vernunft einzufangen ist). Aber nicht *ausschließen* (was das der Andersheit innewohnende fruchtbare Negative wäre). Folglich werden wir ein Negatives in Anspruch nehmen müssen, das nicht ein Negatives der *Grenze* (durch Ausschluss nach außen) ist, sondern des *Widerspruchs*, das, indem es ein Gemeinsames bezeichnet, diese Entgegengesetzten *in Spannung* versetzt; ein intensives Negatives (das aus der Erschlaffung herausholt), ein erkundungsfreudiges Negatives, das zum Arbeiten bringt, sodass das Leben sich das zunutze macht, dem es trotzt: was es in *Konfrontation* bringt und dem es sich zu *widersetzen* entschließt; was das Leben aus ihm selbst herauslockt und es *ex-istieren* lässt. Denn gegen was man revoltiert, macht den Wert der Revolte aus: Das »Revolver in der Hand« der Surrealisten kann noch so sehr platte Sublimierung oder reine Metaphorik sein, es widersetzt sich doch einer ganz anderen Sache als der Revolver der Kapos.

Selbst darin dreht es sich um das, was die Arbeit des Intellektuellen wäre: Definieren wir ihn als *Detektor* und *Förderer* des Negativen. Da es ja nicht darum geht, das Negative zu unterdrücken, besteht die Rolle des Intellektuellen darin, es erkennbar zu machen (während der Krieg wie gesagt »dumpf« ist). Ihm fällt es zu, diese zwei Formen des Negativen zu unterscheiden, sobald sie auftreten, in diesem Sinne also schon die unbedeutendste Situation danach zu beurteilen, ob das darin wirksame Negative fruchtbar oder im Gegenteil fortzuwerfen ist; und dann das förderliche Negative erkennen zu lassen, es behutsam hervorzuholen, etwa wie man ein schwieriges Thema aufbringt, und es zu aktivieren (was man traditionell, aber zu restriktiv kritischen Geist genannt hat). Ein solches »erkennen lassen« ist gewiss diskret, die betreffende Verschiebung zunächst nicht auszumachen – denn das Denken operiert mehr in Form von Verschiebungen im Dunkeln als dadurch, dass es vor aller Augen ordnet und thematisiert, mit der Folge, dass die anderen sein Wirken lange Zeit nicht bemerken. Es handelt sich also nicht darum, seine Meinung auszubreiten, wenn die Debatte bereits gelaufen, der Gegenstand eingeteilt und abgesteckt ist, ein

Summa summarum als bloße Bekräftigung des Konsenses, indem man Radikalität vorspiegelt und Aufstand spielt (die Bauernfänger-Pose des Medien-»Philosophen«). Vielmehr geht es darum, durch Erkennen neu sich eröffnender Abwege, durch Vorerkundung zu erforschender neuer Fundgruben und Spalten neue Widersprüche ans Licht zu bringen, neue Spannungen hervortreten zu lassen, neues Ungedachtes zu fassen zu kriegen. Kurz, neue Möglichkeiten anzustoßen, mit denen man nicht gerechnet hat und die dem Leben wie dem Denken erlauben, sich zu erfinden – und zunächst sich »zu entsanden«.

III

VERSANDEN

(oder wie büßt man sein Vermögen, zu existieren, ein?)

1. Vielleicht können wir uns dem, was wir nun im Gegensatz zum existenzfördernden Widerstand als Negativ-Negatives, als unfruchtbares Negatives denken, nur mit diesem alten französischen Wort nähern, das, wie wir erfahren, aus einem regionalen normannisch-bretonischen Wort hervorgegangen ist und uns in eine Landschaft versetzt: »s'enliser« (versanden, stecken bleiben, festfahren) bedeutet im Sand einsinken – »lise« (Sand), *ligitia* bedeutet auf Gallisch Dreck. Man stellt sich die Sanddüne oder den lehmigen Boden vor, in den die Füße mit jedem Schritt tiefer einsinken und in dem es immer schwieriger wird voranzukommen: Sie »blieb in den Sanden des Mont Saint-Michel stecken«. Nun sagt man »s'enliser« im übertragenen Sinne auch in Bezug auf das Leben, nämlich von einem bestimmten Erleben beziehungsweise Nicht-mehr-Erleben, wodurch mithin das Vermögen zu existieren blockiert wird; und möglicherweise drückt das Wort auch etwas aus, was sich überhaupt mit keinem etablierten Begriff sagen lässt. Wir wollen nämlich nicht dieses Phänomenale aus dem Blick verlieren, welches negativ – in Reaktion – die Existenz hervortreten lässt. Wir brauchen es nur einfach an das »Leben« anzuhängen: »Mein Leben versandet«. Lässt sich dazu noch mehr sagen? »Das alte Büro, in dem das Leben eines Menschen versandet« (Saint-Exupéry). Hugo sagte es so großartig über den Gefangenen, aber man könnte es ebenso vom Leben selbst sagen: »Versandung ist die Gruft, die zur Flut wird und aus den Tiefen der Erde zu einem Lebenden aufsteigt. Jede Minute ist ein unerbittlicher Totengräber«.

Aber was kann man von einem Bild erwarten? Handelt es sich hier nur um ein »Bild«? Oder was wäre die angemessenste Ausdrucksform für den Verlust von Tatendrang, Aufschwung, Befreiung, Fortschritt, der unser Leben bedroht? Oder bleibt auch »bedrohen« hier noch zu zufällig und zu äußerlich? Es handelt sich dabei nicht um eine Gefahr, die unvermutet auftaucht, sondern um ein inneres Verhängnis: dass sich mein Leben, die schlichte Tatsache, dass ich fortfahre, hier zu leben, so zu leben, im Begriff ist, in Unbewusstheit und Trägheit zu versinken. Zu sagen, dass »mein Leben versandet«, bedeutet, dass das Vermögen zu existieren verloren geht – versiegt –, also die Fähigkeit, »sich außerhalb zu stellen«, genauer gesagt außerhalb des Sandes und dieses Versunkenseins. Daher stellt *Versandung* in meinen Augen eine zentrale Kategorie dar. Sie benennt, was uns durch stilles Einsinken schleichend und ohne, dass wir uns irgendwo festhalten könnten, im blanken Metabolismus des Vitalen einhüllt, abgekoppelt vom Aufschwung des Existierens und eingeschlossen in den schmalen Horizont des Fortlebens, das nicht einmal mehr Fortleben ist, sondern bereits Zurückziehen: Versandung ist ein *Zurückziehen der Möglichkeiten*, aber ohne dass wir dessen gewahr werden. In welche Spurrille hat uns das *Anhaften* durch die Reduktion auf Passivität, die Verengung dessen, womit wir uns auseinandersetzen, anders gesagt durch die Erosion der Position und Initiativkraft des Subjekts in dieser unmerklichen Grablegung geführt?

Wenn ich es nun in dieser Form betrachte, die zunächst nur ein Bild zu sein scheint, nämlich als Versandung, dann weil nichts in unserem Leben schwerer auszumachen, nichts schwerer zum Gegenstand des Gedankens zu erheben ist als dies; weil es so schwer zu isolieren und zu analysieren ist und weil wir auf eine diffuse Art und Weise leben; weil es so schwerfällt, Abstand zu gewinnen, mit dem wir es der Abstraktion zuführen und einen Begriff bilden könnten. Schlimmer noch: Worum es bei der Erosion der Position und des Vermögens eines Subjekts geht, lässt gleichzeitig kompensatorisch in den Subjektivismus abgleiten, dem jede begriffliche Konsistenz und theoretische Stichhaltigkeit fehlt, man könnte auch sagen: in schlechte Lyrik. Daher kann ich wahrscheinlich nur in der Tiefe eines solchen Begriffs als etwas Wirkliches oder als *Phänomen* erfassen, was mir im Stillen, wie ein zunehmendes Verschütten oder Verschlammen meines Vermögens, allmählich an Wachsamkeit und Initiative hinsichtlich der Dinge und Verhaltensweisen verloren geht. Dieses Negative begegnet einem in der Tat nicht als Hindernis, sondern tritt als innere Sekretion und unmerkliches Abwenden auf. *Versandung* benennt die Verkümmerung des Existenzvermögens im Leben, das vergeht, wie jenes vergeht; es benennt, was dieses an Ablagerungen, Sinter, Sedimenten selbst hervorbringt, die seinen Schwung behindern und ausbremsen – und was ich ebenfalls nur in konkreten, in physischen (»dynamischen«) und phänomenalen Begrifflichkeiten zu erfassen beginnen kann. An diese sollten wir uns sogar, statt uns schleunigst wieder von ihnen zu lösen, noch enger halten, um ihren engen Zusammenhang hervorzukehren: Wenn versanden »einsinken in«, »sich nicht mehr *ex-istierend* außerhalb stellen können« bedeutet, dann werden wir uns nämlich fragen müssen, worin denn die Natur des »Sands« besteht, in dem das Leben – in Ermangelung eines besseren Ausdrucks – »versandet«.

2. Denn die erwartbare Antwort, dass der Sand die Gewohnheit sei (die »Routine«, der Trott, heißt es gewöhnlich, aber können wir diesem Gewöhnlichen entkommen, da es doch gerade um das Wesen des Prosaischen selbst geht?), entbehrt der Genauigkeit und genügt jedenfalls nicht. Denn dieses »Prosaischste« ist unbestreitbar auch metaphysisch in seinen Folgen. Das Eigentümliche der Versandung besteht genau darin, das eine im anderen sichtbar zu machen: eine metaphysische Dimension im Allergewöhnlichsten erkennen zu lassen. Daher würden wir, indem wir es zu früh wieder in die Ethik und die Psychologie eingemeinden, weil wir es nicht hinreichend anschauen, die Phänomenalität dessen verpassen, was hier auf dem Spiel steht, und das heißt auch das verpassen, worum es hier ursprünglich geht. In dieser Hinsicht von Gewohnheit zu sprechen, ist reduktionistisch, weil die Gewohnheit doch lediglich von uns kommt, in unserer Verantwortung, dem »Verhalten« des Subjekts liegt und uns bereits von den »Dingen« getrennt hat: Sie ist allein das, was sich in unseren Manieren und Zeitplänen fortsetzt und erstarrt, ohne sich zu erneuern. Noch zu sagen, dass es die »Zeit« ist, die ihr unsichtbares Schwemmland sedimentiert und anhäuft, hat etwas Mythologisches, denn mit ihr wird ein großes Subjekt, der große »Beweger«, der große Schuldige (der »grausame Feind«) eingesetzt, und das kann uns nicht befriedigen.

Denn die *Versandung* lässt uns ein *in* (in dem ich versande) denken, das ebenso an der Welt wie an mir selbst hängt und phänomenologisch ihre Untrennbarkeit benennt. Denn der »Sand« ist der unseres Auf-der-Welt-Seins beziehungsweise der, aufgrund dessen ich genau genommen nicht mehr »auf der Welt«, nicht mehr in ihrer ständigen Neuheit und Weite bin: Hier in diesem Büro, das sich so eingehegt hat, dass das Leben darin erstarrt und versandet, befinde ich mich, könnte man sagen, nicht mehr auf der Höhe der Welt; habe ich die Unermesslichkeit der Welt und des Lebens verloren. *In* diesem mit einer nicht greifbaren, im Unsichtbaren geronnenen Mauer ummauerten Büro, stelle ich mich nicht mehr »außerhalb«; gelange ich nicht mehr an ein Außen und *begegne ihm nicht mehr*. Darin ist die Versandung gerade das Gegenteil des Vermögens, zu ex-istieren, sprich sich außerhalb zu stellen und emporzutreten. Zugleich habe ich auch keinen Zugang zur Welt, zu ihrer Ausbruchs- und Erneuerungsmacht mehr; und die »Dinge« als Leuchten oder Blitze dieser »Welt« dringen nicht mehr zu mir durch. Der »Sand« besteht darin, dass jedes Ding nun seinen Platz gefunden hat und daher nicht mehr in Erscheinung tritt. Er besteht darin, dass ich sehe, aber nicht mehr wahrnehme: Der Sessel, die Lampe sind an ihrem Platz. Das Dach gegenüber, auch der Himmel ist an seinem Platz.

»An seinem Platz«: Bedeutet der Sand (in dem mein Leben versandet) nicht ursprünglich, das heißt auch metaphysisch (von der Warte des *Existierens* aus), dass jedes Ding »in Position«, »an seinem Platz« ist oder besser zu einem »an seinem Platz« *wird*? Nicht nur jedes Ding, sondern auch jede Beschäftigung, jede Beziehung ist an ihrem Platz. Verantwortlich dafür ist nicht so sehr die Wiederholung, die bewirkt, dass ein *ich* sich nicht mehr erneuert, nichts Neues mehr einführt, sondern ursprünglich dieses überall verbreitete »an seinem Platz«-Sein: dass nicht nur die Dinge, sondern auch die Beschäftigungen, die Menschen, denen man über den Weg läuft, die Worte, die man wechselt, die Schwelle, die man überschreitet, die Nebengeräusche usw. ihren Ort haben bzw. am Platze sind. »Am Platze«: dass sie im Wirrwarr des Lebens einen zugewiesenen Ort haben, der ihnen eigen ist, der sie festlegt und legitimiert, sie in eine vorgegebene Ordnung und einen vorgegebenen Plan einfügt. Sie sind in Position, *an ihrem Platz*, darin liegt ihr Fehler, und nicht darin, dass sie »zu viel« wären (wie es die Sartre'sche Banalität behauptete) – Versandung ist tatsächlich kein »Ekel«. »Am Platze«

bedeutet, dass sich eine Angemessenheit einstellt oder eine Normalität verbreitet, sich Konformität ansammelt, in deren Umkreis das Leben verkümmert; anders gesagt, dass die Versandung einen Sturz in die Angemessenheit-Konformität darstellt und die Gewohnheit nur deren Faktor und Resultat ist. Oder um es umgekehrt auszudrücken: *Existierend* ist, wer sich mit seinem Vermögen, seinem Aufschwung *außerhalb* (*ex*) »stellt«, weil es keinen »Platz« für ihn gibt, kein *An-seinem-Platz*, das festschreibt und einsperrt und so andere Möglichkeiten verschließt; derjenige, der nicht eingesunken ist, weil er sich nicht einreihen lässt und zum Schrumpfen verurteilt wäre, indem er seinen Platz fände, sondern der in seine Möglichkeit *aufgereckt* bleibt.

Darin bestätigt sich erneut, dass das Leben selbst, in sich selbst, bereits *Nicht-Zufall* und Neg-entropie ist; und dass es, damit es sich entfalten – man aus ihm ex-istieren – kann, erfordert, dass eine Verfasstheit der Dinge aufgebrochen wird, ein Zustand der Angemessenheit sich auflöst, eine Einbindung gestört wird: Die Angemessenheit an sich selbst ist eine Einrichtung, die als solche für das *Existieren* unerträglich ist. Denn sobald die Dinge »ihren Platz« haben, setzt sich eine Ökonomie in Gang, tritt eine Ordnung ein, die zu übertreten unmöglich wird: Das Keinen-Platz-haben-Können des Existierens, das, was unter Spannung setzt, was sich erheben und reagieren lässt, was emportreten lässt, findet sich unbemerkt, aber unweigerlich beseitigt – das »Eingerichtete« ist deaktivierend. Das *Ein-gerichtete* (in seine richtige Stellung Gebrachte) ist schon passiv; es stellt das erste Stadium des *Ver-sandeten* dar und enthält es bereits. Ein In-Position stellt sich ein (in diesem »in«, wie man sagt), das die Möglichkeit eines Außerhalb unterdrückt, in das man sich »stellen«, *ex-istieren* und zugleich sich aufschwingen und vorwagen könnte. »Erlebnis«: Dieser Ausdruck ist nun nicht mehr poetisch; er besagt lediglich, dass sich tatsächlich etwas ereignet, das wir »erleben« und dessen Platz wir noch nicht kennen, das wir noch nicht einzuordnen wissen und das umso mehr die Fähigkeit des Subjekts (Subjekt zu sein) verlangt, an es heranzutreten.

Das *Eingerichtete* hingegen nimmt dem Subjekt die Motivation (motiviert nicht mehr dazu, Subjekt zu sein). Wir kennen dies beispielsweise – oder ich sollte besser sagen beispielhaft – aus der Ehe oder sei es auch nur vom »Paar«, das ein Einrichten der Beziehung darstellt, das, indem man es zu etwas *Etabliertem* macht, dem gegenseitigen Kontakt schadet. Indem man sich zusammen einrichtet, erhalten beide ihren Platz in dem Verhältnis und lassen sich, da sie nunmehr gegen dieses Gegebene stoßen, davon einmauern: Sie stellen sich nicht mehr außerhalb und vor diesen festgefügten Rahmen und seine Bedingung, und daher *begegnen* sie sich nicht mehr. Denn wenn die Ehe die Beziehung versanden lässt, dann nicht, weil sie zu etwas verpflichtet (die versprochene Treue ruft nach ihrem Bruch) oder schlicht dadurch, dass sich eine Gewohnheit einschleicht; sondern viel ursprünglicher, weil sie ein Phänomen des *Etablierens*, des sich Einrichtens darstellt, des »Niederlassens«, wie man sagt, aus dem sich später zu retten so viel Intelligenz, so viel List erfordert. Handelt es sich bloß um eine Abnutzung des Begehrens, wie man aus Faulheit wiederholt? Um ein Geltendmachen individueller Freiheit (im Gegensatz zum »Bund« der Ehe), wie man aus Unbeholfenheit auch anführt? Mit beiden gleichermaßen vereinfachenden Antworten verkennt man die Erfordernisse eines Ausbruchs oder eines Aufrufs zur Nicht-Stimmigkeit, der sich zum *leben* eignen und das *ex-istieren* befördern würde. Denn gerade wegen dieses Aufrufs zur *Nicht-Stimmigkeit* gibt es grundsätzlicher, das heißt metaphysisch betrachtet, Versandung.

3. Kehren wir zur Phänomenalität der Existenz zurück. Wenn die Versandung im »am Platze« oder im »an seinem Platz« entsteht, wenn sie ein Versinken in der Konformität und im Genormten darstellt, in dem die Dinge und die Verhaltensweisen – indem die Angemessenheit sie eingipst, die Anpassung sie einbindet, die Gewöhnung sie legitimiert – keinen Anlass mehr geben, etwas an ihnen auszusetzen, mithin sich zu engagieren, ja nicht einmal mehr den Halt geben, sich mit ihnen zu beschäftigen und sie wirklich anzusehen, dann wird man sich noch genauer fragen müssen, was von diesem Vermögen, zu existieren, denn nun verloren geht. Und wenn es zunächst einmal wahr ist, dass der »Sand«, in dem die Vitalität verkümmert und aus dem sich zu befreien ihr so schwerfällt, aus diesem unsichtbaren Sekret entsteht, das sich von all dem her ansammelt, was seinen Platz und seine Richtigkeit findet, dann müssten wir auch das Positive dieses Negativen benennen können. Ich habe damit begonnen, mit »Aufschwung« dieses Vermögen

zu bezeichnen, aus der tristen Normalität aufzusteigen: diesem aus der Angemessenheit resultierenden Am-Platze zu entkommen, sich von dieser Zufälligkeit loszumachen, die festnagelt und versteinert, kurz, sich herauszuhieven aus diesem Andauern-Zurückziehen. *Aufschwung* benennt das Vermögen, sich aus dem Eingerichteten emporzuschwingen, ein Außerhalb wiederzufinden und in der Folge erneut das noch nicht Dagewesene und Unendliche aufzuschließen. Wenn wir dabei an sein gängigstes Motiv denken (»der Schwung des Vogels, der sich in die Lüfte erhebt«, wie man so sagt), müssen wir diese heutzutage nun wirklich kaum zu ertragende Bukolik erst einmal ordentlich durchschütteln, um ihr trotz allem noch eine Wahrheit zu entlocken: um aus ihr jene Ablösung vom Am-Platze-Sein herauszulesen, mit der die Entdeckung neuer Möglichkeiten einhergeht. Unter die zahlreichen Formen, wie die Beziehung zwischen Wesen und Existenz gedacht wird, lässt sich auch folgende Bestimmung zählen: Die Ex-istenz ist, was sich *außerhalb* des Wesens befördert, was seine Bestimmtheit aufbricht, sich außerhalb seiner Begrenztheit und seines Am-Platze-Seins stellt, indem es überschreitet, was darin bereits fertig gegeben und zugeordnet ist.

Aufschwung wendet sich gegen die »Ausbreitung«, die Stabilität dessen, was an seinem Platze ist, was sich nicht mehr rührt und nicht mehr muckt. Die See liegt ausgebreitet da: Sie hebt sich nicht und senkt sich nicht; ein Schiff liegt breit und träge da: es ist zum Stillstand gekommen und kommt nicht mehr vom Fleck. Der Rückfall des Aufschwungs ist das *Ausbreiten*. Drei Uhr nachmittags, Moment der größten Ausbreitung (des Tageslichts): Der Tag stagniert, ist saturiert, aber wird nicht mehr heller; er nimmt nicht mehr zu und ebenso wenig schwindet er schon. Er hebt nicht weiter aus dem Schatten heraus noch holt er diesen durch seinen Rückzug wieder hervor. Alles ist gleichermaßen geglättet und hat keine Kanten mehr. Um drei Uhr nachmittags könnte man glauben, der Tag will nicht mehr fortschreiten; alles findet sich »an seinem Platz« festgenagelt, in seine Lethargie versunken. Denn in dieser Ausbreitung, dieser makellosen Glätte liegt alles aus wie in einem Schaufenster, zieht sich in seiner Bestimmtheit auseinander und nimmt in seiner Trägheit eine größtmögliche Fläche ein. Ohne weiteren Mangel, und folglich ohne Verkrampfung, die auf eine Zukunft warten lässt; ohne weitere Schwachstelle oder Abwesenheit, die einen Spalt öffnet und zu suchen veranlasst. In diesem ganz und gar Entfalteten, Ausgebrachten, Ausgebreiteten ist die *Kraft* verloren gegangen; es fehlt jede Tiefe: Die Versandung liegt in dieser »Ausbreitung«. Noch einmal in Bezug auf das Paar (Charles Bovary in Emmas Augen): »Sogar sein Rücken, sein gemächlicher Rücken war ärgerlich anzusehen. Sie fand auf dem Mantel die ganze Plattheit seiner Person ausgebreitet.« Mehr noch als ein Maler der Dummheit, wie behauptet wurde, ist Flaubert ein Maler dieses Versandens durch *Ausbreitung*.

Folglich bewegen wir uns auf sicherem Grund, wenn wir sagen, dass die Existenz dort stattfindet, wo man zum Aufschwung gelangt und sich aus dieser Versandung durch Ausbreitung herauszieht. Die Existenz bemisst sich hier an ihrem Vermögen zur Beförderung, je nachdem, was dieser Begriff beinhaltet. Der *Aufschwung* ist die fruchtbare Höhe, das *Ausgebreitete* ist die Niederung und Verflachung, die zur Konformität führt. Müsste nicht zuerst diese Diskrepanz zur Geltung kommen, noch vor jeder Unterscheidung nach Feldern oder Ebenen, Reihenfolgen und Objekten? Ist sie es nicht, von der her sich die Werte aufstellen, die die Ethik wie die Ästhetik bestimmen? Handelt es sich nicht, um es polemischer auszudrücken, um den einzigen möglichen Ausgangspunkt für die Moral? Die einzige Alternative besteht alles in allem darin: Erreiche ich den Aufschwung oder ergieße ich mich in die Breite und lasse mich dort versanden? Den Aufschwung erreichen, sich darin halten, liegt noch vor dem Gegensatz von gut und böse, von schön und hässlich – Urteile und Kategorien, die, wie wir wohl wissen, schon der Ordnung der Bestimmtheit und der Ausbreitung, der Ordnung des »Rückfalls« angehören. Denn den Aufschwung zu erreichen, sich das Emportreten zu eigen zu machen, hält einen in der wirklichen Transzendenz, im Überlaufen der Bestimmtheit-Begrenztheit, anders gesagt im aktiven Verhältnis zum Unendlichen.

Was bezeichnet denn aus dem Blickwinkel der Moral das »Böse«, sofern wir an dem Begriff noch festhalten wollen, anderes als eine Handlungsweise, die sich nicht mehr im Aufschwung befindet, sondern derart versandet, dass eine Begegnung mit dem Anderen nicht mehr möglich ist: die sich eingerichtet und daher schon zurückgezogen hat, dorthin, wo sie ihr Interesse erfüllt glaubt, sich an einen Platz verdammt hat, während sie in ihrem *Ethos* versinkt, und sich sogar in eine Fixierung (das Laster) verwandelt, in der der Schwung, der die Existenz zum Überfließen treibt, erlahmt ist? Das »Böse« ist Transzendenzverlust, heißt es oft, aber vielleicht mehr noch Reduktion auf diese Trägheit. In dieser trägen Verhaltensweise ist tatsächlich die Grundsolidarität, die ursprünglich jede Existenz in Kommunikation mit den anderen bringt, zugemauert, erstarrt, vergraben und dringt nicht mehr durch (so begreife ich auch den Holocaust). Darin liegt auch der Grund, weshalb vom Gesichtspunkt des Urteils aus das Böse das Gesicht des *Hässlichen* trägt, dessen, der seine Entwicklungsmöglichkeit verraten hat und sich ungeniert und zufrieden in seinem Rückfall ausbreitet.

Auch verlieren sich die wahren Maler und wahren Dichter nicht in Geschwätzigkeit und übergenauen Schilderungen: Beides wäre ein *Ausbreiten* und folglich ein Versanden ihrer Kunst. Sondern sie versuchen, den *Aufschwung* zu erfassen, wollen auf die Höhe dessen gelangen, was noch nicht zu einem »Thema« und »Gegenstand« herabgesunken ist. Und hat ein solches »was« nicht außerdem bereits durch Isolation, Stabilisierung und vor allem Substantivierung diesen Aufschwung verloren, der zu Unendlichem hin öffnet? Gehört ein solches »was« nicht bereits dem *Rückfall* und der Trägheit an? Die moderne Malerei hat das noch deutlicher ans Licht gebracht (und darin ist sie modern): Um dem Aufschwung näher zu sein, hat sie mit der zuweisenden Repräsentation gebrochen, die jedes Ding an seinen Platz und in seine Angemessenheit bringt (das Ideal oder zumindest die Forderung nach Ähnlichkeit, die so lange die westliche Malerei beherrscht hat); und sie hat sich sogar vom Figurativen gelöst und abstrahiert, das sie als immer noch zu ausgebreitet beurteilt hat. »Abstraktion« wovon, wenn nicht genau von der Ausbreitung in jener Form, in der die Dinge sich angemessen einschließen ließen, und das heißt Ausbreitung in dem, was man passiv als ihre »Eigenschaften« wiedererkennt und festhält? Daher malt die moderne Malerei diese wesentliche Nicht-Zufälligkeit: Christus ist gelb; die geologische Struktur des Bergs hebt sich aus der Fläche heraus; die Perspektive wird aufgegeben, die Erwartung durchkreuzt; ein Auge ist von vorne dargestellt, das andere von der Seite … Was auch die großen klassischen Maler schon in gewisser Weise wussten, oder besser: Sie wussten es weniger, als dass sie es – unaufdringlich – ins Werk setzten, und das sogar in ihren »Stillleben«.

4. Wenn es stimmt, dass das Negative des Lebens der Tod und in seinem Rückfall das Negative der Existenz das Versanden ist; wenn das *Existieren* dementsprechend von sich selbst dazu angeleitet wird, vom Aufschwung in die Ausbreitung zu versinken, begreift man, dass im wirklichen Sinn zu leben, also intensiv, offen für das Unendliche zu leben, anders gesagt *existierend* zu leben weniger eine Frage der Moral als der Strategie ist; oder dass die Moral lediglich resultiert. Denn daraus, dass die Moral von nun an grundsätzlich suspekt ist, sollten wir unseren Nutzen ziehen. Der Ursprung der Moral ist selbst unmoralisch, das hat Nietzsche ans Licht gebracht: Ihr Ideal der Interesselosigkeit ist nur Vergeltung – Ausdruck des Ressentiments – für ein uneingestandenes Unvermögen, zu leben. Oder was man als moralisches Gesetz verehrt und zu Tugenden macht, kann die ständige und sogar aufreibende Aushandlung zwischen den Triebregungen und ihren Anforderungen auf der einen Seite und der Zensur eines vergesellschafteten Über-Ichs im Gewand einer höheren Autorität oder sogar Gottheit auf der anderen Seite nicht verbergen. Das Terrain, auf dem die Moral zu gründen wäre, ist in jedem Sinne viel zu sehr umgegraben worden, zu durchwühlt, wie Freud sagte, als dass man meinen könnte, direkt daraus die Bestimmung erfassen zu können. Und bei aller Mühe, die man sich heute auch macht, diesen Verdacht zu kaschieren, diese Kühnheiten des Denkens zu ertränken, diese Errungenschaften, lauter Ergebnisse von Klarsicht, zu verbannen, so weiß man doch darum nicht weniger, dass die kleinen Arrangements, die man treffen kann, um sich davor zu bewahren, nicht sehr weit führen können. Wir werden die Dinge anders anpacken müssen.

Ich kann mir dabei nicht verhehlen, dass die Befassung mit Lebens-*Strategie* anstelle der Moral im ersten Moment deplatziert, unangebracht, unpassend erscheinen wird, um nicht zu sagen (logisch) paradox oder (ethisch) empörend. Denn man verbindet Strategie mit Kämpfen gegen einen Gegner, der zu schlagen ist, oder mit einer Schwierigkeit, die zu überwinden ist; man sieht sie mit einem Kalkül verknüpft, mit einem zu erreichenden Ziel assoziiert, von einem Interesse geleitet. Nun zielt die Strategie, die ich im Auge habe, ja wirklich auf ein Ziel, sie spielt keine Interesselosigkeit, sondern dieses offen eingestandene Ziel ist der Sieg über die Trägheit, in die die Existenz hineingezogen wird und in der sie sich fesseln lässt. In der Tat gilt es hier, einen Widerstand zu organisieren: eine Sperre gegen die Versandung der Existenz zu errichten. Es gilt durchaus, eine Wirkung zu erzielen, einzig mit dem Realismus, dass das Resultat zählt, im Kopf und ohne dass man sich um eine »Reinheit« des Motivs und der Absicht sorgen müsste, die von nun an suspekt ist. Dieser zu erringende Sieg ist das Erreichen des *Aufschwungs*, der Sieg über das Ausgebreitete, anders gesagt das Öffnen eines Ausgangs auf dem Terrain unseres Lebens, damit sich dort wieder ein Außerhalb findet, sich Unendliches auftut – damit der Schwung, der uns manchmal, in begünstigten Augenblicken (der »Gnade«) getragen hat, nicht in der Spurrille verkümmert, zu der das Gewöhnliche verdammt ist. Der von der Moral gepredigte »Altruismus« ist, indem er von diesem Aufschwung ausgeht, nicht mehr als ein Öffnen dem Anderen gegenüber. Eine Weise also, dem Argwohn Rechnung zu tragen, der sich gegen die Moral erhoben hat, gleichwohl ohne seinem Aufruf zu folgen und sie auf die Regulierung der Begierden, die das Leben in Gesellschaft verlangt, zu reduzieren.

Strategie passt hier außerdem umso besser, als der Begriff vielfältig ist, offen bleibt, Verschiedenes aufnimmt und sich im Unterschied zur Moral nicht aufzwingt. Er impliziert, verschiedene mögliche Wege zu erproben, auf denen man vollständig die Initiative behält und so weit geht, wie man kann; aber sich nicht auf eine Autorität beruft, die man nicht mehr zu legitimieren weiß (die berühmte »Grundlage der Moral«, von der man sich lossagen muss). Jeder nach seiner Strategie – oder man kann auch mehrere kombinieren; in dieser Hinsicht sind, wie man sagt, und dieser Empirismus ist ein Garant für Verlässlichkeit, »alle Mittel recht«, sie werden allein nach ihrem Ergebnis beurteilt werden. Dies ist keine Frage der Interpretation, sondern bemisst sich kühl am erreichten Erfolg. Da die Versandung an das bindet, was sich alles zunehmend »am richtigen Platz« befindet, »an seinem Platz« wiederfindet, besteht eine erste einfache Strategie in der Um-stellung: ob zeitlich oder örtlich, sie bricht die Verfestigung auf, aus der die Stagnation, die versteinernde Angemessenheit herkommt. Denn diese Binsenweisheit können wir nicht abtun, diese triviale Tatsache nicht missachten: Bevor wir auf das aufkommende Verlangen (nach Erholung, Entspannung oder Erkenntnis – was weiß ich noch?) selbst antworten, bieten Urlaube und Reisen eine einfache, leicht verfügbare Möglichkeit, den Lebensrhythmus durcheinanderzubringen, sich aus dem Sand herauszuholen, der sich an den Orten und den Menschen, mit denen man verkehrt, ansammelt; daher rütteln sie auch diesen anderen Verkehr, den bis zur Unerträglichkeit gesteigerten innerlichen Verkehr auf, in dem man mit sich selbst steht und der so schwer ins Wanken zu bringen ist, wenn man keine Unterstützung von einem Außen erhält, das einem hilft, sich aus dem Anhaften zu befreien und wieder zu ex-istieren.

Man kann daraus wie bei Bashō, dem Haiku-Dichter, eine Kunst des Ortswechsels machen, die durch das Reisen, durch ständige Veränderung des Orts und der Landschaft, damit sein *Ethos* sich nicht einrichten kann, auf ein Entsanden dessen abzielt, was von allen Dingen in uns als Erstes der Versandung anheimfällt: das Gefühl. In ihm beginnt auch *bereits* die Trägheit. Weil es von Anfang an danach strebt, zu erstarren, muss man es aufrühren, aber ohne vorheriges Arrangement. Das heißt, dass man vorher, indem man sich nicht in seinem Leben einrichtet, die Bedingungen schaffen muss, unter denen eine solche *unvorhergesehene* Möglichkeit von sich aus, *sua sponte*, eintreten kann. Eine paradoxe, aber strenge Strategie, die in der Dichtung einer *Improvisations*kunst entspricht. Abgeschnitten von allem, was bereits vor ihm warnt, es einteilt, es dämpft, findet sich das Gefühl wieder von seinem *Aufschwung* ergriffen, bar jeder Erwartung, entbunden von jeder Anpassung, befreit von dem, was seine »Angemessenheit« wäre – nicht strapaziert durch seine vermeintliche Verletzlichkeit und nicht durch die Aufmerksamkeit gelähmt und erstarrt. Nicht selten, außergewöhnlich, sondern noch nie da gewesen, absolut singulär, endlich neu, *derart* auftauchend, unverhüllt, wie zum ersten Mal, das einzige Mal: also vor dem Rückfall in die Ausbreitung, der es unweigerlich unterworfen wird durch die etablierten Bilder der geistigen Verarbeitung, die bereits mit der Wahrnehmung einsetzt – diese »blickt« bereits »durch« (*per-cevoir* sagt das Französische) und »nimmt« »Wahres« – so die Wortkonstruktionen der Sprache.

5. In der Tat werden wir diese Vielfalt der Entsandungsstrategien nicht vollständig inventarisieren können. *Fortgehen*, was auch immer der Beweggrund sein mag, ist in dieser Hinsicht wirksam und sogar zwin-

gend, es stellt uns in eine fruchtbare Unvollkommenheit, öffnet unfehlbar einen Spalt im Eingerichteten und Sedimentierten, selbst wenn wir ihn danach emsig wieder schließen. Das Vibrieren des fahrenden Zugs, bemerkte Freud, ist schon Reaktivierung. Die angewandte Strategie kann bescheiden, sogar minimalistisch sein. »Aufräumen«, in jedem Sinn des Wortes, in seinem Kopf wie in der Wohnung, hat seinen Nutzen trotz aller Nüchternheit, möchte ich anmerken. Oder auch ein Exzess, jeder Exzess, ist eine gerichtete, wenngleich so oft unbewusste Art, aus der Angemessenheit-Eingerichtetheit herauszutreten, die uns durch Fixierung des Ausgebreiteten verkümmern lässt. Eine Form, die durch Konfrontation mit der Grenze, mit der Erfahrung des Unmöglichen und weil wir den zu zahlenden Preis akzeptieren, die Gefahr hervortreten und wieder erfassen lässt, also das, was in einem mittleren, normierten, ertränkten, kanalisierten, *eingerichteten* Modus nicht mehr in die Wahrnehmung tritt. In Gestalt des Skandals und der Provokation lässt sich ein immer noch hinterlistigeres Spiel treiben, aber ohne es sich offen einzugestehen: Der Vorfall selbst ist nur ein Vorwand, sogar bei Madame Edwarda. Es ist das einzig verbleibende Gegenmittel, um hervorzulocken, was sich nicht mehr zeigt, um wiederzubeleben, was nicht mehr gelebt wird. Ein Entkleiden – das bühnenwirksame Entblößen des Anderen – ist ganz gewiss eine Entsandung.

Darin besteht das »Extime«, der gegensätzliche Komplize des Intimen, der es unter Spannung setzt und mit ihm zusammenwirkt. Wenn das *Extime* höchst strategisch ist, dann weil es weiß, wo es angreifen muss. Es weiß, dass in einem Leben in Zweisamkeit das Intime der eingegangenen Verbindung immer in Gefahr ist, in Zusammenleben umzuschlagen; sich in der Vertraulichkeit oder schlimmer noch Gemütlichkeit auszubreiten: aus seinem Aufschwung in Bequemlichkeit zurückzufallen (das *Cocooning* einer Gemeinschaft), das heißt durch die Versicherung, die man erfährt, seine Aktivität einzustellen, anders gesagt, sich in einer Zugehörigkeit einzurichten und darin seinen »Platz« zu finden. Ex-times in das zweisame Leben einzuführen stellt also eine spielerische, kecke, listige Form dar, die Ökonomie der Innigkeit zu zerreißen, um das Erfordernis eines Außen spürbar zu machen und den geschlossenen Bund damit zu konfrontieren, dass er etwas Gebieterisches an sich hat. Denn dieses *Außen* des Extimen, aus dem sich das Existieren befördert, zielt nicht nur auf die Wiederherstellung von *Abwegen* und Abstand zwischen ihnen, ohne die die Begierde keinen Ansatzpunkt findet, sondern mehr noch darauf, unter der erotischen Wirkung den Kontakt von der schädlichen Vertrautheit zu reinigen, die er unweigerlich absondert – so wie das Leben »Entropie«. Denn diese intime Vertrautheit bildet das Gegenteil eines Intimen, bei dem der Andere entdeckt wird, er von einem »mir Näheren als ich selbst« (*interior intimo meo*) angerufen wird und es zu einer *Begegnung* kommt. Denn die größte Gefahr, wenn man zu zweit täglich zusammenlebt, entsteht daraus, dass man »sich nicht mehr stört«, weil beide »ihren Platz« haben; dass der Andere nun nicht mehr wirklich anders, sondern »eingeräumt«, eingerichtet ist, zu einem Anhang des Selbst und immer erreichbar wird – genau da stellt das Extime auf übertriebene, theatralische Weise mit den gerade greifbaren Mitteln, indem es *das Einrichten rückgängig macht*, den nötigen Abstand her, damit wieder eine Perspektive auf den Anderen möglich wird, die ihn zum Vorschein bringt; und damit das regelmäßige Zusammentreffen mit ihm kein Verlust, das Nebeneinander keine Versandung mehr darstellt.

Dass man sich durch regelmäßiges Beisammensein nicht mehr kennt oder im Zusammenleben nicht mehr begegnet, ist in der Tat die Banalität des Paars, das kein anderes Mittel, keinen anderen Ausweg findet als die Provokation, da die Verführung nicht genügt. Indem es am Zaun des Intimen rüttelt, das Intime zum Obszönen öffnet, seine Vertrautheit verletzt, gelingt dem Extimen ein Durchbruch, wie es in der Militärsprache heißt, erzeugt es ein Schwindelgefühl, das keinen anderen Zweck hat, als die Konvention (den »Anstand«) zu zerschlagen, unter deren Schutz jeder unablässig seine Zurückhaltung pflegt. Wenn das Extime die Geheimnisse des Leibes zur Schau stellt, das Schamlose exponiert, dann stellt es in seiner offenen Kühnheit eine heroische Geste dar, die ausdrückt, dass man den Rückfall vom Aufschwung der Begierde niemals akzeptieren wird (sonst können wir nicht verstehen, was Bataille schildert); und es erinnert auch daran, wie gewaltsam, extrem und gefahrvoll das Intime selbst unter seiner Sanftheit ist. Sosehr man sich auch davon frei machen möchte, indem man es zur Abnormität erklärt, so kann dies doch nicht darüber hinwegtäuschen, dass das Extime eine metaphysische Heldentat auf dem

Feld des Sexuellen und Körperlichen darstellt; eine Anstrengung zur Ver-Stimmung, eine verkrampfte, vielleicht verzweifelte Anstrengung innerhalb des Am-Platze-Seins und der Begrenzung (der Körper), um der Beziehung ihren aufreizenden Schwung zurückzugeben und sie aus ihrer Versandung zu retten. Es kehrt durch Konfrontation mit einem Außen wieder hervor, was das Intime Außerordentliches an sich hat, indem es die Einhegung des Ichs aufhebt: worin dieses selbst eine Verlockung des Absoluten, eine Öffnung zum Unendlichen darstellt. Auf seine Weise, sprich, mit seinen eigenen Risiken und Gefahren, weil es sich dem Unverständnis des Anderen oder seiner Verachtung aussetzt, bedeutet das Extime, durch erneute Öffnung eines Außen, das mit Risiken behaftet ist, eine Wiederbelebung der Zweisamkeit im Existieren.

6. Wie in der Kunst, soweit man sie denn zur Verallgemeinerung heranziehen kann, gibt es auch hier alle möglichen Arten der Rechtfertigung: des Gedenkens und der Zurschaustellung, der Verherrlichung und der Verurteilung – sakrale Funktion und soziale Funktion. Doch wenn man es sich aus der Perspektive des Subjekts anschaut, zu der wir seit der Romantik umso radikaler neigen, wird man leicht erkennen, dass eine solche existenzielle Entsandung, die das Vitale zum Metaphysischen oder auch das Versandete zum Unendlichen eines Außen öffnet, ganz und gar seine Angelegenheit ist – ich sage *das* Metaphysische als Dimension der Existenz, die das Absolute berührt, und nicht die »Metaphysik« als historisches Gedankengebäude. »Dichter ist der, der die Gewöhnung für uns stört«, sagt der Dichter von sich selbst (Saint-John Perse). Doch handelt es sich nur um »Gewöhnung«? Erneut biegt dieser Begriff auf bloße Gewohnheit zurück, was aus einer Sedimentation unseres Auf-der-Welt-Seins herrührt, das, indem es zu einem Am-Platze-Sein wird, verknöchert und sich entspürt. Es ist auch gesagt worden (Mallarmé), dass der Dichter »den Worten der Sippe einen reineren« Sinn gibt. Der Dichter entsandet in der Tat die Worte und, indem er dies tut, auch die Existenz. Indem er die Worte aus ihrer Ausbreitung in der alltäglichen Sprache herauszieht, aus der Versteinerung, die sie darin erleiden und die sie der Abnutzung oder dem Schwulst aussetzt, gibt er dem *leben* seinen Aufschwung zurück – Ethik und Ästhetik sind darin nicht länger getrennt: »... jungfräulich, lebenskräftig, schön, das Heut …« »Reiner« bedeutet also mehr im Aufschwung, mehr auf der Höhe (der »trunkne Flügelschlag«). Seit der poetischen Revolution und noch systematischer seit dem Surrealismus trägt sich die Kunst, indem sie sich zur Revolte und zum Bruch erklärt, mit diesen intimeren Absichten: frei machen von allem, was sich einrichtet, »sich setzt« (»Die Sitzenden« von Rimbaud), sich im »Am-Platze« mit seiner bequemen Angemessenheit zufriedengibt, die es infolgedessen als »Wahrheit« preist. Malerei und Dichtung begegnen sich hier wieder: Den Formen, die von sich aus dazu neigen, zurückzufallen, gibt die Malerei ihren Aufschwung zurück (Cézanne, Matisse).

Wenn, wie der Tod dem Leben, so die aus der Versandung folgende Trägheit dem Existieren gegenübersteht, dann lässt sich unschwer einsehen, dass das der Existenz eigene Vermögen zum *Aufschwung* gut mit »Wachsamkeit« (»alerte«) bezeichnet ist, die ihrerseits im Gegensatz zur Trägheit (»inerte«) steht. Ein im Übrigen überaus strategischer Begriff, der wie im italienischen *all'erta* an die Anhöhe denken lässt, von der aus die Wache nach Gefahren Ausschau hält, und der an das Emportreten erinnert. Wenn träges Leben das versandete Leben bezeichnet, also das in seinen Metabolismus zurückgezogene, nicht mehr verstimmende, sondern in seinem *Anhaften* gefangene Leben, in dem nichts mehr geschehen kann (kein Erlebnis mehr in seinem Am-Platze-Sein), dann bezeichnet *Wachsamkeit* das Leben im Schwung, das von seinem Tatendrang getragen wird, das, wenn ein Ereignis hervorbricht, nichts versäumt (»wachsam«), das im eigentlichen Sinn existiert. Statt sich an die abgegriffenen Kategorien des Guten und Bösen zu halten, die in jedem Fall suspekt bleiben, können wir ein Leben danach beurteilen, ob es mehr oder weniger träge ist, sich nicht aus bestimmten Verhältnissen lösen kann oder sich zu recken und sich außerhalb ihrer zu stellen weiß; ob es noch unter einem schmalen Horizont zugemauert bleibt, den es nicht einmal erahnt, oder ob es aus diesem Am-Platze ein Subjekt hervortreten – existieren – lässt. Daher finden wir an dieser Stelle die erste Abzweigung, die erste Abgrenzung zwischen der Ethik und der Ästhetik. Die typisch Stendhal'sche Qualität, die bekanntermaßen nicht aus der Vorstellungskraft kommt und ebenso wenig der Psychologie geschuldet ist, wie schon so häufig bemerkt wurde, beruht im Ganzen betrachtet auf diesem Vermögen zur *Wachsamkeit*, auf diesem Vermögen zum Virtuosen, das sich gleichzeitig und ohne scharfe Abgrenzung auf Ton, Stil, Tempo, Formulierung und Einfälle erstreckt und sich dem »Gestelzten« entgegensetzt. »Mailand 1796« ist ein wachsamer Auftakt (wie eine Ouvertüre in der Musik): Die Ankunft der Truppen Bonapartes haben die Stadt zur Kühnheit und zur Abenteuerlust des Existierens zurückgeführt. Philosophieren kann ebenfalls wachsam sein (*Rameaus Neffe* – aber auch in zahlreichen Passagen von Platons Dialogen oder der Anfang von Descartes' *Meditationen*); von dieser Art ist auch die *gaia scienza*, die Nietzsche erträumte.

Darin sind Kunst und Denken – selbst wenn tragisch – wachsam und festlich. Und sogar das Fest ist ursprünglich dies: ein, diesmal kollektives, verabredetes Unterfangen der Entsandung des *lebens*, ein Erinnern des Vitalen an seine Vitalität. Was das Fest unter seiner Maske des Rituellen und Offiziellen feiert und an was es erinnert, ist gleichwohl immer das, worum es sich mehr oder weniger unverhohlen dreht: den »Sand« des Gesellschaftlichen aufzuwirbeln, die Hierarchien und die Festschreibungen zu suspendieren, die angehäuften Trägheiten des Am-Platze aufzubrechen und beiseitezuräumen. Das Fest, jedes Fest, hat die Funktion, die negativen Sedimente des *Eingerichteten*, die zur Erschlaffung führen, zu entfernen oder wenigstens aufzuwühlen: Jedes Fest ist ein »Frühlingsfest«, selbst wenn es diesen chinesischen Namen nicht trägt. Das Orgiastische selbst ist unter seinem Aufwand, seiner Ausschweifung, seiner Gewalt und seiner Übertretung nur ein zum Äußersten gesteigerter, manchmal sogar verzweifelter Versuch (aber diese Verzweiflung ruiniert nichts), unter der Ausbreitung Aufschwung wiederzuentdecken. Daher lässt sich die Lebenskraft einer Gesellschaft an ihrer Fähigkeit erkennen, *Feste* zu feiern: Das Fest stellt keine Ergänzung des Gesellschaftlichen, sondern seinen ureigensten Ausdruck dar. Griechische Festlichkeit, Festlichkeit der Renaissance. Aber das Fest hat gewiss nichts mit »Animation« zu tun, seiner grotesken Kehrseite oder Karikatur (im Sinne unserer erbärmlichen kommunalen oder kommerziellen Freizeitgestaltung von heute). Wenn wir eine Gesellschaft nach ihrer Fähigkeit zu Wachsamkeit und Festlichkeit, als Tugenden der Entsandung, beurteilen, ist dies ein reichlich schlechtes Zeichen für die unsere, in der wir leben.

IV

UMKIPPEN

(oder wie kommt es dazu, dass das Leben sich umkehrt?)

1. In allen Verhältnissen ist es faszinierend, sich zu fragen, wie ihre Umkehr begonnen hat. Mich fesselt immer, auch bei den kleinsten Dingen, der Augenblick, in dem diese Verkehrung *eingesetzt haben muss.* Der Moment, an dem irgendein Sachverhalt unseres Lebens, wie wir plötzlich oder erst im Nachhinein bemerken, an den Punkt gelangt, an dem er sich in sein Gegenteil verkehrt, an dem er aus sich selbst heraus sich selbst entgegensetzt, lässt uns verdutzt zurück. Denn wenn wir es keiner äußeren Ursache und keinem äußeren Verursacher zuschreiben können, geschieht dies aus sich selbst heraus: Diese Verkehrung der Sache in ihr Gegenteil hat in dem, was sie war, ihren Ursprung. Dass eine »Sache« – wäre sie ursprünglich auch nur eine Empfindung, eine Verbundenheit, eine Neigung – so ist und nicht ihr Gegenteil, hat für uns die größte Bedeutung oder sogar allein die Bedeutung, dass unsere ganze Existenz daran hängt. Davon hängen »Glück« und »Unglück« ab, um einmal die üblichen Gegensätze aufzunehmen: Daran entscheidet sich in unserem Leben alles. Dass Albertine, an der er einst »mehr als an seinem Leben« hing, ihm nun gleichgültig geworden ist, und das ohne ersichtlichen Grund, als ob nichts geschehen wäre: *Wann* hat dieses Entlieben denn eingesetzt? Oder dass mich, was mich so begeistert hat, jetzt nicht mehr berührt: *Wann* habe ich denn begonnen, mich davon abzuwenden, ohne dass es mir bewusst gewesen wäre? Dass der Idealist eines Tages im Terrorismus versank; dass die revolutionären Kräfte eines Tages reaktionär wurden: Können wir diesen Schicksalstag datieren? Das hat sich, würde man meinen, ganz natürlich aus sich selbst heraus ergeben, ohne dass man darüber erstaunt. Nur dass man eben bei nachträglicher Betrachtung des Resultats ganz verblüfft zurückbleibt.

Es musste doch so sein, dass *eines Tages* diese Verkehrung still und heimlich eingesetzt hat; dass diese Empfindung, diese Neigung, diese Situation unmerklich begonnen hat, sich in ihr Gegenteil zu verkehren, »umzukippen«, wie man sagt (wir werden uns ein weiteres Mal an die Kraft des Bildes halten), von wo aus sich danach alles ergibt. Kann es uns nun gelingen, uns an diesen »Kipppunkt« heranzutasten? Und werden wir diesen berühmten Tag ausfindig machen können? Kann ich in meiner Erinnerung genau bis zu diesem Punkt zurückschreiten, da ihn doch so wenig unterscheidet? Denn mir ist kaum eine Nuance aufgefallen. Was den größten Einschnitt darstellen und unsere Aufmerksamkeit auf sich ziehen müsste, geschieht in Wirklichkeit ganz heimlich. Was die schwerwiegendsten Folgen nach sich zieht – dass ich heute das Gegenteil von einst lebe –, ergibt sich aus einem anfangs so unauffälligen Umschwung, dass ich ihn gar nicht registriere. Dass Welten geboren werden oder Reiche untergehen, ist gar nicht so sonderbar, ja nicht einmal, dass alles mit einem *Big Bang* begonnen haben soll. Wirklich sonderbar ist, dass ganz ohne Warnung das eine von sich aus ins andere umschwenkt. Wo, wann, wie hat sich unter unseren Augen dieser Übergang ereignet, der alles verändert hat, ohne dass wir ihn auch nur bemerkt hätten? Ein solches *Umkippen* ähnelt in seiner Unauffälligkeit dem *Versanden*, steht zu ihm aber in Gegensatz, insofern es einen Bruch und eine Andersartigkeit einleitet. Unser Leben ist durch beides bestimmt, Versanden und Umkippen – oder vielleicht durch den Wechsel beider?

Man wird antworten, dass die Dialektik die Logik dieses Umkippens aufgezeigt hat, und sogar, dass genau dies ihre Aufgabe ist; dass sie hinsichtlich der großen Züge der Geschichte darüber Rechenschaft gegeben hat, dass ihr Gesetz aber für alles Werden Geltung besitzt, sich auch an der geringfügigsten Entwicklung ablesen lässt. Wenn es eine Verkehrung des einen ins andere gibt, dann weil das eine, so hat sie es uns gelehrt, bereits sein Gegenteil in sich enthält: Es hat es unmittelbar in sich selbst beziehungsweise *an sich selbst*, wie es bei Hegel heißt. Seine Negation kommt folglich tatsächlich nicht von außerhalb, wie es naiverweise die Metaphysik wollte, die an der Determiniertheit der Wesen und daher ihrem Ausschluss festhielt (noch Spinoza). Doch diese Negation muss selbst innerhalb aller Bestimmtheit und daher unmittelbar in der »Substanz« am Werk sein, die nun nicht mehr *träge* ist, sondern sich selbst als das Gegenteil ihrer selbst offenbart und sich als solches, von sich aus, zu ihrer Verkehrung bestimmt. Wenn der Widerspruch also innerlich ist, wenn er es ist, der als »Selbstnegation« jedes Phänomen in seiner Entwicklung vorantreibt, wenn das Phänomen, anders ausgedrückt, selbst *Negativität ist*, dann ergibt sich, dass das eine berufen ist, ins andere überzugehen, will heißen von sich aus umzukippen, aus der Notwendigkeit jedes Prozesses selbst – darüber sollte man sich nicht wundern.

Oder wenn wir darüber verwundert bleiben, so hält uns diese dialektische Auffassung entgegen, dann weil wir den Begriffen der Sprache verhaftet bleiben, weil wir in einer »Verstandes«-Logik gefangen sind, in der die Gegensätze unbeweglich und fest bleiben, weil sie äußerlich voneinander gehalten werden und unablässig jedes auf seine Seite »zurückfällt«. So wäre die Stärke nichts als die »Stärke«, lassen uns unsere Worte ungerechtfertigt glauben, verschanzt in ihrer Bestimmung der »Stärke«, die ihre Definition ausmacht, und als solche vollständig getrennt von der Schwäche, die ihr Gegenteil darstellt; und die Schwäche wiederum »ist« die Schwäche. Von einer solchen abstrakten Einseitigkeit der Gegensätze, in der jedes auf seiner Seite bleibt, muss man sich frei machen, um zu begreifen, was die Verkehrung des Lebens ermöglicht. Denn wer zu denken lernt, das heißt vor allem gegen die Sprache zu denken, indem er sein Denken von der Unveränderlichkeit der Begriffe frei macht, also von dem Gedanken, dass alles »an seinem Platz«, an seinem eingerichteten Am-Platze bleibt, erkennt leicht, dass die Grenze zwischen ihnen nicht undurchlässig ist. Beziehungsweise dass sie nur eine Seite der Dinge darstellt, während die andere sie kommunizieren lässt: nicht nur, dass die Stärke sich nur im Verhältnis zur Schwäche ergibt und umgekehrt; sondern auch und vor allem, dass die »Stärke« immer schon die Schwäche in sich trägt, so wie sich die »Schwäche« von sich aus in Stärke verwandeln kann. Ein Chef ist nicht nur »Chef«, das wissen wir schon aus Erfahrung, er hängt von seinen Untergebenen ab und muss ihnen gleichfalls den Hof machen, um ihr »Chef« zu sein; und wir wissen es auch aus der Stärke, die in der »Schwäche« der Kinder liegen kann. Stärke des Schwachen und Schwäche des Starken, eins bleibt nicht »Am-Platze«, sondern kippt ins andere: Daher kann das Leben vom einen in sein Gegenteil übergehen; daher bleibt sein Lauf ständig »im Fluss«, *flüssig* sagt Hegel, lässt sich also nie eine der Seiten abklemmen; und daher ist sein Werden »unendlich«.

Nichtsdestoweniger müssen wir, wiederum berechtigt, ebenfalls berücksichtigen, dass der Dialektik entgeht, wie sich, wenn eins nun hinreichend im anderen sichtbar wird und sogar plötzlich mehr als das andere wiegt, wie sich *da* die Umkehrung auftut. Dabei geht es nun nicht einfach um die Tatsache, dass die Perspektive hier eine zu allgemeine wäre, um dieses Einzelne zu beleuchten. Denn das ist nun einmal überhaupt das gewöhnliche Los des Begriffs und mithin der Philosophie. Oder besser, wenn dieses *Einzelne* sich hier widersetzt, dann weil im Dunkeln bleibt, welches im eigentlichen Sinn *Ereignishafte* dieser *Anfang* der Umkehrung besitzen muss, selbst wenn dieses Ereignishafte innerlich ist und uns entgeht: Wie sollen wir uns dem nähern, *wann* eins ins andere überzugehen beginnt, diesem Moment, in dem plötzlich das Gegenteil überhandnimmt? Die dialektische Konstruktion kann *diesen Moment* (des Auftauchens) nicht *beschreiben*; sie scheint keinen Halt daran zu finden und lässt ihn entschlüpfen. Dass sie zu abstrakt ist, um sich diesem Konkreten zu nähern, oder zu pauschal, um es präzise zu erfassen, kommt daher, dass sich dieses Phänomen dergestalt in die Zeitlichkeit einschreibt, dass dieses Vergängliche auf einzigartige Weise die Logik hinter sich lässt und unausbleiblich eine Lücke in seiner Erklärung hinterlässt. Nun ist aber dieser erste Augenblick der Umkehrung, aus dem alles Weitere folgt, gleichwohl entscheidend für unser Leben. Denn genauer ist er es, der aus dem Inneren der dialektischen Verkettung selbst wieder ein unintegrierbares *Außen* öffnet, über das *Ex-istenz* sich entwickeln kann.

Denn da die Dialektik darauf bedacht ist, die Kontinuität des Prozesses sichtbar zu machen, kann sie nicht klären, was in diesem Verlauf einen Bruch bedeutet (bewirkt), selbst wenn dieser Prozess natürlich, das wissen wir, kontinuierlich ist, weil er keine bestimmbare äußere Kausalität eingreifen lässt. Von ihrer Rechtfertigungslogik fortgetragen, kommt sie nicht an diesen entscheidenden, einzigartigen Punkt heran, der unterschieden von allen anderen, da es sich genau um den Punkt des Wandels vom »selbst« ins »andere« handelt, notwendigerweise einen Sprung in der Erklärung hinterlässt, selbst wenn der Ablauf genau der dargelegten Weise folgt. Es dreht sich dabei nicht mehr um das so viel diskutierte Problem des Umschlagens von Quantität in Qualität, für das das dialektische Denken einstmals so viel Leidenschaft aufbrachte. Das heißt, was die Dialektik nicht in Betracht zieht und daher nicht behandelt, ist genau das Phänomen, das wir vielleicht, wenn nicht auf unlogische, nur auf alogische Weise benennen können; das ich, ein weiteres Mal unter Rückgriff auf ein nunmehr lexikalisiertes Bild, nicht anders, nicht ohne andere Denkstütze zu bezeichnen wusste als mit »Umkippen« – Versanden und Umkippen bilden ein Tandem und antworten einander. Durch *Versanden* gehen wir unbemerkt der Möglichkeit verlustig, dass in unserem Leben noch etwas als Ereignis geschieht, alles befindet sich totengleich an seinem Platz und trennt uns von dem Vermögen, zu existieren. Da aber das *Umkippen* zugleich dieses winzige Ereignis darstellt, das entscheidend ist, das eine neue Möglichkeit zu existieren in Gang setzt oder eine vormals ergriffene Möglichkeit wieder entzieht, – und das, ohne dass man es bemerken könnte –, entgehen uns beide gleichermaßen.

2. Die Frage ist also wie schon beim Versanden, ob sich ohne dieses Bild auskommen lässt: Ob ein abstrakter Begriff das betreffende Phänomen direkter erfassen könnte; oder ob ich nur über den Umweg einer aus der Alltagssprache übernommenen, und naiver noch für die Erfahrung greifbaren Darstellung benennen kann, was das Denken selbst nicht mehr denken kann. Sollte es hier etwa keinen theoretischen Sprung geben, so winzig er auch sei, kein flüchtiges Aussetzen der Vernunft, das bewirkt, dass ich nur mittels Transfer aus der Physik, also metaphorisch erfassen kann, was ich begrifflich nicht zu fassen kriege? – Die metaphorische Übertragung bietet nämlich in der Tat eine Ressource, die der verallgemeinernden und dem Begriff zugehörigen Abstraktion gegenübersteht. Denn es stellt sich heraus, dass die Dialektik die Logik des Umkippens in ihrem Gesamtverlauf aufklären kann, nicht aber den Moment der Verkehrung selbst. Dieser Augenblick der Ersetzung bewahrt eine Irreduzibilität, die ihrem Integrationsvermögen entgeht. An diesem Punkt, so winzig, gar ausdehnungslos (so sehr Punkt) er auch sei, verwischt die Identität des »einen« wie des »anderen«: Diese Irreduzibilität ist also die der *Mehrdeutigkeit* – von der selbst her (darum fesselt sie uns) sich die Möglichkeit der Ex-istenz entfaltet. Denn während sich die Stärke in Schwäche verkehrt, muss es diesen Augenblick geben, in dem sie sich in der Schwebe befinden, diesen unbestimmten und sogar unbestimmbaren, ungreifbaren Durchgangspunkt, in dem die Stärke schon nicht mehr die »Stärke« und die Schwäche schon nicht mehr die »Schwäche« ist: Wie können wir diesen dazwischenliegenden und daher im eigentlichen Sinn mehrdeutigen Übergangsmoment kennzeichnen, in dem es gleichzeitig das »eine« wie das »andere« gibt – und damit zugleich weder das »eine« noch das »andere«? Besteht dort nicht tatsächlich eine theoretische Lücke, die die Sprache offen lässt, indem sie das »eine« und das »andere« noch getrennt hält (die »Stärke« / die »Schwäche«) und die nur ein Bild füllen oder ausmalen und vorzeigen kann, das dann umfassend sichtbar macht, was sich analytisch dem Denken entzieht?

Denn dieses Bild lässt sich nicht mehr weiter zerlegen, darin liegt der Vorzug des Bildes; es macht daher prinzipiell eine Begriffsanalyse unmöglich. Gleichzeitig hält es das einzigartige innere Spiel der beteiligten Kräfte aufrecht: Darin liegt der Vorzug der Physik. Es stellt eine Wippe vor, bei der man das eine Ende hebt, indem man das andere senkt. Die Verkehrung erfolgt also augenblicklich und in einer einzigen Bewegung. Das heißt, dass in diesem Moment die Umkehrung zwischen der einen und der anderen Seite gleichzeitig und nicht mehr als Folge eintritt: Was auf der einen und der anderen Seite geschieht, ist simultan und nicht eine Abfolge von Ursache und Wirkung; oder was sich am einen Ende weniger äußert, äußert sich *ipso facto* am anderen mehr: Die Tatsache selbst, dass sich das eine senkt, bedeutet, dass sich das andere zugleich ebenso viel hebt. Daher ist das Bild das Einfachste, um sich diesem Moment zu nähern, der im Werden nicht mehr der Ordnung des Werdens angehört. Dieser Moment des Umschwenkens lässt also, da er eine vollkommene Einheit darstellt, die vermittelnde Negation nicht einsetzen; lässt folglich dem Spiel der dialektischen Verknüpfung keinen Raum. Wie verbindet sich aber nun dieser Augenblick reiner Gleichzeitigkeit, während er das »eine« und zur selben Zeit das »andere« auflöst – zugleich einzigartig und mehrdeutig ist –, mit anderen, wie kann er ihnen als Relais dienen? Die Dialektik nimmt ihn, anders gesagt, als eine Leerstelle in der Abfolge: was ihm den Charakter eines an und für sich zeitlichen, aus reiner Gleichzeitigkeit bestehenden Atoms verleiht, ihn der Ordnung zeitlicher Reihenfolge entzieht und ihn damit dem Zugriff der kausalen Abfolge und ihrer Logik entschlüpfen lässt.

An diesem Umschwenkpunkt (Kipppunkt) ist der Anstieg des einen zur gleichen Zeit und in derselben Bewegung das Absinken des anderen; und nicht mehr so, dass das eine das andere nach sich zöge. Das Umkippen *bildet* es als eine topologische Veränderung *ab* – darin liegt der Vorzug eines Bilds, das uns davon entbindet, näher darüber nachzudenken, wie sich das »eine« in sein »anderes« verkehrt oder das andere »wird«: Das »eine« und das »andere« lassen im Übergangsmoment einander ihre *Natur verändern* (das Eigentümliche der Mehrdeutigkeit). Durch diesen gleichzeitigen Positionswechsel reduzieren wir auf ein Minimum, was gleichwohl logisch an Diskontinuität in diesem kontinuierlichen Umkehrprozess unterstellt werden muss. Und dem tragen wir dadurch auch Rechnung, ohne eine äußere Kausalität hinzuziehen zu müssen, das heißt, indem wir uns einzig an die Beziehungen der darin verwickelten Kräfte und Faktoren halten. Die Dialektik hingegen, die sich, obwohl sie die Bestimmungen im Fluss hält, statt sie in Identitäten erstarren zu lassen, nicht im selben Maße von allen Identifizierungsansprüchen frei machen kann, da sie noch von einer analytischen Sprache festgehalten wird oder sagen wir von einer Angst vor dem Phänomen der Mehrdeutigkeit ergriffen ist, schreckt vor dieser Lücke, die sich öffnet, zurück; und kann sie folglich nur überspringen.

Für Einsicht in unser Leben müssen wir also versuchen, dieses Nichtintegrierbare zu integrieren, oder uns wenigstens darum bemühen, dieses Irreparable zu reparieren: aufs Beste diesen Augenblick des Schwindels inmitten der Kontinuität aufzuspüren, diesen weißen Fleck – oder schwarzen Punkt – in der fraglichen Phänomenalität; und darum genauer das Zuvor und das Danach festzumachen. Das Davor des Umkippens ist das fortschreitende *Umwenden*, das zu diesem Punkt führt; sein Danach ist die plötzlich als sein Resultat festgestellte *Umkehrung*. Als Augenblick des Umschwenkens und der Verkehrung konzentriert – verdichtet – das Umkippen einerseits in sich, in seiner Momenthaftigkeit, ein allmählich akkumuliertes, unauffällig aufgebautes Umwenden, das es in seinem Auftauchen oder anders gesagt als »Ereignis« beschleunigt. Andererseits lässt es sich nur im »Nachhinein« ermessen, sich erst wahrnehmen, wenn das »eine« tatsächlich in sein »anderes« übergegangen ist, will heißen, dass, da sich der Vorrang verkehrt hat, eine genaue Bestimmung wieder möglich geworden und das Phänomen, wenn man so möchte, wieder »seine Natur« angenommen hat. Zwischen der vorausschauenden Perspektive des Umwendens, die das Nachfolgende herbeiruft, und der rückblickenden Perspektive der Umkehrung, die eine Bilanz dessen zieht, was geschehen ist, verweist das Umkippen auf das im eigentlichen Sinne ereignishafte, irreduzible und gleichzeitig unumkehrbare Hereinplatzen des Übergangs, den dieses Einordnen in eine Abfolge auf ein Minimum reduzieren, aber nicht gänzlich beseitigen kann. Es bleibt ein Rest reiner Zeitlichkeit, der jede logische Verkettung überschreitet: Diese wäre als solche also das, was das Eigentümliche der Ex-istenz ausmachte, will sagen, was, indem es sich jedem Determinismus entzieht (wodurch es »sich außerhalb stellt«), nicht »seinen Platz« hat und sich nicht integrieren lässt – anders gesagt der Nicht-Ort-Ort einer Freiheit im Innern des Phänomenalen.

3. Dieses winzige Ereignis, das aber alles entscheidet, weil sich alles Nachfolgende aus ihm ergibt, indem es neues Mögliches eröffnet oder auch das bislang Mögliche wieder zurücknimmt, und das wir in seiner internen Logik nicht bis zum Ende zu analysieren vermögen, werden wir also nur in Szene gesetzt erfassen können, in Beschreibungen und Erzählungen: als Romanszene – darin liegt die Berufung der Literatur, sich dieses Vieldeutigen und dieses Einzigartigen anzunehmen. Es hat beiläufig stattgefunden, zwischen zunehmender Umwendung und sich dann entfaltender Umkehrung, als er zum ersten Mal, auf der Straße, die Hand auf ihre Schulter legte und wagte, näher heranzutreten, aber ohne nachzudenken, da diese Geste aus sich selbst kam, wie aus einem keiner Rechtfertigung bedürfenden Wissen heraus, dass sie bereits darin eingewilligt hatte. Dem war selbstverständlich das stille Einverständnis vorausgegangen, das sich stillschweigend zwischen ihnen gebildet hatte, ganz allmählich von einer Begegnung zur nächsten, und ihre Beziehung sich wandeln ließ; das sich unbemerkt seinen Weg gebahnt hatte, vom Blick bis zum Tonfall. Dann hatte diese Geste, die sich vorschiebende Hand, ihre Beziehung auf einen Schlag

in Vertraulichkeit umkippen lassen (eine ähnliche Szene wie die von Julien und Madame de Rênal in der Nacht in Vergy). Und von diesem Punkt an fand sich eine Grenze durchstoßen durch diese diskrete Übertretung der Privatsphäre des Anderen, durch diesen Beginn des Eindringens, das sie von einfachen »Bekannten« schon zu Geliebten machte – was dann im Weiteren folgte, wäre nicht mehr als die Konsequenz. Während sie ihren Spaziergang fortsetzen, aber von nun an schweigend, trotz ihres Bemühens, weiterzusprechen, um die Wogen des Ereignisses zu glätten und so zu tun, als ob nichts geschehen wäre und als ob sie es gar nicht bemerkt hätten, und während sie so ihre Verbundenheit ermessen, spüren sie dieses ganze Gewicht der »Umkehrung« und selbst sozusagen der Naturkatastrophe, des extremsten Schiffbruchs, durch den von nun an nichts mehr ist, wie es war, durch den ein Schlussstrich gezogen wird und sich eine unbekannte Möglichkeit plötzlich einen Spalt breit öffnet, selbst wenn nichts weiter darauf hindeutet, durch den sich auf einmal eine Kluft auftut, die sie von der Seite der Gleichgültigkeit der Welt in ein gemeinsames Drinnen schleudert, das sich in ihrem Innersten öffnet und angesichts dessen sie erstaunt erahnen, dass sie in diesem Bodenlosen versinken werden.

Und war dies streng genommen überhaupt der berühmte Augenblick, der Moment des »Umkippens« selbst oder hatte dieser sich nicht schon früher ereignet, weiter vorne, zurückgezogener, heimlicher, in diesem flüsternden Tonfall seiner Stimme oder jenem Lächeln – nur könnte er nicht sagen, wann –, bei dem man sich fragen wird, ob dies nicht der entscheidende Moment war, der so flüchtige Augenblick, in dem die Gleichgültigkeit zur selben Zeit verflogen wie die Verbundenheit aufgetaucht war: in dem das eine bereits unbemerkt sich in das andere hatte verkehren müssen? Welcher war also dieser Moment – suchte er ihn nicht vergebens in seiner Erinnerung? –, als zwischen der »Gleichgültigkeit« und der »Verbundenheit« etwas, ohne dass sie es bemerkten, sich geöffnet und mit dem Aufreißen und Verschwimmen der Grenzen zwischen diesen Begriffen plötzlich schwindelerregend das eine mit dem anderen kommuniziert hatte, wodurch ihre gegensätzlichen Bestimmungen in sich zusammenstürzten und das eine in sein Gegenteil übergehen – »umkippen« – konnte? Dass er seine Hand auf ihre Schulter legte, wäre schon lediglich Resultat gewesen.

Oder ein solches Mögliches beginnt gerade sich zu schließen: Eines Tages, als er vor ihr ein Kleidungsstück anprobiert hatte, war ihm der prüfende Blick, mit dem sie ihn musterte, um zu sehen, ob es ihm gut stand, bis ins Mark gefahren. Selbstverständlich ein gewollter und sogar aufmerksamer Blick, wie es so schön heißt, gegen den er nichts einwenden konnte und zu dem er sogar schlicht nichts zu sagen hatte – der alles in allem völlig normal war. Aber doch gerade »normal«: schon »an seinem Platz«, adäquat, angepasst, Beginn des *Einrichtens* in ihrer Beziehung und ihrer *Versandung*. Er nahm darin offenkundig wahr, dass dieser aufmerksame Blick in seiner der Aneignung vertrauten Nuance bereits etwas Besitzergreifendes enthielt, das definitiv ihre Vertrautheit hatte umkippen lassen: dem Abenteuerlichen ihrer Situation ein Ende gesetzt hatte, indem es ihn vorzeitig auf die Gattenrolle festlegte – so viele Romane haben es beschrieben. Oder hat sich vielleicht auch hier wieder dieser Moment des Umkippens früher ereignet, ohne dass er bemerkt worden wäre? Bis wohin könnte man diese Genealogie des Umwendens zurückverfolgen? Denn war diese kaum wahrnehmbare, kaum sich abzeichnende Nuance nicht schon Ergebnis? Stellte sie nicht selbst schon die Spur eines vorausgegangenen großen Ereignisses dar, das man in seiner Unauffälligkeit nicht zu verorten wüsste, das aber von da an ihre Beziehung, möglicherweise was immer sie auch getan hätten, unabwendbar bergab gehen ließ? So dass dieser Blick nicht nur Vorbote wäre auf dem Weg, der dieses Mal von der Verbundenheit zur Gleichgültigkeit führte, sondern bereits Spur einer Kehrtwende.

Der Roman hat die Aufgabe, dieses Umwenden aufs Sorgfältigste nachzuzeichnen; am frühesten Punkt dieser Umkehrung einzusetzen: diese Ereignisrückstände auf innigste Weise in den Erzählhintergrund einzuflechten, diese, anders gesagt, von der Dialektik nicht zu integrierende und immer ein klein wenig unwirtliche Exteriorität, in der aber das Leben gerade Spielraum findet und sich das Vermögen zu existieren erkennen lässt. Seine Aufgabe liegt somit darin, in seiner Erzählung aus der kleinsten Nuance das Ereignis selbst machen zu können, das die ganze Folge in Gang setzt; und von da aus in ein Maximum an Kontinuität die irreduzible Diskontinuität einzuschreiben, die das Schicksal der Subjekte umkippen lässt. Die Aufgabe besteht somit darin, den Bruch des Umkippens genauestens einzuteilen und einzuflechten, um sein

Hereinplatzen als unumkehrbar erscheinen zu lassen. Wenn sich der schlechte Roman an die Zufälligkeit der Begegnung hält, indem er der Bequemlichkeit der Liebe »auf den ersten Blick« nachgibt, und aus dem »Unvermittelten« der Schicksalswende seine einzige Stütze macht, ohne der allmählichen Entwicklung, mit der sie hervortritt, noch auch mithin der zwingenden Logik, der sie folgt, Genüge zu tun, gestaltet ein echter Roman vom Anfang bis zum Ende seine Erzählung auf eine Weise, dass das kleinste *Umwenden* in der Situation, die kleinste Veränderung auf der Ebene des Verhaltens oder der Empfindung bereits die kommende *Umkehrung* transportiert, die als solche unvermeidlich ist. Seine Qualität beruht darauf, sichtbar werden zu lassen, wie zwischen den beiden das unauffälligste Umkippen zugleich das Entscheidenste ist. Sie beruht darauf, das Logische so kunstvoll in das Zeitliche einzuführen, dass, was an eigentlich Zeitlichem – eigentlich Narrativem – erhalten bleibt, dazu dient, herauszuschälen, was diese Verkettung vermittels eines plötzlich auftretenden, aber dennoch nicht zufälligen Unintegrierbaren nunmehr an Schicksal enthält, das über das Leben der Subjekte *hinausragt*; und genau damit kann der Roman aus der Erzählung »eines Lebens« seine existenzielle Dimension hervortreten lassen.

Am Anfang von *Die Verachtung* (*Il disprezzo*, Kapitel 2) legt Moravia den Finger genau auf ein solches Umkippen der Gefühle, von der Liebe zur Gleichgültigkeit, und gleichzeitig auf die Unmöglichkeit, es zeitlich zu fixieren und es vollständig in seinen Erzählfaden zu integrieren: »[...] Diese Veränderung wurde im Laufe des folgenden Monats zur Gewissheit, aber ich kann nicht genau sagen, in welchem Moment, in Emilias Liebe, die Waagschalen kippten, noch, was diese Störung des Gleichgewichts auslöste« (*... quando nell'animo di Emilia i piatti della bilancia diedero il tracollo definitivo né che cosa provocò questo tracollo*). Die Erfahrung entspricht offensichtlich dem, worauf ich mit dem Bild des »Umkippens« gezielt habe, auch wenn der Ausdruck im Italienischen ein wenig anders ausfällt: Auch dort gibt es die Waagschalen, aber *tracollo* drückt im Verhältnis zum »Hals« (collo) eine Störung des Gleichgewichts bis hin zum Zusammenbruch aus, statt dass wie im französischen *basculement* der »Arsch« (cul) nach »unten« (bas) bis auf den Grund geht und »umkippen« (basculer) lässt (im Spanischen findet sich gleichfalls *basculación*, aber kann es das deutsche *(um)kippen* oder das englische *to tip (up)* hinreichend zum Ausdruck bringen?). Denn das Bild selbst liegt in der Sprache und kann keinen Anspruch darauf erheben, einheitlich-ursprünglich zu sein: Jede Repräsentation hat immer Partikulares an sich, nimmt eine unter vielen möglichen Perspektiven ein, bietet immer nur einen bereits zurechtgebogenen Zugang zur Phänomenalität der Erfahrung.

Jedenfalls geht es, wenn ich die großen Romane lese, darum, der Kunst des Einflechtens dieses nicht vollkommen Integrierbaren (Dialektisierbaren) zu folgen, aufmerksam zu sein – statt mich an die berühmte »Psychologie« der Persönlichkeiten zu heften, die von dorther erst ihre Konsistenz erhält und alles in allem nur Folge ist. Denn was an Unintegrierbarem oder im eigentlichen Sinn Ereignishaftem bestehen bleibt, was keinen Platz hat, den man ihm anweisen könnte, oder nicht »an seinem Platz« zu sein vermag, zeigt damit unverhüllt ein Absolutes des »Existierens« – und ebenfalls, was dieses notwendigerweise an wirklicher Freiheit impliziert, die keine postulierte mehr ist. In dieser großen Maschine stillschweigender Transformationen, die der europäische Roman des 19. Jahrhunderts darstellt, bildet das unmerkliche, aber umso zwingendere Umkippen das Herzstück, das den Zusammenhang der Erzählung und sogar ihre Rechtfertigung liefert. Wenn sich Anna Karenina plötzlich fragt »Oh mein Gott, wie ist er bloß zu diesen Ohren gekommen?«, als sie ihren Mann beim Aussteigen aus dem Zug am Bahnsteig wiedersieht, da ist dies schon ein erstes Anzeichen der Trennung, die sich zwischen ihnen anbahnt. Oder sollte diese harmlose, anekdotenhafte, kaum angedeutete Bemerkung schon ein Resultat wiedergeben, also bedeuten, dass die Umkehr auf diesem Weg, der zur Abscheu führt, bereits eingesetzt hat? Der ganze erste Band von *Lucien Leuwen* erzählt die Geschichte eines Versinkens in der Vertraulichkeit, der Neigung zum Sinneswandel, des Akzeptierens von Zurückweisungen, des zunehmenden Abgleitens in aufständische Bewegungen, die selbst nur in der Entfaltung der Mehrdeutigkeit bestätigen, wie unwiderruflich ein Umkippen, kaum dass es begonnen hat, vor sich geht, indem es das winzigste Detail zu einem singulären Ereignis anwachsen lässt, das alles verändern kann. Daher ist es dieser unauffindbare Kipppunkt, der das Schicksal der Subjekte bestimmt.

V

EINLEITUNG-RESORPTION

(oder: wie sich den Anfang des Endes vorstellen?)

1. Während beim *Umkippen* der Umkehrpunkt selbst nur minimal und unmerklich ereignishaft, ganz in die Logik der Verkehrung eingewunden und niemals exakt zu verorten ist, bleibt vom »Anfang« und »Ende« nichts mehr bewahrt als dies: das in einem markanten Moment eingefrorene und zur Schau gestellte Hier. »Anfang« und »Ende« bleiben daher, dem Leben aufgepfropft, erstaunlich äußerlich gegenüber dem Phänomen, dem wir uns nähern wollen; sie stellen es aus dem Blickwinkel eines Dritten, von außen betrachtet, dar. Sie sind nichts als zeitliche Markierungen, die auf die Frage nach dem *Wann* antworten (wann hat dies angefangen und wann hat es geendet); sie datieren bloß. Indem sie eine Dauer von zwei Seiten her abgrenzen, indem sie ein Zeitsegment herausschneiden, markieren sie deutlich die Grenzen einer Ausdehnung. Sie heben einen ersten und einen letzten Schlag heraus, wie bei einem Glockengeläut – »Anfang«: erster Schlag des Spiels. Anfang sagt nichts darüber aus, wie ein solcher »Anfang« sich gestaltet, wie er gekommen, ins Sein getreten ist: aus welchen Ritzen, welchem Halbschatten er ans Licht kommt; welcher Horizont *im Innern* sich peu à peu aufgetan und geweitet hat und aus welcher zunächst so zögerlichen Anbahnung dieses Mögliche, das sich öffnet, bereits hervorgegangen ist. »Anfang« ist schon Ergebnis. Ebenso bescheidet sich das »Ende« damit, eine Grenze zu markieren, einen Schlussschlag zu setzen: Es zieht einen Schlussstrich, der abrupt aus der Wirklichkeit heraustreten lässt und weder die innere Auflösung noch ein langsameres Verstummen begreift. Sie lassen nichts Prozesshaftes erkennen: Sind das nicht sonderbar abstrakte Begriffe? Dasselbe gilt übrigens auch für den »Beginn« und den »Schluss«.

Und es gilt auch für die Geburt und den Tod. Es handelt sich dabei um Begriffe, bei denen ich bezweifle, dass sie sehr tief in die Phänomenalität, und damit die strenge Realität, des »Gelebten« eindringen. Zunächst weil sie es missbräuchlich eingrenzen: indem sie nur den Austritt aus dem mütterlichen Organismus oder den letzten Atemzug oder Herzschlag berücksichtigen und durch isolierendes Für-sich-Nehmen für Aufsehen sorgen. Somit unterbrechen sie diese Phänomenalität auf sonderbare Weise: Sie achten lediglich die hervorstechendste Diskontinuität, indem sie sich auf einen einzigen Augenblick beschränken, den berühmten Zeitpunkt t, zu dem man auf die Welt »kommt« oder aus ihr scheidet (er hat uns »verlassen«). Daher können diese zwei Szenen, die nur von außerhalb betrachtet sind, wohl nicht mehr sein als allzu bequeme, auf das Resultat verengte Darstellungen, wie so viele Szenen eben, und damit auch übertrieben spektakulär und theatralisch. Szenen des »Betretens« und »Abtretens von« der Bühne. Eines Betretens, das zugleich Abtreten ist: Man tritt in das Leben ein, wie es heißt, tritt aber eigentlich nur aus dem Leib der Mutter heraus; Abtreten aus dem Leben – »Exitus« –, was aber das Eintreten in man weiß es nicht darstellt. *Eintreten* und *Austreten* sind nur das Überschreiten von Schwellen.

Daher haben wir es mit der gleichen Frage zu tun, die bei unserem bisherigen Nachdenken unterschwellig mitlief und unter der Diskussion des Umkippens bereits schwelte, sich jetzt aber unverhohlen aufdrängt: Sind Anfang und Ende, Geburt und Tod nicht selbst nur Anhaltspunkte, nur Resultat? Während unterhalb des Schallereignisses das eigentliche Ereignis stattfindet? Selbst wenn es sich um »Geburt« und »Tod« handelt, die Begriffe, die uns als die am stärksten ausschlaggebenden, entscheidenden (die einzig entscheidenden) erscheinen – in welchem Maße gründen sie sich nicht selbst noch »auf« etwas? Bis zu welchem Punkt sind sie nicht selbst noch »Epiphänomene«? Geburt und Tod benennen Brüche, sind die einschneidensten Zeitmarkierungen, aber inwieweit sind sie darin in Wahrheit nicht einfach abstrakte Begriffe, die nur markieren und datieren? Auch wenn es sich um die Daten schlechthin handelt, die Daten, die die anderen auf den Grabstein setzen, als würden sie ein Leben einpassen; die dazu dienen, es in die Geschichte beziehungsweise ins Vergessen einzuordnen, über die das Subjekt aber, dieses »Ich«, das man durch diese zwei Daten wesentlich kennzeichnet, für immer im Unwissen bleibt. Ich weiß nämlich – von mir selbst, also aus meiner eigenen Erfahrung – weder, wann ich »geboren« wurde, noch, wann ich »sterbe«. Diese Begriffe sprechen in der Tat nicht zu mir.

Sie vermitteln nichts über die ungewisse Empfängnis und Schwangerschaft dieses Lebendigen, das »ich« wird: wie Leben tatsächlich begonnen und sich zum *Subjekt* einer Existenz befördert hat. Ebenso wenig machen sie begreiflich, wie Leben, kaum dass es auftaucht, sich zur selben Zeit schon wieder auflöst, sich zurückzieht, sich wieder einkrümmt oder besser resorbiert wird: wie dieses »Ich« bereits erstarrt ist und im Erstarren sich auflöst. Da sie das, dessen hervorspringende Enden sie bilden, lediglich einschließen, es als einziges Ereignis berücksichtigen, lassen sie nichts oder nur wenig von einer wirklichen Entwicklung erkennen. Um daher diesem Phänomenalen näher zu kommen, das als Phänomen so schwer zu packen ist, weil es uns zwingt, auf das Prinzip des Erscheinens (des Verschwindens) selbst zurückzugehen, müssen wir erneut versuchen – noch bevor wir es denken wollen –, es uns vorzustellen. Es uns *vorstellen* in einer Weise, die sich ihm von innen anschmiegt, in seiner Möglichkeit selbst, in größter Nähe zu seiner Phänomenalität, indem wir so wenig, wie wir können, *auf* es laden und projizieren: will heißen, dem Geist in den deskriptivsten, man könnte auch sagen nacktesten Begriffen vergegenwärtigen, auch indem wir uns von unseren Ängsten und Fantasien frei machen, wozu wir mit den Begriffen »Geburt« und »Tod« keinen Zugang finden, weil sie zu äußerlich bleiben. Dazu dienen mir diese möglichst phänomenalen Vorstellungen der *Einleitung* und der *Resorption*.

2. Welchen Unterschied macht es, wenn ich nicht von der Geburt im Sinne eines Beginns spreche, womit ich sie zu einem Ereignis versiegelte, sondern sage, dass Leben sich »eingeleitet« hat? Wenn ich sage, dass ich »geboren« wurde, dann ruft das gleich danach, das Wo und Wann festzuhalten. Dieses Auftauchen ist ursprünglich (selbst wenn ich seinen vorangegangenen Entwicklungsprozess anerkenne) und vor allem wird sofort die Position eines »Ich-Subjekts« in es hineinprojiziert: »Ich« bin geboren. Es ist »mein« Leben, das mit diesem Heben des Vorhangs »angefangen« hat – wenn das erste Mal der Würfel

rollt, beginnt mit einem Schlag die Partie. Trotzdem ist »meine« Geburt nicht die meine, insofern sie von außen gesehen, von anderen benannt wird. Wenn ich nun sage, dass *das Leben* sich des Nachts einleitet (»des Nachts«: im Kaum-Auszumachenden des Ursprungs), sodass, wenn sich am Ende der Tunnel auftut, dieser erste Schrei des Lebenden erfolgt, verändert sich die Perspektive umfassend. Zunächst hat sich das Ereignishafte aufgelöst, es hat sich aufgeteilt und verstreut, sich auf ein Minimum reduziert, man könnte auch sagen auf diesen schmalen Streifen, der seinen Weg ausmacht – auf das, worauf Leben sich (funktionell) zunehmend deutlich festgelegt hat, indem es mit der Herausbildung individueller Züge begann, aus denen graduell und in kontinuierlichen Übergängen durch Freilegung seiner Möglichkeiten hervorgegangen ist, was am Ende zur Existenz des Subjekts wird, das ich *geworden* bin.

Damit haben wir die Logik gewechselt: Wir sind in eine Logik eingestiegen, die möglichst wenig konstruiert, die nicht mehr mythologisiert, sondern dazu bestimmt ist, zu beschreiben – eine *innere* Logik der Auswicklung (der Folge) und nicht mehr der Erklärung, das heißt des zu pauschalen Berufens auf ein Außen: ein *Außen*, das nicht mehr das ex-istenzielle, fruchtbare Außen der Unintegrierbarkeit und der Befreiung von den Bedingungen darstellt, von dem die Freiheit des Subjekts herrührt; sondern dieses künstliche, hypothetische, abstrakte, geschmiedete Außen der Kausalität. Denn die Kausalität ist eigentlich eine sehr eigenartige Denkweise, selbst wenn sie sich (im Westen) durchgesetzt und zur Autorität aufgeschwungen hat: Es handelt sich um eine substanzialistische (ontologische) Denkweise, die durch Isolieren *zuordnet*, durch Abgrenzen fokussiert, indem sie unabhängige, einander äußerliche Entitäten annimmt, die in regelhaften Beziehungen stehen, die in anderen Worten die wesentliche *Flüchtigkeit* insbesondere des Dauerhaften und der Übergänge verkennt – die also auch immer ein wenig magisch ist, wie Nietzsche gesehen hat. Im Gegensatz dazu bringt »Einleitung« zum Ausdruck, dass sich in Form einer Begegnung (einem »Anbeißen«) etwas Minimales ereignet hat, von dem aus dann Schritt für Schritt ein Prozess in Gang gekommen ist, der in diesem Ich-Subjekt endet, das sich schließlich selbst darin als ein »Ich« bekräftigt und seine Autonomie entfaltet.

Einleitung würde uns also tiefer in den Kern des Phänomenalen führen, indem es das Eindringen der kausalen Erklärung (Konstruktion), die Entitäten voraussetzt und Beziehungen kodifiziert, drosselt. Daher will ich mich an dieses Wort halten, um ein weiteres Mal an einem bildreichen Begriff* zu ergründen, was er für unsere Zwecke an brauchbaren Vorstellungen enthält die uns *in der Phänomenalität halten*. Wir können hier an das Einleiten in eine Fischreuse, das zögerliche An-stoßen am Angelköder denken, Bilder, die sich wenig aus Alltagssituationen, aus dem praktischen Gebrauch und der Durchführung (des Köderns, des Fischens und des Fangs) gelöst haben, den Gehalt des Begriffs aber ganz und gar nicht begrenzen und umso vielversprechender für die Abstraktion sind – zumindest für eine Abstraktion, die in ihrem Vorgehen wachsam bleibt und beim Subsumieren darauf achtet, dass die Bedeutungen sich nicht überlagern. Denn »Einleitung« bedeutet, dass etwas (und muss man nicht auch noch bei diesem substanzialisierenden »etwas« aufpassen?), ein höchst *Unbestimmtes*, zu geschehen und sich abzuzeichnen begonnen hat, von dem man nicht weiß, bis zu welchem Punkt man in der Beschreibung oder eher noch Ent-schreibung (von den Spermien zu den Spermatiden zu den Spermatozyten ...) zurückgehen kann. Einleitung führt so in die zufällige, weil weitgehend unbestimmte Begegnung ein, eine zunächst unvorhersehbare Begegnung, die aber ein Mögliches in Gang und auf den Weg bringt und Schritt für Schritt weiter festlegt, ein Geschichtsembryo, Verbindung zweier Zellen oder »Gameten«. Im Stadium der ersten Lineamente, des Noch-Kaum, ganz nah am Begehren und der Anziehung (dieses elementarsten »anderen« der genetischen Polung): von dem aus wir der ununterbrochenen Kluft zwischen Erfolg und Misserfolg folgen können (das »beißt an«, das »packt zu«). Sodass schließlich Mögliches zutage tritt, sich konkretisiert, sich zusammenschließt; sodass »etwas« wirklich begonnen hat »anzubeißen«, sich

* Anm. d. Übers.: Der französische Begriff »amorce«, hier als »Einleitung« übersetzt, hat in seiner konkreten Verknüpfung verschiedener Bedeutungskontexte tatsächlich keine Entsprechung im Deutschen. Der Autor zieht zwei seiner Bedeutungsebenen zusammen: die abstraktere Bedeutung des Auftakts, des In-Gang-Kommens, und die konkretere Bedeutung von Köder, die er mit dem Bild des Fischfangs entfaltet.

einzulassen, sich anzuknüpfen, indem es Realität gerinnen lässt, aus der tatsächlich ein Späteres hervorgehen wird.

Denn selbst wenn das Wörterbuch sie schnell (bequem) zu Synonymen macht, haben die Ausdrücke doch so viel Abstand, und wäre es nur zwischen »ein Gespräch beginnen« und »ein Gespräch einleiten«, dass wir sie, wie ich es schon bei den vorherigen Begriffen getan habe, in Antonyme verkehren können: Der erste ist abrupt und macht sich ein mythisches, jedenfalls fiktives *ex nihilo* zunutze, das sich um das Vorangegangene nicht schert; der zweite gliedert hingegen in einen Prozess ein, der den Wandel nachvollziehbar macht, der das Mögliche eröffnet und zu seinem Resultat hinleitet. Denn selbst rein operational (und wäre es nur, wenn wir sagen: »eine Wende einleiten«) behält *einleiten* im Blick, dass beständige Anpassung nötig ist und Durchführbarkeit gegeben sein muss, um etwas zu erreichen und allmähliche Fortschritte im normalerweise als »reell« Angesehenen zu erzielen, damit es schlussendlich in die Wirklichkeit übergehen kann. Dies durch immer deutlicheres Einschalten in die funktionalen und regulatorischen Zusammenhänge, da andernfalls die Gefahr droht, dass es zum Gegenteil des Einleitens, zum Abbruch kommt. »Einleitung« bezeichnet also diesen unmerklichen Anfang, der sich nicht als Anfang ankündigt, sondern dessen Möglichkeit sich Schritt für Schritt aufbaut. Wenn daher eine solche Vorstellung gründlich *entidealisiert*, indem sie diesen Prozess allein mit dem »Sinn« seiner Entfaltungslogik behaftet, so lässt sie ihn darum doch nicht, nach unseren klassischen Gegensätzen betrachtet, in irgendeine *deterministische* (materialistische) Konzeption umschlagen, die man danach mehr oder weniger mit Leere oder Freiheit perforieren würde (entsprechend der »Abweichung« des berühmten *Clinamen*). Sondern ihre Aufmerksamkeit gilt einzig der Neigung, dem minutiösen Nachvollzug ihrer feinsten Äderchen und des Gewirrs an *Verwicklungen*. Determinismus und Materialismus für ihren Teil gehören noch der Seite der Kausalkonstruktion und des abstrakten Regimes der äußeren Erklärung an, dem Ausdruck einer sonderbaren Voreingenommenheit, die aber das westliche Denken durchgesetzt hat.

Weil ein Denken wie das chinesische sich nun nicht für das *Distinkte* entschieden hat und sich ebenso wenig für die Kausalität begeistern konnte, hat es sich, wie man leicht absehen kann, im Gegenteil auf diesen Zustand und dieses Phänomen der *Einleitung* konzentriert. Dessen Anschauung dominiert insbesondere das antike *Buch der Wandlungen, Yi Jing* (auch *I Ging*), das für sich genommen ein operationales Wahrsage- und ebenso Manipulationsinstrument darstellt, mit dem sich kommende Verwandlungen aufdecken lassen sollen. Ein einfacher Strich stellt die Einleitung eines Wandels dar: *Yang* oder *Yin*, durchgezogen oder unterbrochen (– oder - -), bezeichnen Träger oder Elemente polar gedachter Energien, deren Änderung jedoch genügt, um von einer Konfiguration (Situation) in eine andere überzugehen (begriffen als *jī* 幾). »*Das Buch der Wandlungen*«, sagt sein Großer Kommentar (»Xici«, A, 10), »erlaubt dem Weisen, in die äußerste Tiefe vorzudringen und die minimale Einleitung des Wandels zu erforschen« (*jí shēn ér yán jī* 极深而研幾). Als solcher stellt dieser inchoative und daher relativ undeutliche Moment des Einleitens eine Verwandlung dar, die »zu subtil ist, um von außen erkennbar zu sein, zu tiefliegend, um an der Oberfläche zu erscheinen«. An der Schwelle zur Vergegenwärtigung, im Übergang vom Unsichtbaren zum Sichtbaren, hebt sie sich in der »Latenz«-Entwicklung kaum aus dem Grund heraus, bis sie »offenkundig« (*yōu – míng* 幽明) wird. Und das allein deshalb, weil der Geist des Weisen auf das »Subtilste« (*jīng* 精) mit dem Gesamtzusammenhang des Fortgangs der Dinge übereinzustimmen weiß – und nicht weil er einen einzigen Kausalzusammenhang zurückverfolgen würde –, weil er durch Reagieren auf das geringste Anzeichen Zugang zu diesem Embryonalstadium des Einleitens findet, bevor sich ein Anfang oder Beginn erkennen lässt; weil er imstande ist, den in die Wege geleiteten Verlauf auf strategische Weise passend umzuorientieren, statt ihn abdriften zu lassen. Denn gleichzeitig »ermöglicht allein die minimale Einleitung des Wandels, dass direkt in der Welt geschieht und dort wirklich wird, was nötig ist«. Dieses Minimale macht in der Tat den Unterschied und ist folglich das einzig Wirksame. Daher versteht man, mit Blick auf das Spektakel der Geburt, dass sich die chinesische Kultur mittels Verhaltensvorschriften für Mütter besonders darum sorgte, was sie bereits als »Erziehung« des Fötus auffasste.

3. Die Klärung, die uns die Vorstellung des Einleitens gebracht hat, sollte umgekehrt auch Einsichten hinsichtlich des »Endes« bereithalten; sollte uns folglich erlauben, erneut zu prüfen, was es phänomenal mit dem »Tod« auf sich hat, so wie wir auch mit der »Geburt« begonnen hatten: nämlich damit, ihn weder mythisch aufzufassen (da er gewöhnlich fest im Griff der religiösen Vorstellungen ist, denen die Alltagssprache Gültigkeit verleiht) noch theoretisch (abstrakt, indem man durch Allgemeinheit auf Abstand bleibt). Aber auch nicht dramatisch, weil das Dramatische die Brutalität und das Plötzliche der Frist hervorhebt. Zunächst einmal: Wie weiß ich denn, dass ich sterben werde? Gewiss nicht dank einem Syllogismus, mit dessen Hilfe ich es aus Prämissen ableite, auch wenn dies noch so häufig als Musterbeispiel dient (»Alle Menschen sind sterblich, Sokrates ist ein Mensch, …«). Denn was ist dieses sonderbare Wissen, dass ich nicht des Todes, sondern meines Todes bin? Wie gelangen wir dahin, und ist es überhaupt ein Wissen? In jedem Fall ein einzigartiges Wissen, so sehr ist es das Wissen, das mein Leben sofort aus sich verdrängt, gegen das sich mein ganzes Sein sträubt, indem es sich im Voraus eigensinnig verschlossen hält, mit dem man sich dermaßen schwertut, so sehr muss man ihm die Schichten seines Geistes öffnen (aber nur des Geistes?), um bloß damit anfangen zu können, sich mit ihm zu beschäftigen – so viel Widerstand empfindet man, indem man sich mit Verleugnung aufstützt, wenn man »den Tod« in die Perspektive des *eigenen* Lebens einfügen möchte. Ein »Wissen« also, bei dem wir so viele Jahre, so viele Anstöße, mehr oder weniger gewaltsame Auslöser benötigen, um nur damit zu beginnen, es für uns anzunehmen. Ich weiß es, lasse es aber nicht in die Realität eintreten, »realisiere« (*to realise*) es nicht. Und muss man nicht in der Tat über die Zeit Stück für Stück Projektionen und Erwartungen aufgeben, Projekte und Aussichten fallen lassen, um dieses Offenkundige in mir, in Berührung mit dem »Ich«, zur Klärung kommen zu lassen? Denn dies ist gleichzeitig das Einzige, wahrhaft das Einzige, dessen ich, was die Zukunft betrifft, gewiss bin: das, die Zukunft verdeckend, in mir nächtens unablässig vordringt, bis es mich am Ende blendet – »Weder der Sonne noch dem Tod …«, usw.

Spinoza selbst lässt uns – erstaunlicherweise – vor diesem Problem zurück. In seiner Hierarchisierung der vier Wissensarten, vom niedrigsten Wissen, das man über Hörensagen erlangt (dazu gehört auch meine Geburt), bis zum höchsten, das logisch durch Schlüsse oder Deduktion aus dem einzigen Wesen gewonnen wird, steht an zweiter Stelle die »undeutliche Erfahrung«, *experientia vaga*, die als solche nicht durch Begreifen bestimmt ist, sondern, da aus Zufall entstanden, sich nur von keiner anderen widersprochen findet, sodass sie »uns verschlossen bleibt«. Nun gibt er als erstes Beispiel für Wissen aus »undeutlicher Erfahrung« das Wissen an, dass ich sterben werde. In der Tat habe ich andere sterben sehen, die mir glichen, selbst wenn sie kürzer oder länger lebten und nicht an derselben Krankheit starben. Ich weiß es also aus »undeutlicher Erfahrung«, so wie ich weiß, dass Öl das Feuer nährt oder der Hund »ein bellendes Tier ist« (*Abhandlung über die Verbesserung des Verstandes*, § 19). Aber genügt das, um anzugeben, wie ich es »weiß«? Und zwar nicht mehr im Allgemeinen, sondern als mein eigenes Wissen, von dem ich mich so widerwillig überzeuge, dass sich zunächst mein ganzes Wesen dagegen sperrt und ich mich weigere, ihm ins Gesicht zu sehen – *scio me moriturum*? Und was bezeichnet dieses »undeutlich«, womit Spinoza es kennzeichnet und in Gegensatz zu *deutlich* stellt – eine Eigenschaft, die »wissen« doch eigentlich für sich beanspruchen sollte? Was bewirkt denn, dass ich mir allmählich klar darüber werde, dass ich es gleichzeitig ableite (in meinem Fall) und feststelle (bei den anderen), sodass sich der Fokus – eher unmerklich (mit dem Alter) oder sprunghafter (über eine nahestehende Person) – langsam vom Anderen zu mir verschiebt, bis er im Vordergrund meines Denkens verharrt und mich nicht mehr loslässt? Weiß ich etwa erst, wenn ich begonnen habe, es zu wissen, wie dieses Wissen sich herausdestilliert hat, durchgesickert und geronnen ist und begonnen hat, sich aufzudrängen? Und kann ich, wenn ich diesem Wissen an mir selbst ins Auge blicke, mich noch an dieses isolierte *ex* der Kausalität halten (*ex morbo*: »aufgrund von Krankheit«), die sich auf das Außen einer ex-plizierenden Erklärung stützt?

Wenn *Beschreiben* heißt, sich an die Sache selbst zu halten, sich einem Begriff aufzwingenden (einführenden) Konstruieren zu verweigern, oder schlicht sich der Sache zu nähern, folglich keine Annahmen zu machen, also nichts mehr hineinzubringen, was dem Phänomen, dem direkt, in seiner Blöße wahrgenommenen So-Sein äußerlich wäre – dann sieht man schon, wie schwer es der Sprache fällt, den »Tod« als Phänomen in Worte zu fassen (zu denken). Der »Tod« ist selbst ein im eigentlichen Sinne klinischer Begriff, der zur Kenntnis nimmt, eine Feststellung trifft, also über das Außen spricht und nur am Diskurs der Anderen teilhat (»*er* ist tot«): Er kann, außer durch Projektion (Antizipation), sprich fiktiv, weder ein »Ich« noch ein »Dich« betreffen – er spricht nicht eigentlich über das Subjekt. Andererseits trifft dieser Begriff nichts aus dem Leben, da er nur einen Einschnitt in der Zeit vornimmt, um Vergangenes abzutrennen, wie man seit Lukrez nicht müde wurde, zu wiederholen, um ihm den Schrecken zu nehmen; er sagt uns nichts »Gegenwärtiges«, liefert nichts aus unserer Erfahrung. Von »meinem Tod« zu sprechen, ist sogar unlogisch, jedenfalls fürchterlich abstrakt, weil das Eigentümliche des Todes ja darin liegt, dieses »Ich« aufzulösen, folglich jede Zugehörigkeit abzuschneiden und diese Selbstzuschreibung unmöglich zu machen.

Andernfalls bleiben wir aber, und das ist Teil unseres Benennungsproblems, von einem religiösen »Anderswo« abhängig, das die Sprache nicht aus ihrer Darstellung tilgen kann. »Von uns gehen«, das dem Auf-die-Welt-Kommen der Geburt entgegengesetzt ist, lässt an einen anderen Ort, eine andere Welt denken, die zwar nichts darstellt und nicht einmal darstellbar ist, aber doch als Minimalbedingung für die Darstellung dieser Auslöschung dient. Selbiges gilt für das offizielle »Verscheiden«, denn verscheiden bedeutet immer noch »weggehen«. Können wir auf diese Vorstellung eines »Weggangs« ohne »Reise«, so abgemildert und sogar nur residuenhaft sie auch sein mag, in der das Subjekt aber fiktiv unbeschadet fortbesteht, nicht dennoch verzichten (auf das »ich gehe weg«, »ich verlasse euch«)? Es geht also zunächst um eine Frage der Darstellung, die der Frage nach der Benennung noch vorausgeht, und an allererster Stelle um die Frage, welche räumliche Ordnung sie uns aufdrängt, noch bevor wir zum Denken kommen: Wir müssen den Tod (den Toten) an *einem bestimmten Ort* in der Idee ablegen, so wie wir es physisch mit seinem Leichnam machen. Würden wir von einem »Eintreten« sprechen, das »ins Nichts« führt, um uns vor jeder tröstlichen Fantasie zu hüten, wäre der Ausdruck nicht weniger unlogisch, und noch dazu utopisch, weil er sich an ein unmögliches Bild hält, insofern das Eigentümliche des Nichts ja gerade darin besteht, dass »es nicht ist«: dass es folglich keine Exteriorität bilden kann und man mithin auch nicht in es »eintreten« kann.

»Tod« lässt mit einem Schlag in eine abstrakte Exteriorität umkippen, man kann ihn auf Kausalität reduzieren. Sein Begriff kennt nur das abrupte und spektakuläre Ereignishafte: Er bezeichnet den Schnitt, trifft daher in vollem Maße nur den Tod, der unerwartet, »auf einen Schlag« eintritt, von woandersher kommt, aber diesmal von einem konkreten, topologischen Anderswo, wie auf der Straße – ein Tod, den man dann *Unfall* nennt. Deshalb stellt man den Tod traditionell auch als Akteur dar, aus dem man sogar eine Persönlichkeit macht (Sense über der Schulter), die uns aufsucht, wenn unsere Stunde gekommen ist. Aber als solche ist er nur Resultat: »Mein« Tod erscheint bereits anderen, er ist nicht mehr »meiner«; er wird nur von außen registriert, als letzte Krämpfe und Zuckungen. Denn wie schon so oft gesagt wurde, »lebe« ich nicht meinen Tod, erfahre ich ihn tatsächlich nicht. Bis zu welchem Punkt verdeckt nicht also sein Begriff, so substantiviert und »aufgepfropft« er durch sein Abpacken (Abstempeln) ist, unter seiner Kennzeichnung das, was geschieht, was das Subjekt tatsächlich lebt? Inwieweit ist der als am wenigsten zweifelhaft geglaubte Begriff *Tod*, weil er eine bequeme, ja dermaßen bequeme Darstellung anbietet, dass man darauf nicht zu verzichten wüsste, nicht selbst trügerisch? Denn das Wirkliche, das, dessen Erfahrung ich mache, ist das *Sterben*, oder anders gesagt, auch hier wieder, ein Werden.

Für den Begriff des *Sterbens* gilt das Gegenteil: Es handelt sich um einen außerordentlich verbalen Begriff, denn er führt ins Prozesshafte hinein, lässt das Graduelle durchklingen. Wenn mein Tod nicht »meiner« ist, dann bezeichnet Sterben im Gegenteil das, was das Subjekt erlebt, und wohl auch das, was das Subjekt auf singulärste, intimste Weise als Subjekt lebt: was es den anderen nicht oder zumindest so wenig »mitteilen« kann; das, zu dem selbst die »Nahestehenden«, sprich die, die Trauer tragen werden, keinen Zugang haben. Daher verlangt das »Sterben«, um wahrgenommen, verstanden zu werden, dass wir uns einer anderen und sogar umgekehrten Logik bedienen. Und nicht nur einer, die wie bei der Geburt die *erklärende* Ordnung der Kausalität (den »Tod durch Krankheit« oder schlimmer noch, weil noch weniger gedacht, den »Tod aufgrund von Alter«) verlässt, um in eine Ordnung der *Auswicklung* (Neigung) einzutreten, die zum kontinuierlichen Übergang hinleitet. Sondern auch einer, die aufmerksam gegenüber dem klar Geschiedenen ist (der Tod ist schlechthin das, was trennt und scheidet), um zu einer Auffassung des Undeutlichen oder positiv ausgedrückt des Sich-Entziehenden zu gelangen. Denn ich weiß nicht nur nicht, kann nicht nur nicht datieren, wann ich zu sterben begonnen habe – das verliert sich in den Anfängen (schon vor meiner Geburt, so lernen wir); sondern vor allem *teilt sich* dieses Sterben *nicht zu*, das heißt, es verortet sich nicht und ordnet sich nicht zu – es macht sich nicht zu einem Ereignis. Es ist eine *stille Verwandlung*, die täglich, aber nächtens, voranschreitet und, weil sie umfassend und kontinuierlich vor sich geht, sich nicht abhebt, daher auch nicht wahrgenommen, sondern nur – »Schallereignis« – in ihrem Ergebnis erfasst wird.

Wie sollen wir uns dieses Sterben nun vorstellen, das ich nicht kommen sehe, das so unmerklich, seit so langer Zeit durch mein ganzes Sein hindurch dahinschreitet und es von innen her aushöhlt, es allmählich erstarren lässt und auflöst? Oder ist es vielmehr falsch von mir, daraus wieder ein Subjekt, und wäre es nur das Subjekt dieses Satzes, zu machen; daraus wieder allzu bequem einen Akteur zu machen: Dieses *Sterben* ist nur prozessual und lässt sich als solches nicht isolieren und nicht instanziieren. Wenn das *Einleiten* den Auftakt eines neuen Möglichen darstellt, weil es »zupackt«, »anbeißt«, lebensfähig wird, indem es seine Kohärenz entwickelt, und sich funktional macht und seine Effektivität steigert, wird das *Sterben* als das genaue Gegenteil verständlich: Die Möglichkeiten verschließen sich peu à peu, zunächst ohne unser Wissen; unbemerkt kommt es zu einem Abkoppeln (einer Entschärfung); die Regulierung verstopft durch Sedimentation, dadurch verschließen sich Lebensmöglichkeiten; die Funktionstüchtigkeit wird gehemmt, bis die Wirkungsmacht sich erschöpft und versiegt. Das *Sterben* ist dieses *Altern*, in das man sich seit seiner Jugend verwickelt findet und das zu seinem Resultat führt. Was nur bedeutet, dass all die Möglichkeiten, die sich für die Existenz geöffnet hatten, eine nach der anderen, Schritt für Schritt zurückziehen – das ist noch zu vereinzelnd, zu zerstückelnd, zu zuteilend ausgedrückt: dass sie immer weniger »möglich« werden; dass Grenzen, an die die Vitalität stößt, von allen Seiten näher rücken, zunächst im körperlichen Bereich, und sich immer zwingender geltend machen: *nicht mehr* (diesen Handgriff nicht mehr machen können, dieses Gewicht nicht mehr heben können ...). Sterben erlebt sich (beschreibt sich) im Bild der Versandung als dieser im Stillen vor sich gehende *Rückzug der Möglichkeiten* oder, wie ich es nennen werde, ihre *Resorption.*

Resorption ist in der Tat rein phänomenal. Der Begriff beschreibt, was das Sterben des Subjekts an sich hat, im selben Maße wie das, was in der Welt vor sich geht, »was der Fall ist«. Er macht nicht mehr die Voraussetzung eines ungewissen »Fortgangs«, eines hypothetischen Anderswo, zu dem man geht, »verscheidet«, oder das man als *Ausflucht* annimmt. Man muss auch kein fantastisches Nicht-Sein, kein beängstigendes »Nichts« mehr erfinden. Das Von-uns-Gehen wirkt hier in der Tat *von innen heraus.* Die »Resorption«, nämlich die des Lebens, besagt, dass, was als Möglichkeit *hervorgetreten* war, sich eingeleitet und entwickelt, sich individuiert, Gestalt und Konsistenz angenommen hatte, sich nun *zurückzieht*, sich zurücknimmt, sich auflöst: Was sich verwirklicht hatte, ist dabei, sich zu entwirklichen. Der Begriff bezeichnet also das genaue Gegenteil von Entfaltung; damit verweist er nicht nur auf den Abbau (Senilität) und die Erschöpfung; sondern mehr noch darauf, dass, wenn das *leben* dieser permanente *Aufschwung* ist, der sich herauslöst, sich unterscheidet und sich abhebt, das Sterben in dessen allmählicher Wiederaufnahme in die *Ausbreitung* des Ununterschiedenen besteht. Eine Resorption, die übrigens nicht mit dem Tod endet, denn der Körper-Leichnam wird noch weiter resorbiert und hört nicht einmal auf, sich zurückzuziehen. Eine Resorption, die außerdem nicht nur dieses Leben betrifft, sondern auch seinen Schlagschatten und den Lärm, den es gemacht hat. Über den Toten sprechen wir zuerst sehr lebendig, dann setzt sich allmählich seine Erinnerung und verwischt, auch sein Name zieht sich zunehmend in das »ohne Namen«, in die Anonymität und das Schweigen zurück: Auch all die Wellen, die sich auf der Oberfläche abzeichnen, wenn ein Körper ins Wasser fällt, werden sich zerstreuen und schwinden – die Wassermasse liegt wieder »ausgebreitet« da.

4. Bei Montaigne finden wir die Beschreibung des Lebens als sich in diesem so langsamen Sterben resorbierend. Das Subjekt löst sich allmählich auf und kehrt ins Ausweichende zurück. »So vergehe ich, entgleite ich mir« (*Essais*, III, 13). Dieses Prozesshafte schreitet in mir durch Erschöpfung der Möglichkeiten und ohne Warnung fort: »Da noch ein Zahn, der mir schmerzfrei, mühelos ausfällt: Seine natürliche Dauer war zu Ende. Und dieser Teil meines Seins und zahlreiche weitere, von den Regsamsten, die in meinem besten Lebensalter ganz auf der Höhe waren, sind bereits tot, andere halbtot«. Der ereignishafte Bruch des »Todes« reduziert sich ebenso sehr: Da der Sprung zwischen der Jugend und dem Alter so groß ist wie zwischen dem Alter und dem Tod, »tötet [dieser letzte Tod] nicht mehr als einen halben oder viertel Menschen«.

Zu demselben Gedanken kommt es logischerweise auch im chinesischen Denken, wo es dieses Phänomenale des *Einleitens* und der *Resorption* des Lebenden berührt (*Zhuangzi*, Kapitel 22, »Zhī běi yóu«):

> Sich derart ausgießend – derart aufsprudelnd:
> es ist nicht nicht hervortreten;
> sich derart erschöpfend – derart herabfließend:
> es ist nicht nicht zurückkehren:
> schon verwandeln: daher entspringen (leben);
> noch verwandeln: daher sterben.

Ich habe mich entschieden, den Satz möglichst wörtlich (phänomenal) zu übersetzen, statt irgendein Subjekt einzuführen, das als Substanz der Veränderung und zugleich als Träger der Aussage fungieren und ihm dadurch in der Übertragung eine zugänglichere Form verleihen würde, wie es die Übersetzer getan haben, die die von dieser Sprache geforderten syntaktischen Strukturen ergänzt haben: »Alle Wesen, die es da gibt, treten abrupt heraus, kehren abrupt zurück. Eine Verwandlung bringt sie hervor, eine andere lässt sie sterben« (Liou Kia-hwai, Gallimard). Der Übersetzer hat nicht nur (gratis) ein Subjekt in den Satz eingeführt, dessen Aussage nun prädikativ statt prozessual wird, und dies unter Aufgabe des einzigen Wirkungsmittels in Form von Parallelismus (Polarität), das die Verben aneinanderkoppelt (da das

»hervortreten« von sich aus nach dem »zurückkehren« verlangt); sondern er musste damit auch ein »abrupt« anstelle des phänomenalisierenden und rein deskriptiven »derart« (*rán* 然) einführen, sprich einen ereignishaften Bruch einfügen, den das Chinesische nicht unterstellt beziehungsweise von dessen Notwendigkeit es sich losgebunden hat. Da sehen wir das chinesische Denken auf eine abstrakte Banalität zurückgeführt (eine sentenzenhafte Allgemeinheit), die den streng prozessualen Charakter des »Übergangs« eingebüßt hat, wie Montaigne es in Ablösung vom »Sein« nannte. Diese Abfolge selbst vom Einleiten zur Resorption macht (bildet) vermittels ihrer auswickelnden Logik das *Wirkliche* des Lebendigen.

Es wird berichtet, dass dieser Denker, also Zhuangzi, nach dem Tod seiner Frau mit gegrätschten Beinen, der am wenigsten rituellen Position, dasaß und sang, während er auf einen Futternapf schlug. Von einem, der sich über dieses Gebaren entrüstete, konfrontiert, rechtfertigte er sich mit einem Satz, der uns wiederum an die Grenze der Übersetzbarkeit führt und bei dem ich mich möglichst nah am Original zu halten versuche – indem ich also möglichst, wenig von dem hinzufüge, was der europäische Satz *erwartet* (*Zhuangzi*, Kapitel 18, »Zhì lè«):

> Verworren diffus: zwischen (jiān 间),
> verändern [Veränderung], von daher Atem-Energie (qì 气),
> Atem-Energie verändert (sich), von daher
> eine sich-ausbildende-Form (xíng 形),
> Form bildet sich aus, von daher ein Entspringen-Leben (shēng 生),
> heute neue Veränderung, von daher sterben (sǐ 死).

In ein und demselben Satz konnte der chinesische Denker das *Einleiten* nennen, das im »Diffusen« wirkt oder besser in seinem keine Zuschreibung machenden »Zwischen«, aus dem in kontinuierlichem Übergang der Verwirklichungsprozess herrührt, aus dem die Ausformung des »Lebens« kommt; aus der dann in derselben Kontinuität seine Resorption im »Sterben« resultiert. *Einleitung* und *Resorption* sind homogen: Teil desselben Prozesses – *subjektlosen Prozesses*, um den jungen Ausdruck zu gebrauchen –, weil reine Operativität; sie rühren, anders gesagt, aus derselben inneren Auswicklung her; haben Konsistenz nur durch sich selbst und verlangen kein »Sein«; sie setzen keinen großen Anfang, noch unterstellen sie äußere (erklärende) Kausalität – schreiben kein Ereignis ein. Die reine Phänomenalität des Kommens und des Sterbens (es gibt hier auch keine Konstruktion eines Zyklus) findet sich *tatsächlich* aufgezeichnet.

Ein früher Übersetzer (Liou Kia-hwai, Gallimard) hat folgendermaßen übertragen: »Etwas Flüchtiges und Ungreifbares verwandelt sich in Atem, der Atem in Form, die Form in Leben, und hier also jetzt verwandelt sich das Leben in Tod«. Offenbar hat sich der Übersetzer gezwungen gesehen – geglaubt –, gleich ein Subjekt, ein »etwas« (*ti, something*), so unbestimmt es auch sein mag, hinzuzufügen, dieses echt aristotelische Subjekt, das als Träger der Veränderung »physisch« und zugleich als Satzsubjekt »logisch« ist, zu dem der Rest – lauter »Modifikationen« – von Prädikats wegen oder »akzidentell« hinzukommt. Daher wirft sich (für uns) gleich die schlechthin metaphysische Frage auf, von der die chinesische Sprache-Denkweise sich entbunden fand, weil sie sich hier an eine reine Phänomenbeschreibung hielt, der sie, wage ich zu behaupten, »kein Subjekt gab«: Aber woher kommt dieses Etwas? Hat es einen Beginn? So kehren wir zu unserer unvermeidlichen Frage nach dem ersten Beginn oder Anfang zurück (»Genesis«, *Big Bang*: Brauchen wir einen Schöpfergott als großes Subjekt? usw.). Ein späterer Übersetzer (Jean Lévi) rekonstruierte die Aussage noch weitergehend, indem er den Prozess personalisierte und als Satzsubjekt Zhuangzis Frau selbst einfügte (unterstellte): »Und dann plötzlich, schwupp, dank einem unfasslichen Ursprung hatte sie die unerhörte Chance, aus dem Nicht-Sein ins Sein zu kommen; und dann plötzlich, schwupp, hat sie jetzt, da der Atem sie verlassen hat, die unerhörte Chance, in ihre ursprüngliche Bleibe zurückzukehren«. Erneut sehen wir die Übersetzung, indem sie direkt ein Subjekt *einführt*, zugleich und ohne Entsprechung im chinesischen Text, eine kausale Erklärung hineinbringen (anstatt der prozessualen Neigung steht dort »dank einem unfasslichen Ursprung«), ebenso eine Vorstellung des Anderswo (die »ursprüngliche Bleibe«; mit seinem Pathos: die »unerhörte Chance«) und dazwischen die sich gegenseitig ausschließenden Begriffe der Ontologie selbst: »Sein« und »Nicht-Sein«. Offenbar ohne den leisesten Verdacht, welch ein Eingriff hier erfolgt, stellt sich mit einem

Schlag der gesamte europäische syntaktisch-theoretische Apparat wieder ein und lässt dabei die phänomenale Prozesshaftigkeit verschwinden – und in einem damit das, was Zhuangzi *beschreibt*.

Auf die Phänomene konzentriert, halten diese Vorstellungen des *Einleitens* und der *Resorption* mein Leben in seiner reinen Erscheinung fest, ohne dass man ihm eine »Wahrheit« hinter seinem »Sein« unterstellen müsste, die es zu entziffern gälte. Sicher gibt es in jedem einzigartigen Werdegang, in der Einleitung wie auch in der Resorption Zufälliges und sich Entziehendes, nur ist es nicht so rätselhaft. Diese Vorstellungen leiten somit dahin, mein Leben wie jede andere Manifestation der Existenz aufzufassen; indem sie es also *nicht* von diesem ganzen Natürlichen *ausnehmen*, wozu das Bewusstsein berechtigen konnte, wie man in Europa lange glaubte: also ohne, dass man die Vernunft aus einem Riss im Seienden und folglich aus seiner Verdopplung heraus aufzeigen müsste, wie es die Ontologie wollte. Also auch ohne dass wir einen Sinn annehmen, das heißt darüberlegen müssten, sprich eine andere Rechtfertigung suchen müssten als die eines prozessualen Ablaufs, der im Hier und Jetzt seine wirklichen Möglichkeiten entfaltet. Die »Ethik« besteht von nun an darin, diese zu ergreifen und zu befördern; darin, dass das ex-istierende Subjekt diese Möglichkeiten vermehrt und sie sich verändern lässt, statt sie durch andere (religiöse oder metaphysische), die man konstruiert und postuliert hat, ersetzen zu wollen. Ist dies nicht übrigens selbst die Ethik Spinozas und das, was er am besten durchdacht hat: Ist die »Vollkommenheit« nicht dasselbe wie die »Wirklichkeit« selbst? Indem wir also das große Szenario des Anfangs und des Endes, das lärmende, weil einschneidende, verabsolutierte Szenario des Hebens und Fallens des Vorhangs aus dem Weg geräumt haben, haben wir auch die phantasmagorischen Projektionen der Angst und das Trugbild eines Anderswo beseitigt und der Gestalt eines Subjekts Raum geschaffen, das nicht »geboren«, auf Anhieb gegeben ist, sondern *hervortritt* und von der Phänomenalität des *lebens* ausgehend sein höchst einzigartiges *Vermögen* zu *existieren* befördern kann.

VI

VOM HARTEN VERLANGEN ZU DAUERN

(*oder müssen wir hoffen, länger zu leben?*)

1. Der Dichter spricht vom »dur désir de durer« (dem harten Verlangen, zu dauern). Und vielleicht muss man es auch so in einer Abfolge von Alliterationen aussprechen, indem man diesen Anfang, der einen nicht loslässt, wiederholt, ihn von einem Wort zum nächsten verlängert wie von einem Tag auf den andern. Noch ein Morgen, noch ein Frühling. Bei minimaler Variation der Assonanz: dur – désir – durer, und dies, um zu benennen, was in seinem Sein nur verharren kann (will) und es nicht verlässt. Denn das bewirkt die Dauer: Sie verlängert (sich), verschiebt (sich), bewegt (sich) fort, aber in dasselbe; sie versenkt sich und schließt sich ein in dieses Beharren im selben. Dieses Verlangen (zu dauern) ist in der Tat »hart«. Es ist hart, weil es beständig, hartnäckig, beharrlich ist und sogar das Festeste, das einzig Feste in uns – das Fundament von allem. Es ist hart, wie man einen »harten Schädel« hat: Es ist hart, weil es uns nicht stürzen lässt, weil wir uns darin verbohren, es nicht nachgibt. Hartes Verlangen, weil es dickköpfig, auf seine Sache versteift, bockig ist: Wir kennen nichts, was es »überwindet«, es vergessen macht. Wenn das Vitale in uns nur ein klein wenig bedroht, auch nur beunruhigt ist, sehen wir nichts anderes als dieses Verlangen, es schwemmt alles hinfort, überwältigt alles. Kann dafür irgendein Grund angegeben werden? Und handelt es sich tatsächlich nur um »Verlangen«? Kann man sich denn davon überzeugen, nicht zu dauern?

Zwischen dem *Einleiten* und der *Resorption* des Lebendigen führt uns dieses Verlangen zu dauern tatsächlich an den Ausgangspunkt der Ethik. Während Einleitung und Resorption streng der Ordnung des Phänomenalen angehören, lässt das *Verlangen* zu dauern bereits Dissidenz erkennen, und darin beginnt sich eine Subjektposition abzuzeichnen. Denn je härter, verbissener, dickköpfiger dieses Verlangen ist, desto leichter begreifen wir gleichwohl, dass wir nicht ewig dauern können. Nicht, weil das unmöglich ist (das Schicksal unserer Sterblichkeit), sondern weil es unerträglich wäre. Wenn man sich über das kurze Leben beklagt, das »nur einen Tag« dauert und nichts anderes macht, als zu vergehen, weiß man doch auch, wenn man darüber nachdenkt (aber möchte man – oder kann man auch nur – wirklich darüber nachdenken?), dass wir ohne diesen Ausbruch, den die Kurzlebigkeit ermöglicht und durch den sie uns vom Beständigen und seiner »Versandung« befreit, dass wir ohne diese so verschriene »Flucht« vor der »Zeit« nicht existieren könnten. Denn ex-istieren bezeichnet genau die Neigung, sich *außerhalb* der Stimmigkeit der Identität zu stellen, um diesem unerträglichen *Am-Platze* zu entkommen. Wenn wir die Ewigkeit nicht ertragen könnten, dann nicht nur, weil leben – darin dem Sein diametral gegenüberstehend – nach ständiger Erneuerung im Anderen ruft, es in anderen Worten aus sich selbst die eigene Veränderung hervorruft – eine Veränderung, die also statt Verdammnis (der Metaphysik zufolge der Fall aus dem Ewigen ins Werden) die Bedingung des Überlebens des Lebenden selbst darstellt. Sondern vor allem, weil existieren bedeutet, neue Möglichkeiten hervortreten und dafür unablässig Brüche im Immerselben entstehen zu lassen, seinem Wesen Hohn zu sprechen und sich in seinem Innersten dieser Fortschreibung der Identität zu verweigern.

Aber was bedeutet »ertragen«, wenn wir sagen, dass wir die Ewigkeit nicht ertragen würden? Bedeutet es nur, dass wir psychisch so veranlagt sind, dass »wir nur den Kontrast intensiv genießen können« und »den Zustand nur sehr wenig«, wie Freud, Goethe aufnehmend, jedoch in gemäßigterem Ton, *mezza voce*, sagte – er, der doch so viel gewagt hat? »Alles in der Welt lässt sich ertragen«, heißt es bei Goethe, »nur nicht eine Reihe von schönen Tagen«. Sollte dieses unmöglich zu Ertragende einzig subjektiv in seiner Unvereinbarkeit, in anderen Worten in unserem Unvermögen liegen (dem des Apparats unserer *psychē*), oder offenbart es nicht vielmehr einen *existenziellen* Widerspruch, der im Grunde logischer Natur ist? Denn bestünde dieser nicht darin, dass wir die Ewigkeit wollen, um diesem harten Verlangen, zu dauern und im »Sein« zu bleiben, nachzugeben, dass wir aber unter keinen Umständen bereit wären, den Preis dafür zu zahlen? Den Preis eines Lebens nämlich, das nicht mehr von seinem Gegenteil gehalten würde, nicht mehr *vom Negativen gesteigert* würde und vor allem nicht von dem des Todes, dem das Leben sich widersetzt und an dem es sich ermessen kann. Das beweist die unweigerliche Armut jeder Beschreibung, die wir vom Paradies geben können. Wir wüssten selbst nicht, was das »Leben« ist, dass wir am Leben sind, wir könnten uns nicht lebendig fühlen, wenn wir nicht schon im Begriff wären, zu sterben, wenn das Leben nicht von unserer Geburt an begonnen hätte, uns zu verlassen (das alte Argument Heraklits): wenn unser Leben nicht immer schon Spannung gegen den Tod und Überleben wäre und daher auch Gegenstand des Verlangens. Dieser Widerspruch ist folglich nicht der unserer gefallenen Natur, sondern hängt daran, dass zu leben sich nur dadurch als Vermögen zu existieren erweist, dass es in der Lage ist, Beharrlichkeit und damit Stabilität – Unfruchtbarkeit – Dauer auszuschließen.

2. Denn man kann auch nicht darüber hinwegsehen, wie viel die Dauer verdirbt. *Durare* bedeutet im Lateinischen nicht nur »dauern« (frz. durer), sondern auch »hart werden« (frz. durcir). Sollte es hier zwei verwandte Verben geben, wie das Wörterbuch sie so nebeneinander aufführt, oder handelt es sich in Wahrheit um ein einziges? Denn »dauern« bedeutet »hart werden«; oder sagen wir, jede Dauer entpuppt sich von einem negativen Gesichtspunkt aus als »Dauerung«, will sagen ein Erhärten in und durch die Dauer. In dem Sinne, wie wir im (physiologisch) begrenzten Rahmen bei der Verhärtung von Gewebe und seiner Sklerose von »Induration« sprechen. *Induration* benennt daher, was von sich aus die Dauer, jede Dauer, in Form von Verhärtung absondert, und ist dem eigen, was dauert und sich so dem aktiven, inchoativen Vermögen, am Leben zu sein, entgegensetzt. Somit würde Sklerose nicht ein begrenztes pathologisches Phänomen bezeichnen, sondern die Pathologie selbst allen lebens, insofern es dauert und weil es dauert; sie wäre somit kein zufälliges, mehr oder weniger lokales oder hinzukommendes Leiden, sondern die Konsequenz davon, dass besagtes »Gewebe«, welches auch immer es sei, mit der Zeit dazu tendiert, sich zusammenzuziehen und sich zu versteifen, sich zu verhärten und so das Verkehrs- und Kommunikationsvermögen des Lebendigen, woraus sich sein Tatendrang und seine Erneuerung speisen, abzuklemmen.

Wenn *Induration* beschreibt, dass allein infolge der Tatsache der Dauer Trägheit eintritt und im selben Maße die Wachsamkeit des Am-Leben-Seins nachlässt, dann erfasst dieser Begriff tatsächlich auch allgemeinere Zusammenhänge. Das chinesische Denken hat in seiner Beschäftigung mit der Verwandlung der Dinge und ihrer ständigen Regulierung insbesondere hervorgehoben, wie die Induration aus der Dauer herrührt und sich darin das *Träge* dem *Wachsamen* entgegensetzt. In seinem Grundlagenwerk, dem *Buch der Wandlungen* (*Yì Jīng*), folgt die Figur der »Induration« (*héng*, Nr. 32) direkt auf die ihr diametral entgegengesetzte Figur des »Ansporns« (*xián*, Nr. 31), mit der zusammen sie den zweiten Teil des Buchs eröffnet. Denn die Figur des Ansporns geht aus der des Nachlassens (*pǐ*, Nr. 12) hervor, indem sie in ihr einen neuen Aufschwung *einleitet*: Die zwei oberen (äußeren) Linien der beiden entgegengesetzt-verbundenen Elemente, die die Situation bilden (in diesem Fall drei *Yin*-Linien gegenüber drei *Yang*-Linien), permutieren (䷋ → ䷞) und führen so oberflächlich zu einer neuen Reaktion, die (wie auf der Oberfläche der Körper) spürbar ist und ein Wiederaufleben der Dinge in die Wege leiten kann. Das Umgekehrte gilt für das Phänomen der *Induration*, deren Figur der des *Ansporns* folgt und sein Gegenteil bildet: Die Induration geht aus der ihr entgegengesetzten Figur der Prosperität (*tai*, Nr. 11) hervor, bei der es die beiden unteren Linien (der zwei korrelierten Elemente, die die Situation bilden) sind, die permutieren (䷊ → ䷟). Die Sklerose, die sich aus dem Zustand der Prosperität entwickelt, allein aus der Tatsache, dass er andauert, beginnt von unten, also nicht auf der Oberfläche des Sichtbaren, sondern im Halbdunkel. Sie beginnt im Inneren zu graben: heimlich und am Fundament. Man spürt sie nicht auf Anhieb wie den »Stachel« des *Ansporns*, den man ganz unmittelbar überdeutlich zu spüren bekommt; man bemerkt sie noch nicht und sieht sie nicht einmal kommen, sondern heimtückisch beginnt sie in den Tiefen sich ihren Weg zu bahnen und führt so unabwendbar ein neuerliches Schwinden herbei.

Ansporn und *Induration* bilden so auf raffinierte Weise Paar und Gegensatz. Dies sind die beiden Figuren einerseits der plötzlichen Reaktion und der durch diesen neuen Kontakt in Gang gesetzten Reaktivierung, die zwar erst nur an der Oberfläche wirkt, aber auch schon einen neuen *Aufschwung einleitet* (1); andererseits sind es umgekehrt die Figuren der allmählichen Verhärtung der *ausgebreiteten* Prosperität, und zwar durch unterirdischen Abfluss der aktivierenden Teilnahme und Beginn von *Resorption* und Verkümmerung (2). Die *Induration / Dauerung* untergräbt das Lebendige ohne dessen Wissen, indem sie es an seiner Weiterentwicklung hindert, oder sagen wir: Eine solche Verlängerung der Zeitdauer *versandet* das Lebendige. Daher ist es so wenig fundiert, immerwährendes Dauern zu wollen oder immerwährenden Frieden (der berühmte »ewige Frieden«, der zwangsläufig unerträglich wäre), da beide offenkundig dem widersprechen, was leben und was existieren befördern bedeutet. Doch es bleibt noch dieses »harte Verlangen«. Denn sosehr man sich von all diesen Gründen auch überzeugt – können sie denn auch nur den mindesten Halt an diesem Verlangen finden, das so viel tiefer verankert ist als alles »Verlangen«? Stößt hier die Philosophie vielleicht an ihre Grenze? Oder wäre dies nicht genau ihr Stein des Anstoßes – das, an dem sie ihr Können entdeckt und beweist? Wäre der Philosoph nicht derjenige, der sich hinreichend zum »vernunftgemäßen« Leben bekehrt hat, sodass dieses Verlangen schließlich verblasst, das von allen unseren Verlangen das renitenteste ist und eine Sonderstellung einnimmt? Denn »Verlangen« ist hier nicht von der Art des Triebs, der Appetenz oder dem Eingenommensein, sondern beweist seine tiefere Verankerung; es bedeutet nicht haben wollen (einen Mangel ausgleichen usw.), sondern *im Sein bleiben*. Einfach um weiterhin zu sein: »In der Tat ist das Sein mit gewissermaßen natürlicher Kraft«, *vi quadam naturali*, sagt Augustinus (*Über den Gottesstaat*, XI, 27, aber setzt das nicht schon so viel voraus?), »so annehmlich, dass darum allein die Unglücklichen nicht sterben wollen«.

Das gilt in einem Maße, dass in dieser Hinsicht all diese Wörter an der Oberfläche bleiben: »Annehmlich« oder »Verlangen« deuten hier nur auf etwas, statt es zu bezeichnen; sie lassen nur verbal zum Vorschein kommen, was in Wirklichkeit alles andere als »annehmlich« oder »Verlangen«, sondern ungleich eigensinniger und tiefer verankert ist. Oder sollte etwa dieses zu prestigeträchtige Verb »sein« ein Spiel mit uns treiben? Denn man muss beides klar unterscheiden. Man kann bereit sein zu sterben, es sogar wollen (sich »das Leben nehmen«), man kann bereit sein, seinem Leben ein Ende zu setzen, aber heißt das, wenn man dies tut, dass man einwilligt, aus dem »Sein« zu treten, also nicht zu dauern? Denn lässt sich das auch nur in Erwägung ziehen: »überhaupt nicht zu sein«, *omnino non esse*? Um welche Art »Kraft« handelt es sich, die »natürlich« davor zurückschrecken lässt, wie Augustinus sich ausdrückt, die bewirkt, dass wir das nur verneinen können? Dass wir uns nur in diese Ersatzformen »flüchten« können, die Verlängerung vorgaukeln, uns in einen größeren oder selbst unendlich langen Zeitraum einfügen und von einer Nachwelt beglaubigt werden: dass wir uns für die Unsterblichkeit in Gestalt der Kinder entscheiden, wie es seit Platon heißt, sodass sich die Dauer nun in die Nachkommenschaft übertragen findet; oder für irgendeine andere Form, ein Vermächtnis oder eine Spur zu hinterlassen (einen Namen, ein Werk etc.). Dass wir nicht anders können, als uns ein Danach zu ersinnen (die Unsterblichkeit der Seele, ein »Jenseits« usw.), vielleicht nicht so sehr, um die Leere zu füllen und uns zu beruhigen, als vielmehr, weil *dauern* an sich selbst »hart«, versteift, stur ist und verlangt, sich hart zu machen, um nicht zu vergehen.

3. Es stimmt, dass die Philosophie, seit sie mit ihrer Trennung von der Weisheit eine spekulative Angelegenheit geworden ist, nicht mehr gewagt hat, sich dieser Frage zu nähern. Jedenfalls nicht, sie in direkterer Weise zu stellen: Müssen wir wünschen, länger zu leben? Ist die Frage zu trivial, oder vielleicht zu brutal, vielleicht sogar unanständig (weil sie an Unantastbares rührt)? Aber flieht man, indem man sie aufgibt, nicht etwas, oder gar das Wesentliche, jedenfalls das, was der Ethik ihr erstes Terrain verschafft? Zumindest die Griechen haben sich nicht darum herumgewunden. Platon selbst zögert nicht, die Frage anzuschneiden: »Wie viel Zeit das Leben (*tò zên* τὸ ζῆν) hat, das muss ein wahrhafter Mann hinnehmen« (*Georgias*, 512e). Denn er darf nicht an der Tatsache, am Leben zu sein, hängen, darf nicht in es »vernarrt« bleiben (*philopsychētéon* – dieser Begriff bezeichnet auch Feigheit, die sich ans Leben klammert) – sondern muss vielmehr mit diesem *Anhaften* brechen, indem er allein der Frage nachgeht, auf welche Weise wir die Zeit, die uns zuteilwird, am besten verleben. Daher spaltet sich »leben« in zwei Begriffe: Es handelt sich nun nicht mehr um das simple Faktum »am Leben zu sein« (*tò zên*), ein gemeinsames Verb für alle Lebewesen, die nämlich sämtlich den »Lebenshauch« in sich tragen, sondern um

das bestimmte Leben (*biônai* βιῶναι), das dem um seine Entscheidungen wissenden Menschen eigen und sein Werk ist. Darüber kommt nun die Qualität herein, nicht die Dauer – und die Sache ist sofort zweigeteilt. – Und doch, verdeckt man durch ein überhastetes Zugestehen dieser Aussage nicht vielleicht, dass sie durchaus auch »Setzung« im Sinne von »These« und Haltung, um nicht zu sagen Erzwungenes und Theatralisches enthält – was sie schon vorweg zu den Banalitäten verurteilt hat, bei denen für die Moral nichts mehr auf dem Spiel steht?

Um der Langeweile eines am Ende doch nicht überzeugenden Grübelns zu entgehen und den schon als ewige Leier empfundenen Moralismus zu vermeiden, bleibt hier als einzige Möglichkeit nur noch, sich die Frage tatsächlich vorzulegen. Also sich (mit Plotin, *Enn.* I, 5) zu fragen, ob das Glück in der »Hinzufügung« oder »Verlängerung« der Zeit (der *parátaxis chrónou*) liegen kann; oder anders, ob »glücklich zu sein« mit größerer Dauer zunehmen kann. Denn wenn wir wünschen, auf ewig am Leben und aktiv zu sein, auf ewig diese schöne »Energie des Lebens« (*enérgeia tês zōês*) zu verausgaben, dann bleibt dennoch bestehen, dass dieses Verlangen nur seine Erfüllung findet, indem es immer die Gegenwart, die einzige Gegenwart erreicht: Es ist immer nur in der aktuellen Verfasstheit des »worin man ist« (*tò en-estṓs* τὸ ἐν-εστώς), also »im« Augenblick, und so bleibt ihm die Idee einer Entfaltung von sich aus fremd. Plotin greift in der Frage nach dem glücklichen Leben die aristotelische Analyse der Lust auf, die nicht aus einem Werden, sondern aus dem Moment (*tò nŷn* τὸ νῦν) kommt, der als solcher ein vollständiges Ganzes bildet (*Nikomachische Ethik*, X, 3). Sobald leben tatsächlich im Schatten des Seins gedacht wird, sobald das Verlangen, »am Leben« zu sein, – darin liegt die Entscheidung des griechischen Denkens – im Streben, »zu sein«, besteht, kann dieses Verlangen nur Verlangen des gegenwärtigen Augenblicks sein, weil es »Sein« nur in »Präsenz«, »vorn seiend« (*par-ón* παρ-όν) ist: weil nur die Gegenwart wirklich »ist«. Die Zukunft zeigt sich in dieser Hinsicht ebenso inkonsistent wie die Vergangenheit, weil die eine noch nicht »ist«, während die andere schon nicht mehr »ist«, weil also beide nicht »sind«. Weil man also nur wollen kann, was man aktuell hat und ist, also dass dieser gegenwärtige Zustand tatsächlich gegenwärtig sei, und weil es folglich Verlangen nur hinsichtlich und in der Gegenwart gibt, ist die Kategorie eines »für immer« nichts als eine Vorspiegelung des Denkens.

Mit den Griechen gelangen wir also nicht aus dieser Wahrheit-Banalität heraus: »Der Genuss füllt, selbst über längere Zeit, immer nur die Gegenwart aus«, die als solche keine Dauer hat. Jede Verlängerung wird deshalb, von der Punktualität des Augenblicks und seinem Präsentismus her betrachtet, keinen Deut hinzufügen. Denn länger denselben Zustand leben wäre, wie länger denselben Gegenstand betrachten: Man wird nicht mehr sehen, so Plotin, als wenn man es ein einziges Mal sieht. Eine solche Dauer fügt dem Glück nämlich nichts hinzu, weil seine Wahrnehmung nicht zunimmt; oder, wie Aristoteles sich ausdrückte: Es gibt in einem Blick nicht mehr Werden als in einem Punkt oder einer Einheit. Sollte nun ausgerechnet Plotin, der erste westliche Denker der bildenden Kunst, ein Kunstwerk betrachtet und das, was es vom Blick verlangt: ein Versenken und zielloses Entfalten, im Durativ gedacht haben? Denn das Ganze reduziert sich nicht auf den »Schreck« des Schönen, der uns plötzlich mit der Schärfe seines »Strichs« (*bolḗ*) trifft. Gefangen in dieser Ontologie der Gegenwart und den Bequemlichkeiten seiner technischen Handhabung, ist das griechische Denken der Prozesshaftigkeit der Erfahrung gegenüber erstaunlich verschlossen geblieben – bis hin zu ihrer völligen Verweigerung. Hin- und hergerissen zwischen den zwei gegensätzlichen Begriffen des gegenwärtigen Augenblicks und der Ewigkeit, war es außerstande, eine Positivität der Dauer auch nur in Betracht zu ziehen. Deshalb bleibt sein Plädoyer gegen das Verlangen zu dauern abstrakt, zu sehr in den Argumentationsgang eingeschnürt, zu sehr des Moralismus verdächtig und folglich unzureichend.

Dass man, um glücklich zu leben, nicht wünschen muss, länger zu leben, läuft der allgemeinen Vorstellung dennoch dermaßen zuwider – aber handelt es sich nur um eine Vorstellung und nicht etwa um den Inhalt unseres *Anhaftens* –, dass man sich erst davon überzeugen muss. Je kürzer das Argument ausfällt – nur die Gegenwart existiert –, desto nachdrücklicher muss man es illustrieren, um sich davon zu überzeugen und es zu einer Lebensmaxime zu machen. Dazu dient der stoische Mahnspruch, der seine Richtlinien mithilfe von Bildern und Aufforderungen variiert (Seneca, *Briefe an Lucilius*, 101). Verschieben wir nichts auf die Zukunft, begleichen wir die Rechnung mit dem Leben Tag für Tag: Wenn der größte Mangel des Lebens darin besteht, dass es nichts Vollkommenes hat, dann lasst uns selbst es jeden Tag vervollkommnen, statt es aufzuschieben. Denn derjenige, der *jeden Tag* letzte Hand an sein Leben zu legen gewusst hat, braucht nicht mehr Zeit und verweigert sich sogar diesem Verlangen nach Zukunft, diesem Durst oder dieser Gier nach Zukunft, dieser *cupiditas futuri*, die am Geiste »nagt«. Die einzige zu beherzigende Maßgabe (an die man sich immer erinnert): das eigene Leben nicht »auf die Zukunft richten« (in die Zukunft »vorstehen« lassen: *prominere*), indem man die Zukunft vorwegnimmt und es auf sie abwälzt, sondern das Leben stattdessen in ihm selbst sammeln, in seiner Gegenwärtigkeit. Denn wenn man an der Zukunft hängen bleibt, bedeutet das, dass unsere Gegenwart eitel, nichtig, zwecklos und belanglos ist und man sie nicht zu nutzen weiß. Weil dies ja alles in allem nur eine Frage des Maßstabs ist, der jede Dauer relativ werden lässt: weil ein Tag wie »ein Jahrhundert zählt«; weil jeder Tag »ein ganzes Leben ist«. Jeden Tag also möge das eigene Leben »vollendet« sein, und man wird sich von diesem Hunger nach Dauer lossagen: Man wird nicht mehr darum »betteln«, länger zu leben.

4. Je mehr man den Nachdruck, den rhetorischen Aufwand darin sieht, desto mehr nimmt man auch wahr, was unter dem Netz dieser Variationen sich sträubt und nicht eingedämmt werden kann. Man wird sich fragen müssen, wie weit diese Argumente verfangen können, und zwar nicht so sehr in unserem Denken (darin würden wir sie bereitwillig unterschreiben), sondern in dem, was sich plötzlich, darunter, als unendlich stärker verankert als jedes Denken erweist und was jenes selbst ist, woraus wir gemacht sind. Wenn sie so sehr dieser zusätzlichen Rhetorik bedürfen, dieses mahnenden und einschärfenden Tons, dann weil sie bei jedem Mal wirkungsloser gegen etwas stoßen und zurückprallen, was härter, dickköpfiger ist als alles, was die Vernunft, und wenn es noch so überzeugend wäre, vorbringen kann. Etwas sagt Nein, das sich tatsächlich nicht zur Vernunft bringen, nicht angreifen lässt: genau dieses *harte Verlangen zu dauern*, das, wie wir wissen, kein Verlangen unter anderen und sogar wenig mit den anderen vergleichbar ist, sondern der Stoff unseres Seins selbst, der Untergrund jedes möglichen

Strebens, der nicht infrage gestellt werden kann. Rührt man auch nur ein wenig an ihm, zählt sofort nichts anderes mehr – *alles* schwankt und löst sich auf. Dieses Verlangen beziehungsweise diese Anspannung, *in seinem Sein* nicht eine begrenzte, sondern eine unendliche Zeit *zu verharren*, wird man also mit gutem Recht, wie Spinoza es tat, das »Wesen« des Menschen nennen können. Allein dadurch verstehen wir unsere Natur und zugleich unsere Bestimmung, die beide – und darin liegt die Stärke des spinozistischen Denkens – nicht mehr getrennt auftreten.

Das ergibt sich, hierin können wir in der Tat auf Spinoza vertrauen, ganz logisch. Dass zunächst »jedes Ding in seinem Sein zu verharren strebt«, macht das wirkliche Wesen des Menschen aus und ist als solches legitim, weil dies eine klare und bestimmte Form darstellt, in der sich die Macht Gottes selbst zum Ausdruck bringt. Dass des Weiteren diese Anstrengung, mit der jedes Ding in seinem Sein zu verharren strebt, »keine bestimmte, sondern eine unbestimmte Zeit in sich [schließt]«, rechtfertigt sich daraus, dass, wie wir an uns selbst bestätigen, kein Ding von seiner Natur her sein eigenes Ende anstreben kann: Sein Sein zu bewahren suchen, macht somit die Tüchtigkeit des Menschen selbst aus, und zwar in dem Sinne, dass keine Kraft gedacht werden kann, die dieser Kraft des »in der Tat existieren«, *actu existere*, vorgängig wäre. Von dieser einzigen »Anstrengung« jedes Seins, »in seinem Sein zu verharren« (*conatus*), definieren sich die Kategorien unserer allgemeinen Anthropologie neu: Was sich allein auf den Geist bezieht, das ist der »Wille«; was sich auf den Geist und den Körper gleichermaßen bezieht, das ist der »Drang«; und wenn dieser sich selbst bewusst wird, handelt es sich um »Verlangen«, das harte Verlangen zu dauern (*Ethik*, III, Lehrsatz IX). Und wenn wir von unserer eigenen Natur her nicht unser eigenes Ende anstreben können, dann weil »das erste, was das Wesen des Geistes ausmacht, die Idee des wirklich existierenden Körpers ist« und es daher »eine Idee, welche die Existenz unseres Körpers ausschließt, [...] in unserem Geist nicht geben« kann, sondern »mit ihm in Widerspruch« steht.

Da also endlich berücksichtigt einer, Spinoza, dieses *Verlangen zu dauern*, statt zu versuchen, es zu ignorieren oder uns davor retten zu wollen, und macht es sogar zum Ausgangspunkt der Ethik und rückt darin von der gesamten vorherigen Tradition ab (und darin liegt die begriffliche Stärke seines *conatus*, dass es eine solche Verschiebung bewirkt): Er setzt der seitens der Philosophie gepflegten Verweigerung gegenüber diesem Verlangen ein Ende und setzt es sogar an den Anfang unseres »Seins«. Wo stößt nun aber eine solche logische Schlusskette ihrerseits auf einen Widerstand, der die tragische Härte dieses Verlangens zu dauern deutlicher in seiner Blöße erkennen lässt und vielleicht sogar die Kohärenz dieser Begriffe in Gefahr bringt? Denn Spinoza unterscheidet bei dieser Frage zwischen »Tüchtigkeit« und »Vollkommenheit«, indem er beide auf getrennten Ebenen ansiedelt: Während unsere *Tüchtigkeit* in der Tat darin liegt, unbegrenzt in unserem Sein zu verharren, schließt unsere *Vollkommenheit* ihrerseits eine solche unbegrenzte Dauer nicht ein, da kein Einzelding »deswegen vollkommener genannt werden [kann], weil es längere Zeit im Dasein verharrt hat«. Hier tut sich ein Riss auf, zu dem Spinoza keine Lösung anbietet, wie man ihn wieder schließen könnte. Dass einerseits die Anstrengung, mit der jedes Sein in seinem Sein zu verharren strebt, *mit einer unbegrenzten Zeit* gedacht wird, erklärt sich daraus, dass Spinoza nichts Negatives in diesem Sein annimmt, dass dieses sich im Gegenteil allem widersetzt, was sein Sein unterdrücken könnte, und dass folglich Negatives nur durch äußere Ursachen hereinkommen kann – Spinoza kennt keine dem *Existieren* innewohnende Ver-stimmung (sein Existenzbegriff bleibt noch im Sein und in dessen unerschütterlicher Positivität befangen). Aus der Tatsache andererseits, dass jedes Sein nur ein kleiner Teil der Natur ist und die Kraft, mit der der Mensch in der Existenz verharrt, begrenzt ist, folgt notwendig, dass seine Existenz trotz seiner Anstrengung »zu verharren« auch *in der Dauer begrenzt ist*. Reißt »Macht«, *potentia*, der große Begriff Spinozas, darin nicht entzwei? In (subjektive) Macht, also (im Gegensatz zur »Ohnmacht der Seele« derer, die sich das Leben nehmen) die Macht in seinem Sein zu verharren, und (objektive) Macht beziehungsweise seine Ohnmacht, die sich angesichts der äußeren Kräfte offenbart, welche den Menschen unendlich übersteigen und die man notwendig erleiden muss. Wie ließe sich dieser Riss noch kitten?

Bezeichnet dieses *Verlangen zu dauern* nicht in der Tat genau den blinden Fleck oder das schwarze Loch, jedenfalls die Bruchstelle, an der das Denken ins Wanken kommen muss? Findet sich nicht der Fundamentalbegriff der Ontologie, das »Wesen«, der erste Begriff selbst zerrissen? Welcher ungedachte Rest bleibt übrig zwischen dem Wesen jedes Dings, verstanden als die Anstrengung, mit der es in seinem Sein zu verharren strebt und die als solche eine nicht begrenzte, sondern »unbegrenzte« Zeit in sich schließt, und dem Wesen dieses selben Dings, insofern es keine genaue und »bestimmte« Zeit zu existieren in sich schließt, das heißt zwischen diesen beiden Modalitäten, dem Unbegrenzten und Unbestimmten, die nicht vollkommen übereinstimmen können – welcher ungedachte, aber unvermeidliche Rest bleibt, der bewirkt, dass sich der Zusammenhalt der gesamten *Ethik* an dieser Frage auflöst? Dass Spinoza am Ende auf eine stoizistische Position zurückfällt; dass auch er, nachdem er so weit gekommen ist, sich auf die Banalitäten des Moralismus zurückzieht: Die Dauer unserer Existenz hänge nicht von uns ab, oder hänge von unserer Tüchtigkeit, aber nicht von unserer Vollkommenheit ab; müssen wir daraus nicht den Schluss ziehen, dass sie uns gleichgültig bleiben soll – da Spinoza hier nur bekräftigt, was seit der Antike wiederholt wird –, und dies selbst, wenn die Natur unseres Seins streng genommen doch nichts anderes ist als eine solche Anstrengung, in diesem Sein zu verharren? Und zwar deshalb, weil sich die »Dauer« als unbegrenzte Fortsetzung des Existierens abqualifiziert findet gegenüber der »Ewigkeit«, die im Anfang als »Existenz selbst« gesetzt ist. Die *Dauer* oder die *Ewigkeit*: Wie viele Anstrengungen Spinoza auch mit so viel Verve unternommen hat, um uns aus dieser durch die Metaphysik betriebenen Verdopplung des lebens herauszuführen, so lässt er uns am Ende doch immer noch in dieser Trennung zurück.

Mit diesen beiden Begriffen, *leben* und *existieren*, werden wir also einen frischen Anfang im Denken machen müssen, und zwar ausgehend von dem entscheidenden Begriff der *Ver-stimmung* – was bereits unter einem subjektiven Blickwinkel der Begriff der *Loslösung* ausdrückte. Denn er lässt von Anfang an ein produktives und zugleich entsandendes, ihm *innewohnendes Negatives* hervortreten, und nicht nur ein äußerliches, wie in der Ontologie. Er allein wird uns, im Frontalangriff auf die klassische Vernunft, aus der Klemme helfen: Aber hat er, indem er ihr Fundament (die von Parmenides bis Spinoza gesetzte absolute Positivität des Seins) erschüttert, nicht schon genügend Risse hervorgerufen, sodass sich ein Ausgang auftun mag, der zuvor noch nicht in Erwägung gezogen oder auch nur in den Sinn gekommen war?

Angesichts dessen, was uns Spinoza vor Augen führt, und seinem so schlagkräftigen Elaborat zum Trotz, drängt sich uns ein neuer Ausgangspunkt auf; und wir sehen sogar klarer, welcher Abweg sich von da eröffnet, der in eine neue Zukunft des Denkens, in die Moderne führt. Denn nur wenn man anerkennt, dass das dem leben Eigene in der *Ver-stimmung mit sich selbst* liegt – das seine Entfaltung und ethische Bestimmung im »existieren« im strikten Sinne des »sich außerhalb stellen« findet –; nur, wenn wir unser Denken vom Sein als »an sich« und als »Übereinstimmung«, den zwei noch verbliebenen logischen Stützen des Spinozismus, lösen, werden wir *leben* ins Auge fassen können, ohne es länger sich einschließen zu lassen in ein identitätsverhaftetes, der Ewigkeit anhängendes Verlangen zu dauern.

5. Das »Dauerhafte«, Gegenteil der traditionell der Dauer zugeschriebenen Unbeständigkeit, ist wie das »Glück« eine »neue Idee« in Europa. Um es denken zu können, musste man das Denken aus seinen früheren Halterungen lösen, anders gesagt, sich von der Ontologie befreien. Das *Dauerhafte* zu denken, bedeutete, die Dauer von dem Schatten zu befreien, der auf ihr lastete, von der über ihr aufragenden Ewigkeit, indem man genau diese in Verruf brachte. Es bedeutete, sich nicht mehr an jeder Veränderung schadlos zu halten, geschützt vor den Wirkungen der »(Ge-)Zeiten«; nicht mehr dem Werden entkommen zu wollen, indem man sich ins Sein flüchtete, sondern der Veränderung als *einziger Realität* ins Auge zu sehen, die als solche nur durch ihre *Erneuerung* »dauerhaft« ist. Sich auf den Trümmern der früheren Dualismen einrichtend, geht die Kategorie des »Dauerhaften« als einheitliches Denksystem Hand in Hand mit der Kategorie der Prozesshaftigkeit, die von den Griechen ignoriert worden war. Darin erkennen wir die Frucht einer großen ideologischen Verschiebung, die – im Westen – in diesen letzten Jahrhunderten und mehr noch diesen letzten Jahrzehnten im Stillen gewirkt hat und die allein es möglich gemacht hat, dem Verb »dauern« eine volle, widerspruchsfreie, zulängliche und nicht mehr abhängige Bedeutung zu verleihen. In Beziehung auf das Leben, und nicht mehr nur auf das Schicksal unseres Planeten, wird sie das Denken dorthin aufschließen, wo wir ansetzen können, um den offenen Graben zwischen jenen zwei Begriffen zu schließen, die das europäische

Denken seit so langer Zeit auf Distanz, um nicht zu sagen in Gegensatz zueinander gehalten haben (und in deren Kluft die Persönlichkeitsbildung floriert): Gesundheit und Spiritualität; oder sagen wir zwischen dem Kümmern um das »Vitale« und der Sorge um das »Ideal«.

Denn das Leben betreffend hat das europäische Denken Dauer zunächst nur, wie es das gewöhnlich tut, unter dem Blickwinkel des Wissens ins Auge gefasst, und dazu noch ausschließlich negativ (kurativ): in der Medizin. Und diese ist selbst lange Zeit in dem dramatisch aufgeworfenen Widerspruch zwischen *Gesundheit* und *Langlebigkeit* gefangen geblieben: in dem vermeintlichen Widerstreit zwischen einem vollen und einem langen Leben. Demnach bestünde das Dilemma zwischen der Förderung und der Verlängerung des Lebens (Bacon: »Wir mahnen die Menschen, sorgfältig zu unterscheiden und auseinanderzuhalten, was zu einem gesunden Leben führen kann und was zu einem langen«, *Über die Würde und den Fortgang der Wissenschaften*, IV, 2). Inwiefern wären diese zwei Anforderungen nun aber unvereinbar? Insofern, sagt Bacon, als das, »was zur Hebung der Aktivität der Geister, der Vollkraft der Funktionen und dem Fernhalten der Krankheiten dient«, »notwendig den Gesamtumfang des Lebens reduziert und jene Rückbildung, die das Alter ausmacht, beschleunigt«; was hingegen zur Verlängerung des Lebens und zur Vermeidung der Rückbildungen des Alters dient, »kann nicht ohne Risiko für die Gesundheit sein«. Entweder lebe ich gut, aber kurz; oder ich lebe länger, aber auf Sparflamme: Bacon zufolge musste die Medizin also, da sie für die Gesundheit Sorge trägt, die Langlebigkeit aufgeben. Hat nun aber das europäische Denken nicht unendlich viel Zeit darauf verwendet, sich von dieser tragischen Spannung zwischen Intensität und Dauer zu befreien – von dieser (in *Das Chagrinleder* gekonnt verherrlichten) mächtigen mythologischen Erfindung, die die Erfüllung der Begierden und dieses harte Verlangen zu dauern in einen Gegensatz bringt?

Als sich daher die Medizin in Europa an die Aufgabe machte, das Leben zu verlängern, kam es zu einer Revolution (wieder Bacon: es handele sich dabei um einen »völlig neuen Bereich, der uns gänzlich fehlt«). Auf diese Weise nicht mehr nur negativ (kurativ) verstanden, würde sie bei voller Entfaltung ihrer Wirkung schließlich die ganze Bedingung unseres Daseins umkrempeln. Ein weiteres Mal versucht sich das europäische Denken prometheisch. Der zu neuem Leben erwachende, erobernde, dank den Erkenntnissen der Wissenschaft neue Hoffnung schöpfende Mensch trachtet von nun an danach, sich der Natur in einer Weise zu bemeistern, dass er ihr entgegenwirken und sie sogar vom Alter hin zur Jugend zurücklaufen lassen kann, wie Bacon sagt, *remorari et retrovertere*. Als er beschließt, sich seines Lebens als sein eigen Guts zu bemächtigen, und es zumal von den religiösen Vorstellungen befreit, vertraut er auf dieses neue Wissen, um das Leben auf künstliche Weise zu erhalten. Wird aber ein solches auf Kausalität basierende Wissen, das auf Mittel rekurriert, »die nie zuvor erprobt worden waren«, die in dieser Epoche auch zum Aufbau der mechanistischen Physik dienten, ebenso glücklich zur »Verbesserung des Lebens« eingesetzt werden können, wie es bekanntermaßen »die Wissenschaften unendlich steigert«? Descartes, der Bacons Vertrauen in die Zukunft der Wissenschaft teilt, die endlich mit den Irrtümern der Vergangenheit bricht, erklärt die Verlängerung des Lebens am Ende der *Abhandlung über die Methode* ebenfalls zum positiven Ziel seiner Suche. Wie uns Gilson versichert, wurde sogar gemunkelt, Descartes habe Mittel zu finden gehofft, so lange zu leben wie die Stammväter und ein Alter von gut fünfhundert Jahren zu erreichen; nach dem Verlust seiner Hoffnung auf eine solche Schöpferkraft der Medizin habe er dann Trost in der Moral gesucht. Erst der alternde Kant kommt (in *Der Streit der Fakultäten*, III) wieder auf die Kunst der Lebensverlängerung zurück: um zu erkunden, wie durch die Ernährungsweise das Schwinden der Lebenskraft ausgeglichen werden könne; wie man sich mit angemessenen Atemtechniken von der dem Philosophieren eigenen Erschöpfung erholen kann (da das im Abstrakten operierende Philosophieren ohne die erleichternde Unterstützung sinnlicher Vorstellungen auskommen muss); und sogar, wie man einschlafen kann, indem man (statt Schafe zu zählen) »Cicero« denkt.

6. Im Gegensatz dazu hat das chinesische Denken – ich komme auf es zurück, weil es das Konzept des Seins und damit eine Identität als Träger der Ewigkeit nicht entwickelt hat, sondern die Welt und das Leben als ein sich unablässig erneuerndes *Kontinuum* auffasst – schon früh und mit Leichtigkeit eine solche Kategorie des *Dauerhaften* gedacht und sogar an eine privilegierte Stelle gerückt. Es eröffnet einen brauchbaren Abweg zu den impliziten, unergründeten Vorentscheidungen, in denen das Denken des Lebens in Europa versandet ist, und daraus können wir Nutzen ziehen. Denn selbst wenn China, heute stolz auf seine wachsende Stärke und bald den Westen überflügelnd, den Planeten noch heftig verschmutzt, kann man dennoch nicht darüber hinwegsehen, dass es sich seit der Antike um die Voraussetzungen und Maßnahmen einer nachhaltigen und *dauerhaften Entwicklung* Gedanken gemacht hat (was die Ausführungen über Ressourcenökonomie in seinen antiken politischen Traktaten beweisen). Bezüglich des Lebens hat es einen wirkmächtigen, originellen Begriff entwickelt, der sich glücklich den Nicht-Dualismus des chinesischen Denkens zunutze macht und gerade auf diesem Terrain gedeiht, das wir in Europa zwischen den Polen Gesundheit und Spiritualität, in der zwischen beiden aufgebauten Rivalität, unangetastet gelassen haben. Es hat das Motiv »das Leben nähren« (*yǎng shēng* 养生), das dem Leben seine Dauer gibt, indem es für Langlebigkeit sorgt, sogar zum zentralen Anliegen seiner Weisheit gemacht. Und bleibt uns in der Tat noch eine andere Wahl oder beschreibt nicht der bezeichnete Abweg eine Alternative? Denn was anderes als ein »langes Leben« (*cháng shēng* 长生) könnten wir anstreben, wenn wir der (metaphysischen oder theologischen) Hypothese eines Jenseits nach dem Tod keine Konsistenz und der »Seele« keinen Seinsstatus und keine religiöse Bestimmung geben, die uns Unsterblichkeit verleihen (versprechen) würden? Mittels dieses Begriffs des »Nährens des Lebens« an sich zum Zweck seiner besseren Verlängerung, dieses Begriffs, der noch zu den aktuellsten und wahrscheinlich sogar – angesichts des heutigen Niedergangs der Utopien – zu den am umfangreichsten exportierten Ideen Chinas gehört, war das chinesische Denken in der Lage, *länger leben* und *voller leben* in einem Gedanken zu vereinen, der die Grenze zwischen *Medizin* und *Moral* aufhebt; oder positiv ausgedrückt, es hat durch die Versöhnung des Vitalen und des Ideals aus dieser Idee den »Weg« des Lebens selbst, *Tao*, gemacht und verbürgt damit seine Lebbarkeit.

Was aber bedeutet »nähren«, wenn es das »Leben« an sich ist, das man nährt? Wenn es nicht nur (restriktiv) der »Körper« ist, den wir nähren, sondern dasjenige, was jedoch auch nicht die »Seele« ist (wie bei Platon: die Seele »nährt« sich, *tréphein* τρέφειν, durch die Musik und die Wahrheit)? Das heißt, wenn nähren nicht mehr unterscheiden lässt zwischen einem eigentlichen (physischen) und einem übertragenen Sinn (dem der himmlischen Speisen wie dem Manna oder dem Brot aus der Heiligen Schrift, diesem Sinn, den Johannes und die Kirchenväter auf die Spitze getrieben haben). Was müssen wir, wenn wir das Leben an sich, also beide Aspekte gleichzeitig hegen und verlängern wollen (statt sie einander entgegenzusetzen), tatsächlich über seine physische Form *hinaus* »nähren«, was aber zugleich von seiner physischen Form nicht zu trennen wäre (nicht in die Askese des Spirituellen abgleiten lässt), sodass wir nicht ausschließlich seinen Körper, sondern die Vitalität an sich nähren? Wenn man bei uns gemeinhin sagt, dass man »in Form« (oder gar »in Hochform«) ist, drückt dies bereits diese Untrennbarkeit des Physischen und Psychischen (der Moral) aus, also dass es sich nicht auf den »Körper« (und ebenso wenig auf die »Seele«) reduziert. Denn haben wir überhaupt streng genommen einen »Körper« (*sôma*, *corpus*)? Wenn wir im Westen bezweifeln konnten, eine »Seele« zu haben, jedenfalls eine mit hinreichend Konsistenz versehene, um unsterblich zu sein, so ist es uns doch umgekehrt nicht eingefallen, einmal die Stichhaltigkeit der Kategorie des »Körpers« zu prüfen, so greifbar und sich aufdrängend, so sehr unmittelbare Gegebenheit schien sie. Nun geht sie aber, bei aller theoretischen Bequemlichkeit und Handhabbarkeit, mit dualistischen Problemen schwanger, die wieder loszuwerden bekanntermaßen so schwerfällt.

Wir müssen uns aber trauen, die Frage nicht nur für die Seele, sondern zuerst einmal für den *Körper* zu stellen: Haben wir einen »Körper«? Haben wir einen »Körper«, der stofflich der Seele entgegengesetzt ist? Bin ich nicht vielmehr umfassend (einheitlich) eine Realisation von Atem und Energie (von *qì* 气), die darin, dass sie sich konzentriert, verfestigt, verdunkelt (der Faktor *yīn*), die *Konkretion* dessen bildet, was wir »Körper« nennen; und die darin, dass sie sich entfaltet, sich ausbreitet und kommuniziert (der Faktor *yáng*), die *Regung* dessen bildet, was wir die Seele oder den Geist nennen? »Sein Leben nähren« bedeutete also, dieses individuierte, aber auch diffuse und schwankende Vitalitätspotenzial zu nähren, das wir aufnehmen und aufzehren und das aus Atem-Energie besteht, die, indem sie kondensiert, sich materialisiert und gerinnt; die aber zur gleichen Zeit als Atmung-Zirkulation frei macht und belebt. Wir »nähren« es nach unseren dualistischen Begriffen zugleich physisch, indem wir es ernähren (aber manche Nahrung ist feiner und belebender als andere), und psychisch (moralisch), indem wir es von den Beschränkungen, die seinen Aufschwung bedrängen, frei machen und seine Lebendigkeit entfesseln. Denn je mehr ich meine Energie abkläre und löse, desto weniger lasse ich sie sich zusammenziehen, sich verhärten und versanden. Oder je mehr ich sie »verfeinere«, desto mehr »rege« ich mich (der Begriff des *jīng shén* 精神). Je weniger grob dieses Vitalpotenzial, desto weniger verstrickt es sich, desto weniger muss es sich abmühen und desto besser gewährleiste ich ein langes Leben.

Hier findet sich in der Tat eine starke, Ethik und Physiologie nicht trennende Kohärenz, die *leben* sich umfassend zunutze machen kann. Wenn ich meine Vitalität in der Ernährung wie auch psychisch auf grobe Weise nähre, wird sie schwerfällig, verstopft, »verplombt« sich, erneuert sich nicht mehr und wird *träge*: Sie wird sich frühzeitig erschöpft haben. Wenn ich sie aber »feinsinniger« (*jīng*), leichter nähre, befreie ich sie, halte ich sie anregend und kommunizierend, in Schwung, im Tatendrang, *wachsam*, und werde mein Leben (unbegrenzt?) verlängern können: sie voll auskosten und zugleich in der Dauer ausdehnen, weil sie sich nicht mehr anstrengen und verausgaben muss. *Zhuangzi* findet Gefallen daran, dies an Figuren zu verdeutlichen, die das Alter nicht im Griff hat, wie jene Großmutter mit der Gesichtsfarbe eines kleinen Kindes (Kapitel 6): Wenn sie in der Lage war, ihre Lebendigkeit in sich frisch zu halten, dann weil sie sich von der Sorge um die »Welt«, außerdem von der Sorge um die »Dinge« und schließlich sogar von der Sorge um das »Leben« zu befreien wusste und so zu einer »Durchsichtigkeit des Morgens« kam, die, weil sie jede Abschirmung und jede Verstrickung wegräumte, ihre Lebensfähigkeit intakt und stark hielt, indem sie sich nicht mehr aufbrauchte. Die Entkümmerung an sich ist ebenso lebenswichtig wie moralisch, indem beides sich nicht mehr trennt. Wut hingegen ist wie eine Dürre, die ein Feld heimsucht: Sie bedroht das Kapital oder ruiniert zumindest seinen Ertrag. Sodass, wenn wir den Gedanken zugeben, dass es nichts Wichtigeres in unserem Leben gibt, als zu leben, »gut zu leben«, daraus folgt, dieses *Kapital* des Am-Leben-Seins zum Besseren und folglich zur Dauerhaftigkeit zu führen.

Ist nicht das Wissen darum, wie man seine Vitalität von dem befreit, was sie lähmt und dadurch *versandet*, wie man sie von dem entlastet, was sie an ihrer Erneuerung und ihrem Voranschreiten hindert, gerade ebenso die Grundlage der Weisheit wie die der Gesundheit? Ein Prinz befragt einen Lehrmeister über die Kunst, »sein Leben zu nähren« (*Zhuangzi*, Kapitel 19). Der erklärt sich zunächst für nicht zuständig, indem er beteuert, dass er selbst nur vor der Tür seines Meisters gefegt habe, womit er bereits zu erkennen gibt, dass dieses Wegräumen (all dessen, was sich am Boden absetzt) am Leben erhält. Als sein Gegenüber dann verlangt, mehr zu erfahren, erklärt er sich folgendermaßen: Sein Leben nähren ist wie Schafe auf die Weide treiben; wenn man welche zurückfallen und auseinanderlaufen sieht, gibt man ihnen die Peitsche, um sie in der Herde zu halten und sie zu zwingen, gemeinsam vorwärts zu kommen. Entgegen dem religiösen Bild, das man erwartet, in dem der Schäfer seine Herde lenkt, indem er sie (zu einer Offenbarung, einem gelobten Land, einem Heil) führt, handelt es sich hier lediglich darum, wachsam zu bleiben und seine Herde zu hüten, während sie vorankommt, will heißen dafür zu sorgen, dass sie *Fortschritte macht*. Deshalb kann die Frage in ihrer bildhaften Darstellung auch in allgemeinster Weise gelesen werden: Was *fällt in mir zurück*, muss man sich fragen, hinsichtlich Funktion wie auch Verfassung, hinsichtlich Habitus wie auch Affekt; und woran habe ich ein Interesse, es zu »peitschen«, um es zur Ordnung zu rufen – zu dieser gemeinsamen Ordnung meines vitalen Vorankommens – und es zum ständigen Voranschreiten und folglich zur Dauer zu bringen? Eine solche Wachsamkeit hat ihre Geltung auf einer pathologischen Ebene, wenn wir von Zellen oder Organen sprechen, die aus ihrer kollektiven Funktion ausscheren, um ihre eigene Entwicklung getrennt davon zu suchen, und, da sie nicht mehr an der gemeinsamen Fortentwicklung partizipieren, verkümmern oder entarten; und genauso hat sie ihre Geltung auf einer psychologischen Ebene, wenn der Patient einem traumatischen Ereignis verhaftet oder in seiner libidinösen Besetzung festgefahren bleibt und sich nicht mehr von einer solchen »Fixierung« (wie Freud es nannte) befreien kann, um Neues in sein Leben aufzunehmen und es erneut lebensfähig (lebenswert) zu machen.

Diese Kunst, das Leben an sich zu nähren, um seine Dauer zu gewährleisten, wird uns in Apologen vorgeführt, weil sie nur in Form von Vorgehensweisen, die man beschreibt, und in Verhaltensweisen verständlich wird. Wenn in einer der berühmtesten Passagen der chinesischen Literatur (*Zhuangzi*, Kapitel 3) zur Sprache kommt, wie der Schlachter Ding auf dem Gipfel seiner Kunst ein Rind im Takt zerlegt, das heißt, wie er, während er es gut an sich gepresst hält, zu einer nicht mehr nur visuellen, sondern geklärten, verfeinerten, anders gesagt »spirituellen« Wahrnehmung davon gelangt, erfährt man bereits, woran die Langlebigkeit hängt. Denn worin er sich auszeichnet, ist, dass er die Klinge passend zu der inneren Strukturierung des Tiers zu führen weiß, also so, dass er selbst im feinsten Geflecht der Adern und Bänder immer den Zwischenraum findet, durch den sie weiter vordringen kann, ohne auf Widerstand zu stoßen und sich dadurch abzunutzen. Daher begreift der Gesprächspartner sofort, ohne weitere Erläuterung, was eigentlich dieses Nähren des Vitalen bedeutet. Weil sein Weg nicht blockiert, findet das Messer immer eine Lücke, durch die es, ohne stecken zu bleiben, wachsam weiter vordringen kann. Verhält es sich nun nicht ebenso mit dem inneren *Gang* des Lebens? Denn nicht durch Wahrung der konstitutiven Teile zerteilt dieser Schlachter das Rind – im Gegensatz zum platonischen Schlachter aus dem *Phaidros*, der ein Bild der »Teilung« und Analyse der Ideen (*diaíresis tôn eidôn*) anbietet, die durch diese Anatomie des Erkennbaren das Modell für die Wissenschaft hergeben. Sondern er ist an die Fähigkeit zu *freier und fortgesetzter Bewegung* gebunden: also nicht an *Konstruktion* in gleichermaßen diskontinuierlichen Handlungen und Dingen; sondern an *Fortentwicklung*, die, da nichts mehr sie versandet, nichts mehr erzwingen muss – worin er folglich nicht so sehr »wissend« (systematisch ein Wissen entfaltend) als vielmehr *wachsam* ist (aufmerksam, ohne sich in seinem Lauf zu bremsen). Im Gegensatz zum Plotin'schen oder stoizistischen sich Verschließen in der einzig wahrhaft »seienden« einzigen »Gegenwart«, ist es daher dieser seinem Geist folgende *prozesshafte Ablauf*, der die Verlängerung der Dauer gewährleistet.

Deshalb wird nichts weniger als ein gründlicher Paradigmenwechsel erforderlich sein, um in ein Denken der Langlebigkeit einzutreten. Wir werden nicht nur der in unserem Geist so tief verankerten

Trennung zwischen Physiologie und Ethik beziehungsweise zwischen Lebendigem und Ideal entsagen müssen, sondern es gilt auch, nicht mehr an der alleinigen *kausalen Erklärung* festzuhalten, die das beherrschende Prinzip in der westlichen Wissensbildung und insbesondere der Medizin gewesen ist, sondern die Aufmerksamkeit mehr auf die Phänomene der *Neigung* und ihre Kraft zur *Auswicklung* zu lenken: Statt auf identifizierbare, als solche klar zuschreibbare Ursachen zu verweisen, wie es die Ätiologie der europäischen Medizin tut, und auf eine projizierte Finalität zu antworten, wird eine solche Nährung des Vitalen zur Angelegenheit einer *Einwirkung*, die als solche nicht begrenzt werden kann; einer *Konditionierung*, die als solche umfassend ist – wir wissen bereits zu Genüge im planetaren Maßstab, dass ein Denken des Dauerhaften dieser Globalität Rechnung tragen muss. Desgleichen wird man auf Zustände achten müssen, nicht *definierte* und mithin klar bestimmte (Gesundheit oder Krankheit), sondern als solche nicht abgrenzbare Zustände des *Übergangs*, in denen sich eins unmerklich ins andere umwandelt. In der Folge werden wir, wie es das chinesische Denken getan hat, eine Aufmerksamkeit für das »Feine«, das »Delikate«, das »Unaufdringliche« (*weī* 微) entwickeln müssen, das sich beim Übergang vom Unsichtbaren in die Sichtbarkeit kaum abzeichnet, aber unbeirrbar seinen Weg geht, während es sich vom Winzigen zum Unbegrenzten entfaltet; Aufmerksamkeit also nicht für das Ereignis, das einen Bruch bedeutet und mit Getöse daherkommt (eine Krankheit »bricht aus«), sondern für die *stille Verwandlung*, die ohne unser Wissen wirkt und deren Ergebnis wir erst im Nachhinein feststellen.

Es sei denn, wir lassen uns darauf ein, das menschliche Leben gerade nach dem Bild der natürlichen Regulation zu denken, wie es die Chinesen so gut verstanden haben; es sei denn, wir werden dieser Prozesshaftigkeit nicht müde, die nur danach strebt, sich zu verlängern; es sei denn, wir rufen nach dem Einbruch des Anderen, entscheiden uns, das Leben ins Auge zu fassen, wie es in der Lage ist, sich vorzuwagen und dabei Grenzen zu überschreiten, Risiken einzugehen und sich zu konfrontieren. Es sei denn also, wir weisen nicht dieses *harte Verlangen zu dauern* zurück und behindern auf diese Weise unsere Möglichkeit zu *existieren*. Dauern / existieren: widersprechen sich die beiden also? Oder bleiben wir, wenn wir das eine dem andern entgegensetzen, nicht der (europäischen) Mythologie verhaftet, der zufolge man der Dauer entsagen muss (aufgrund von Erschöpfung), wenn man intensiv lebt? Oder sollte es sich nicht vielmehr so verhalten, dass das Vermögen *zu ex-istieren* darin besteht, dass es sich in seinem *Sich-außerhalb-Stellen* zugleich außerhalb dieser Sorge um die Dauer hält: dass es sich über die zeitliche Dimension und die von dieser im Vorhinein auferlegte Begrenzung erhebt? Nicht dass wir uns von der zeitlichen Bedingtheit freimachen wollten (der alte Traum von der Ewigkeit). Sondern die »Zeit« bildet hier nicht mehr den Horizont: Gewiss kann sie das Leben, das Am-Leben-Sein vermessen, aber nicht das, was sich darin als Existenz entfaltet.

7. Stendhal lässt seine Helden in der Jugend sterben; kaum erwachsen, gibt er ihnen den Gnadenstoß, weil er fürchtet, sie in der Dauer sich aufreiben zu sehen. Sobald sie dem Anderen begegnet sind, sobald sie die Kehrseite der amourösen Eroberung und ihrer Pläne kennengelernt haben, die sie in der unverhofften Fülle des Innigen verabredeten, wo Zweisamkeit nichts weiter erwartet; sobald sie einmal mit den Angelegenheiten der Welt in Berührung gekommen sind, sie das Spiel der Ambitionen verstanden haben, wie man darin intrigiert und wie man darin zu Erfolg kommt – warum sollten sie da noch länger leben? Haben sie dann noch mehr zu entdecken? Weitere *Möglichkeiten* zu erforschen? Was hätten sie davon, länger zu leben, wenn sie nur der Verlust dieses *Aufschwungs* erwartet, der sie, zunächst außerhalb ihrer selbst, über die Begrenzungen und die Ausbreitung eines »Ichs« trägt und sie ex-istieren lässt? Stendhal stellt also die einzige Frage, die zählt: Was trägt ein längeres Leben zu dem Vermögen des Subjekts zu existieren bei? Daher musste er Julien guillotinieren, Fabrizio auf nur einer Seite erledigen oder seinen Roman unvollendet lassen. Was hätte Lucien in der Botschaft auch gelernt, wo er doch schon in zwei Bänden, in der Provinz und in Paris, jene Ekstase kennengelernt hatte, einem Sein zu begegnen, das einen mit einschließt und dessen Unendlichkeit man erfährt; und das im vollen Kontrast zu dem Schein und der ganzen »Affektiertheit« der Gesellschaft? Stendhal hat es bis zu der Grenze getrieben, ab der man nur noch dahinschwinden oder, noch vor dem Alter, unbemerkt von der *Wachsamkeit* in die einsetzende Trägheit ab-

sinken kann. Ist es möglich, sich Julien zum Ritter von Sorel geworden vorzustellen, verheiratet, *eingerichtet*, seine Position festigend, seine Besitztümer hütend und als Vater eines Kindes, das er seinerseits ins Leben stoßen muss? Stendhal will sie nicht so sehr jung und schön erhalten, als ihnen vielmehr einen solchen *Rückzug* der Möglichkeiten ersparen, diese Verhärtung der *Induration*.

Oder sollte man sich dieser Zeit des Zurückziehens verweigern, indem man seinen gesellschaftlichen Pflichten nachkommt, wie die Stoiker wollten, und lieber mit vierzig sterben? Was wir von den Psychoanalytikern über einen ersten Tod »in der Lebensmitte« lernen – *nel mezzo del cammin di nostra vita*, sagt Dante im ersten Vers seines großen Werks –, wäre übrigens ein wertvoller Fingerzeig, um uns hier besser zurechtzufinden (vgl. Jacques Elliott, der in Frankreich von Didier Anzieu aufgegriffen worden ist). Wenn das Subjekt aufgehört hat zu wachsen, zu erklimmen (begonnen hat zu altern), wenn es seinen Aufstieg vollendet hat oder dieser nicht mehr wäre als die Fortsetzung dessen, was es schon kennt (das Verfolgen »der einmal eingeschlagenen Richtung«), das heißt, wenn es sieht, wie sein Horizont schrumpft, seine Möglichkeiten sich abstecken, noch bevor sie zurückgehen, oder schlicht seine Zukunft erstarrt; in diesem Alter, in dem seine Eltern anfangen, ihres natürlichen Todes zu sterben, in dem es selbst sich bewusst wird, dass der Tod nicht nur andere betrifft und dass sein eigener bereits Gestalt annimmt; wenn es also beginnt, nicht nur seine Jugend, sondern sein eigenes Leben abzuschreiben, verfällt es in Depression (ein markanter Anstieg von Suiziden, erfahren wir). Sei es, dass es vergeht (Raphaël, Mozart, Watteau, Rimbaud …) oder sein Genie einbüßt (Racine) und nur noch überlebt. Sei es, dass es durch diese Krise hindurch Wiederherstellungsarbeiten ausführt: Indem es zur Klärung kommen lässt, was sich von ihm unbemerkt als seine »Erfahrung« anzusammeln beginnt, macht es sich an eine Umarbeitung seines Verhältnisses zum Tod und zum Leben, richtet sein Existenzprojekt entsprechend diesem Unentrinnbaren, dem es die Stirn geboten hat, neu aus und beginnt, mit der Dauer zu ringen, um sie auszunutzen. Diese Phase wiederholt sich dann zyklisch in Zeitabschnitten von zwanzig Jahren.

Uns fehlt in der Tat eine Philosophie des Alters. Wenn wir über das Denken selbst sprechen, ist eine weitläufige Berücksichtigung der

Geschichte und vor allem der Philosophiegeschichte leicht bei der Hand, aber höchst selten findet das Alter des *denkenden Subjekts* Eingang in die Betrachtung und damit auch kaum jene unmerkliche, so schwer zu entdeckende, aber unbestreitbare Verwandlung, die dieses Alter selbst im Denken des Subjekts bewirkt (und die nicht einzig an der »Ideen«-Entwicklung an sich hängt). Nicht nur hat die Wahrheit – entgegen der leicht aus ihrer Abstraktion gebildeten Vorstellung (»die Wahrheit altert nicht«, heißt es) – ein Alter, sondern jedes Alter hat auch seine Wahrheit, die nicht nur im Alter seines Verlangens besteht – genau ein »Subjekt«, das lernt, sich aus dem zu konstituieren, was es aus der Kontinuität inmitten dieser schleichenden Veränderung zu übernehmen weiß. Welche neue Wahrheitserfahrung macht man nun in der Verlängerung seines Lebens, wenn man »die fünfzig« erreicht (das Alter, das Stendhal selbst sich beim Abstieg vom Janiculum in kryptischer Form auf die Rückseite seines Gürtels schrieb) – jene Wahrheit, die nicht zu antizipieren war, die man sich nur durch und in der Dauer aneignet und zu der man *vorher keinen Zugang haben konnte*? Gibt es tatsächlich eine Wahrheit, die einem anderen Typus von Wahrheit angehört: deren Angemessenheit nicht aus einer Deduktion, sondern aus einem Abklären herrührt? Die weder auf bewusste Weise noch in einem Moment der Einsicht erfasst würde, sondern durch unbemerkt akkumulierte Ablagerung und Sedimentierung (was durch den Begriff »Erfahrung«, den man häufig darüberlegt, zu sehr auf den Empirismus eingeschränkt wird); die folglich nicht durch gedankliche Durchdringung, Erfindung und Genie ans Licht kommt, sondern wie eine Frucht reift – oder lässt sich dies anders als metaphorisch ausdrücken? Was so oft insbesondere im Hinblick auf Goethe über die Reife des heiteren Klassizismus im Gegensatz zur Jugend der leidenschaftlichen und Qualen leidenden Romantik gesagt wurde, klärt diese Wahrheit jedenfalls reichlich ungenügend, gerade weil sie dabei nur vom Gesichtspunkt des *Ethos* und nicht dem der Wahrheit selbst betrachtet wird.

Mit fünfzehn Jahren »habe ich mich ans Studium gemacht« und mich befleißigt (*xué* 学), sagt Konfuzius (*Gespräche*, II, 4); mit dreißig Jahren »hielt ich mich aufrecht«: Ich erwarb meine Standfestigkeit als Erwachsener; mit vierzig Jahren »endeten meine Unsicherheiten«: Die krisenhafte Lebensmitte war überwunden, die Erfahrung hatte begonnen, sich zu klären, ich konnte mich daran begeben, zwischen dem Möglichen und dem Unmöglichen zu unterscheiden; mit fünfzig Jahren schließlich »wurde ich mir über die himmlische Weisung im Klaren« (*zhī tiān mìng* 知天命), das heißt, dass ich die individuelle Perspektive meiner Existenz hinter mir lassen konnte, dass ich anfing, mein Leben mit Transzendenz zu verbinden, mit dem grundlosen Grund der Dinge, von dem ich erkenne, was meine Pflicht und meine Berufung ist. Lässt sich diese Wahrnehmung eines »alles« oder eines Umfassenden, das nicht Ergebnis einer Verallgemeinerung (der begrifflichen Abstraktion), sondern zunehmender Integration (ausgehend von der »Lokalität« des eigenen Lebens) ist, beschleunigen? Lässt sie sich früher machen? In der Tat erwirbt man sie streng genommen nicht, erlangt sie nicht einmal, vielmehr setzt sie sich *allmählich* ab und schreibt sich ein. Nun gibt es aber, so unterschiedlich die Kontexte und Denktraditionen auch sein mögen, vielleicht ein Gemeinsames des Alters. Beziehungsweise werde ich mich bei aller Beachtung, die wir den Abständen zwischen den Sprachen und Kulturen schenken, einmal fragen, ob nicht Platon in seinen Kategorien und auf seine Weise das Gleiche ausdrückt, wenn er den Höhepunkt der Ausbildung seines Dialektikers auf dasselbe Alter von fünfzig Jahren ansetzt: das Alter, in dem man schlussendlich mehr als nur sein eigenes Leben begreift und zu so etwas wie einer Gesamtheit Zugang findet. In diesem Alter, in dem der Dialektiker, da er schließlich seine Studien und Übungen abgeschlossen hat, sein Augenmerk nun auf »das allen Licht Bringende« richten kann, das den individuellen Blickwinkel überschreitet und als »Modell« für sein eigenes Verhalten ebenso wie für das der Polis wird dienen können.

In jedem Fall lässt sich hier der von mir bereits vorgebrachte Begriff der Strategie wieder einspannen. Sie ist desto mehr gefordert, je weiter das Alter fortschreitet. Beginnend mit der Klärung, die jenseits der vierzig einsetzt und mit der man begonnen hat, die tatsächliche Grenze seines Lebens wahrzunehmen und das Mögliche wie das Unmögliche zu ermessen, wird leben strategisch, weil ein Teil davon immer stärker eingezwängt wird zwischen der Zeit, die noch zum Leben bleibt, und dem Wissen darum, dass man sie von nun an möglichst gut nutzen will. Zugleich sieht man das Ende seines Lebens, aber auch das Ziel ersichtlich werden. Wie soll ich am besten mit dem einen, diesem

Lebenskapital, das ich jetzt begrenzt weiß (und als solches empfinde), umgehen, um das andere erreichen zu können – irgendeine Vollendung, die die gewählte Baustelle rechtfertigt – oder einfach um zu sehen, wohin mein Leben mich führen kann? Denn sobald einmal die Frustration der Lebensmitte und ihrer Entsagungen überwunden ist, eröffnet sich ein neues Mögliches, mit dem man nicht im Entferntesten gerechnet hat. Eine Italienreise konnte den Übergang bewirken (bei Goethe, bei Proust wie bei Freud). Von da an offenbart sich eine neue Intensität, die sich zugegeben schlecht mit dem deckt, was oft über die Sanftheit der Reife gesagt wird. Denn wenn der Countdown begonnen hat, entdeckt man, was man selbst noch kaum angefangen hat: dass man kaum begonnen hat, wirklich zu schreiben und zu denken. Je weiter man voranschreitet, desto mehr fängt man wirklich erst an. Macht man nicht – mehr als davor, wenigstens ist man sich bewusster darüber – die ersten Schritte, steckt in den Kinderschuhen? Schließlich muss man anfangen, sich daranzumachen. An diesem Wendepunkt der vierzig (1896, das Alter, in dem er seinen Vater verliert) gibt Freud endgültig die Sicherheit der zerebralen Neuropathologie auf, schreibt *Die Traumdeutung* und macht sich an das Rätsel des Ödipus. Um dasselbe Alter herum (im Jahr 1909) weiß Proust (der seine Mutter verloren hat) endlich, was er schreiben will (kann), und beginnt einen erbitterten Kampf mit der verbleibenden Zeit.

8. Was bleibt nun von der Frage, die die Antike (die Stoiker, Plotin) von Anfang an aufgeworfen haben: Muss man länger leben, um »voll« zu leben (sich verlängern, um vollständig zu sein)? Der Anfang einer Antwort ergibt sich daraus, dass wir bereits erfassen, dass existieren mehr bedeutet als die beiden parallelen Verben *sein* und *leben*, da es sie wachsen zu lassen und auch sie zu überschreiten erlaubt. Wenn ich sage, dass dies »gewesen« ist, schreibe ich es in das Zeitliche ein, stelle fest, dass es gewesen ist, aber nun nicht mehr ist; dass seine Zeit längst vergangen ist: Ich ordne es – schließe es – in die Vergangenheit (*has been*) ein. Wenn ich sage, dass dies »erlebt« wurde, mache ich es zum Gegenstand einer Erfahrung, die sich in dem erlebenden Subjekt, das dies (als *Erlebnis*) beanspruchen kann, ablagert; aber diese Erfahrung löst sich von da an nicht mehr von dieser Perspektive und damit von einem individuellen Schicksal (»er hat gelebt« bedeutet auch »er ist tot«). Wenn ich nun aber sage, dass dies »existiert« hat, versetze ich dieses *erlebt / gelebt* direkt ins *Sein* und mache es definitiv; ich betone, was dies, welches auch nicht hätte sein können, an Möglichkeit hat aufscheinen lassen, die sich nun nicht mehr realisieren kann, selbst wenn sie vergessen wird oder unbeachtet bleibt: Ich verleihe ihm eine Dimension des Absoluten, die dieses Mal nicht mehr auf die Ewigkeit verschoben wird, sondern der Gegenwart innewohnt, selbst wenn es später niemand weiß. Selbst wenn alle Erinnerung daran auf ewig erlischt, hat dies nichtsdestoweniger »existiert«: hat sich ins Wirkliche aufgerichtet, hat Zugang zum *Tatsächlichen* erlangt und dort seinen Platz gefunden. Das *Mögliche*, das es öffnet, ist wirklich gewesen, sodass kein Leugnen es mehr erschüttern kann, kein Vergessen es mehr verdunkeln kann, und durch diese Kampfansage, die es ist, nimmt es die Gestalt von Schicksal an.

Anerkennen, dass dieser Moment an diesem Abend, zwischen uns, »existiert« hat, bedeutet daher, an diesem wirklichen Auftauchen festzuhalten, an diesem Emporheben, das ihn aus dem Nichts heraustreten lässt und ihm in der Folge eine solche Selbstgenügsamkeit beschert, dass er sich nicht mehr auf anderes berufen, sich nicht mehr an anderem bemessen muss als an seinem eigenen Vermögen; und hernach hinsichtlich seiner Dauer nichts mehr fordern muss. In diesen »nächten am balkon die rosig wallten« zählt nur, was wir zu zweit durch diese geteilte Vertrautheit aufgerichtet und in die Realität gesetzt haben; dass wir aus der unbestimmten Eventualität herausgetreten sind, um es im Sein zu verankern, indem wir die Möglichkeit dieses Augenblicks in diesem Augenblick weiter entfalteten, während sich die Nacht verdichtete »wie eine Wand« (Baudelaire, »Der Balkon«). Wenn wir von diesem Moment, den wir leben, wünschten, er dauerte noch, so bedürfen wir dennoch nicht seiner Dauer, damit er »voll« existiert hat – die Einzigartigkeit, zu der er gelangt ist, hat ihn gezeichnet und besiegelt: damit, was an Aufschwung und Beispiellosem in ihm liegt, diese Einmaligkeit des Hier und Jetzt begreifen lässt, die ihn hat hervortreten lassen und als solche »für immer errungen« ist. »Oft sagten wir unvergängliche Dinge«: Diese sind gewiss noch kurzlebiger als wir selbst, niemand anderes hat sie vernommen, und dennoch sind sie »unvergänglich«, wie der Dichter sagt, allein aus dem Grund, dass sie einmal ausgesprochen wurden, die Isolation der Stille und des Unbewussten durchbrochen haben: *existiert* haben; dass sie einen Durchbruch in der Verschüttung der Welt bewirkt haben, ihrer *Resorption* die Stirn bieten.

Wenn wir aber von einem in der Gegenwart liegenden Endgültigen, einem im Hier und Jetzt wahrgenommenen Absoluten sprechen, das heißt von einem Vermögen zu existieren, das aus dem Innersten des Lebens heraus sichtbar wird, indem wir darin Möglichkeiten entdecken, von denen her sich ein Subjekt befördert – und das nun nicht mehr *in Erwartung irgendeines anderen*, vor allem nicht einer Verlängerung der eigenen Zeit –, bedroht uns dann nicht eine völlige *Ablösung*? Hier lauert immer, sobald wir ans Absolute rühren, die Gefahr, in die Metaphysik zurückzufallen, in ihre alte Redeweise, und es nur mit einem Effekt der Sprache selbst und ihrer Spurrille, in erster Linie ihrer Grammatik zu tun zu haben. Daher die Notwendigkeit, dieses Vermögen zu existieren ganz nah am Erleben, möglichst nah an seiner Phänomenalität erneut zu durchdenken: Bevor wir das dem Existieren eigene Mittel weiter erkunden, müssen wir vorsichtshalber die Bedingungen einer nackten *Beschreibung* der Dinge präziser fassen. Bevor wir genauer definieren, was *ex-istierend leben* sein kann, und zwar abgelöst von einer Perspektive wie der des *Subjekts*, werden wir uns fragen müssen, ob das, was die Existenz, noch vor dieser Kluft, in ihrem Anspruch, in ihrem ersten, elementaren Sinn als reine Gegenwärtigkeit ist, ob diese einfache »Tatsache« zu existieren nicht immer noch in »Ich« und die »Welt« getrennt werden kann, und zwar so, dass nichts mehr diesen Spalt verschließen könnte; und uns fragen (kann man das?), wie wir Zugang zu ihr gewinnen. Denn muss ich nicht auch meine Existenz als ein reines – »einfaches« – Existenz*phänomen* betrachten? Durch diese Anstrengung des »Realismus«, durch diese Verbissenheit, näher an die »Dinge« heranzukommen, sich selbst in Kontinuität mit der Phänomenalität der Welt zu begreifen, werden wir gründlicher verstehen, was sich *außerhalb* stellen bedeuten könnte: von *woher* in der ununterschiedenen Existenz der Dinge die Ex-istenz und Freiheit eines Subjekts sich befördert.

VII

DIREKT AM ERLEBTEN

(*oder: wie die Erfahrung als Phänomen beschreiben?*)

1. *Beschreiben* hieße schreiben, ohne etwas hinzuzufügen, durch ein schlichtes Erfassen, das sich an die Erfahrung selbst hält oder, sagen wir, unmittelbar an die Erfahrung, direkt ans »Erlebte« – und nichts weiter. So schwer: dieses »nichts weiter« … »Direkt« bedeutet: ohne zu überschreiten, ohne sich abzulösen; ohne dass sich eine Tendenz einmischt; ohne dass es unter der Hand zu einer Strukturierung kommt; ohne dass eine thematische Vorprägung stattfindet. *Beschreiben* bedeutet nicht schreiben »über« oder handeln »von«, wo schon dieses »von« Distanz ausdrückt und wahrt. Es bedeutet: die Erfahrung so aufschreiben, wie sie auftaucht, sich also direkt in die »Sache« begeben – fangen wir mit diesem unbestimmtesten Begriff an –, ohne dass noch etwas anderes dazwischentritt, ohne ein Anvisieren, das organisierend eingriffe, und selbst ohne Objekt, das im Fokus stünde. Besteht nicht darin die Voraussetzung, um uns *der Erfahrung selbst* nähern zu können – in der allein wir, so ahnen wir, wahrhaft Befriedigung erlangen? Daher wird es dabei auch nicht um »Objektivität« gehen, die als solche von einer Entscheidung herrührt, und sogar einer umso schwerwiegenderen Entscheidung, als man nicht einmal ahnt, was diese Wahl impliziert. Vielmehr wäre nötig, gar nicht erst mit dem Wenden und Modellieren der Sätze anzufangen – mit der falschen Arbeit des Schriftstellers, der auf Wirkung zielt. Darüber hinaus, beziehungsweise davor noch, wäre nötig, auf der Hut zu sein, dass nicht schon die Sprache, in der wir schreiben, uns ihre Kategorien aufdrängt. Das, was mir hier zum Sprechen und Schreiben dient, darf nicht schon zur Projektionsfläche werden. Aber kann man denn auf eine sich vollständig *disponibel* erhaltende Weise sprechen oder

schreiben? Auf eine Weise, die in keiner Form etwas »setzt«, sodass, was ständig auf das »Erlebte« hindeutet, ohne hoffen zu können, es jemals zu erreichen, von selbst dahingelangt? Den Versuch zumindest müssen wir machen.

Beschreiben, »einfach« beschreiben, um die Existenz nicht zu verfehlen, wird also vor allem bedeuten, *nicht zu erklären*. »Alle Erklärung muss fort und nur Beschreibung an ihre Stelle treten«, schrieb Wittgenstein und sprach damit nur laut aus, was sein ganzes Jahrhundert über die Revolte gegen die vorangegangene, buchstäblich »entfremdende« Herrschaft der Erklärung geraunt hatte. Denn wenn diese abzulehnen ist, dann weil sie die »Sache« von einer *anderen Sache* her verdeutlicht, in der Tat von einem Außerhalb dieser Sache her, ihrer »Ursache«, diesem *Er-* des Er-klärten. »Sache« – »Ursache« (*causa*): Gewiss »kennt« man die Sache durch die Ursache (*rerum cognoscere causas* ist das Motto), aber hat man sie darin nicht auch *schon* verloren? Ist uns ihre Existenz selbst in ihrem Hier und Jetzt nicht schon entschlüpft? Denn indem die Erklärung, wie es die Vernunft will, eine Beziehung herstellt, verlässt sie von Vornherein den Bereich der Beschreibung, die nämlich erfordert, »direkt an der Sache« zu bleiben: Durch Einführung dieser Abhängigkeit bewirkt die Erklärung, dass wir den Inhalt unserer Erfahrung selbst hinter uns lassen. Die Sache verstehen, indem man sie nämlich durch Verknüpfungsarbeit in das einbindet, worauf die Erklärung abzielt, bedeutet zugleich auch, sie aufzugeben. Denn aus dem, was ich erlebe, was ich in meiner »Erfahrung« hier und jetzt erfahre, habe ich das gemacht, was man eine »Wirkung« nennt, von der aus ich dann zurückgehen muss, mich auch folglich abtrennen muss, um mich auf das zu beziehen, was jenseits davon, außerhalb von ihr, als die »Ursache« gesetzt werden könnte, die sie »erklären« *soll*.

Es lohnt, uns als Vorwarnung kurz bei dieser Zurückweisung des *Erklärens* aufzuhalten – bei dieser Weigerung, der Kausalität zu folgen, die uns sofort aus der Sache, wie sie existiert, herausdrängt und uns von ihr entfernt. Wenn (sobald) ich »weil« sage, bin ich aus der Sache selbst abgezogen; habe ich die Erfahrung, die ich von ihr mache, aufgegeben: habe ich die Existenz bereits verlassen. Wenn ich beim Betrachten des Himmels meinen Blick auf dieses leicht diesige Blaugrau richte und es erkläre, indem ich sage, das komme vom Regen, der gerade den

Himmel gewaschen habe, dann habe ich meine existenzielle Wahrnehmung davon bereits hinter mir gelassen: Diese einzigartige Atmosphäre, die nur »hier« und »jetzt« da ist, zählt nicht mehr an sich selbst, in ihrem reinen Geschehen; sie hat endgültig der Allgemeinheit eines Wissens Platz gemacht. Und diese Allgemeinheit trägt eine Notwendigkeitsbeziehung hinein, zwingt sie auf, die einzig aus der Arbeit des Geistes herrührt. Diesem Erklärungsregime haben die Griechen das Denken unterworfen, indem sie die »Ursache« an den Anfang stellten, sie zum »Prinzip« machten (*archḗ*, *aitía*, die beiden ersten Begriffe in Aristoteles' Vokabular); das heißt, indem sie setzten, dass die Ursache dasjenige sei, was »Rechenschaft« (»Vernunft«) über die Dinge, über jede Sache gibt (*lógon didónai*), weil es ja durchaus »wahr« ist, dass nichts »ohne Ursache« entsteht. Und von da an wird man unablässig zur »ersten Ursache« als Fixpunkt für diese Erklärung zurückgehen (bei Platon ist die Idee Ursache des Sinnlichen, oder Gott ist Ursache; bei Aristoteles haben wir die »Finalursache« usw.). Daher haben die Griechen *in ihrer Denkarbeit* die Erfahrung und mithin die Existenz von Anfang an auf Distanz, unter diesem dominierenden Überhang der Kausalität gehalten und nicht *beschrieben*. Und nun verlangt es uns eine solche Anstrengung und scharfsinnige Skepsis und ein unermüdliches Dekonstruieren ab, um von dieser hellenischen Großtat noch einmal den Weg zurück zu finden.

Die große Rivalin der Erklärung, also der von den Griechen in Stellung gebrachten Grundlage jedes Wissens, um überhaupt als Wissen zu gelten, diese moderne Rivalin, die »Interpretation«, tut genau dasselbe: Sie löst uns, sogar ganz betont, von der Existenz ab, indem sie von Anfang an meine Perspektive in meine Wahrnehmung einschreibt – *interpretieren* wir denn nicht immer nur? Man ist hier lediglich vom Überhang beziehungsweise Ausgangspunkt der Ursache zur Sichtweise hin gewechselt. Das heißt, man verbleibt in beiden Fällen innerhalb eines Systems, das die Erfahrung anordnet und damit auch über sie disponiert: Was wir *Beschreibungsoffenheit* nennen wollen, findet sich darin von Vornherein gehemmt. Sosehr diese Arbeitsteilung anerkannt sein mag, so befriedigend diese Aufteilung in (objektive) Erklärung in der Wissenschaft und (subjektive) Interpretation in der Kunst und Literatur auch erscheint, die Möglichkeit der bloßen Beschreibung entschlüpft uns hier dennoch wieder. Denn Erklären wie Interpretieren gehen die Sache immer nur über den Weg einer Beziehung an, setzen daher immer ein Anderswo voraus, sei es jenes vor der Sache liegende externe Anderswo der Ursache oder jenes interne Anderswo der Sache innerhalb meiner Vermittlung von ihr. – Oder stimmt gar der seit Nietzsche im Raum stehende Verdacht, dass dieser Gegensatz selbst nicht hält und die Erklärung auf ihre Art ebenfalls eine Interpretation darstellt?

Daher gilt es, hinter diese Spaltung des Deduzierten und des Projizierten, oder des Objektiven und des Subjektiven, oder des Faktischen und des Sinngehalts zurückzugehen, um uns letztendlich der Existenz zu nähern. So käme »erhellen« (*éclairer*) dem Beschreiben näher. Das deutsche Wort »erklären« kann übrigens auch diese Bedeutung annehmen. Dass es gewöhnlich eher in der wissenschaftlichen Bedeutung gebraucht wird (womit es dann zur Übersetzung des französischen »expliquer« dient), zeigt bereits zu Genüge, dass man in Sprache denkt und beschreibt, weil man nämlich immer auf die eine oder eben die andere Sprache als Ressource zurückgreift. Das *Erhellen-Erklären* hat mit dem *er* im Sinne des In-Erscheinung-Tretens, statt das Außen der kausalen Erklärung dazwischentreten zu lassen, nur die Bedeutung, ans Licht zu bringen, die Sache in Klarheit hervortreten zu lassen. Das heißt, sie tritt durch das in Erscheinung, was sie *er-hellt* oder was sie *erläutert* – der Einfluss (Eingriff) der Intention ist tatsächlich minimal. Der Geist hat sich losgesagt von seiner hegemonialen Macht, sich der Sache unter dem Deckmantel einer anderen Sache (der »Ursache«) zu nähern beziehungsweise den Ausgangspunkt in seiner eigenen subjektiven Initiative zu setzen: Er gibt sich damit zufrieden, sie aus dem Schatten treten zu »lassen« (das *lassen* der *Gelassenheit*), aus jenem Sich-Entziehen, das sie versteckt hält. Daher verstehen wir auch aus der großen Bedeutung, die das Deutsche semantisch dem einfallenden Licht zuschreibt, besser, warum es sich als fruchtbare Umgebung für die Phänomenologie erwiesen hat; und wir verstehen, warum es sich in der Sprache des »Lichts« und der »Lichtung« ausgedrückt hat. Dennoch unterscheidet sich die Beschreibung noch davon. Denn es liegt etwas Eigensinniges, zugleich Kontinuierliches und immer Anwesendes in der Beschreibung. Gleichzeitig verwahrt sie sich dagegen, der »Sache« etwas unterzuschieben, nimmt sich in Acht, nichts in sie hineinzuprojizieren, indem sie sie sich zeigen lässt, wie sie ist; doch sie heftet sich auch an die Sache, ist aktiv, nimmt sich die nötige Zeit, verlangt ein Entfalten und lässt nicht von ihr ab.

Aus der Tatsache, dass das *Beschreiben* sich über die Sache legt, aber ohne etwas aufzwingen zu wollen, wird ersichtlich, dass es sein genaues Gegenteil im *Konstruieren* findet; es ist genauso beflissen, will aber nichts errichten. Nun hat die Philosophie bis in die Moderne ganz unbefangen im Denken konstruiert beziehungsweise hat sich im Konstruieren ihre Meriten erworben. Genau genommen hat sie gar nichts anderes angestrebt: Sie hat in Form von Schlussfolgerungen und Argumentketten konstruiert, durch Aufstellen von Prinzipien, durch Einführung von Kausalitätsbeziehungen, die sich über Hypothesen und Deduktionen usw. auch in Finalität verkehren, und vor allem durch Hierarchisierung. Sie hat sich (von Aristoteles bis Kant) selbst als »architektonisches« Unterfangen definiert; als zentrales Vorbild für ihre Arbeit galt ihr die Figur des Architekten: Descartes rühmt diesen dafür, ausgehend von einem neu gelegten Fundament alles auf neue Grundlagen stellen zu können, und zwar nach dem Willen und Projekt eines Einzigen, nach dem Plan seines Geistes, der gottgleich *ab initio*, um nicht zu sagen *ex nihilo* erschafft. Beschreiben definiert sich genau durch diese Weigerung, theoretische Strukturen zu errichten und aufeinander aufzubauen; durch die Entscheidung, weder fundieren noch abstützen, weder unterstellen noch überlagern zu wollen, da ein solches Bauwerk das »Gegebene« der Sache und der Erfahrung und damit die Existenz selbst doch nur überdecken kann: Allein zu diesem Preis enthüllt sich die Existenz. Wird es nun möglich sein, zu beschreiben, ohne dabei ins Konstruieren zu verfallen? Wird es möglich sein, zu beschreiben und dabei dicht am Erlebten zu bleiben, ohne irgendetwas zu »setzen«, weder vorauszusetzen noch darüberzulegen, und zwar indem man sich, ohne etwas *hinzuzufügen*, an das *Gerade-So* des sich Zeigenden hält?

2. Nun habe ich hier unterwegs bereits das »Phänomen« als Bürgen für die Beschreibung benannt. Wenn es etwas gibt, an das sich die Philosophie seit einem Jahrhundert wendet, um darin ihr Heil und ihren einzigen Ausweg zu suchen, dann an das, was einzig als *Phänomen* bezeichnet werden kann. Es allein würde die Erfahrung konstituieren; die Existenz, wie sie an sich selbst ist, zeigen. Wenn dies tatsächlich ein Begriff ist, der die Existenz aus dem Gegensatz zwischen Sein und Erscheinung, der sie so lange verdeckt hat, herausführen würde, und demnach auch aus all den Dualismen, die die Existenz zerteilt und zu ihrer Entwertung geführt haben – ein Begriff also, der sich, als Wort und Markstein zugleich, einzig an das hält, wovon ich die Erfahrung mache, und damit keinen Anlass mehr zum Konstruieren und mithin zum Verfälschen gibt, da er nur ausspricht, was mir wirklich erscheint: dann ist eben dies auch der Begriff, von dem wir nicht mehr abrücken, den wir hüten werden – ein Äquivalent oder Ersatz lässt sich für ihn nicht finden. Er bezeichnet das Korrelat zur *Beschreibung*, umreißt endgültig ihren Horizont. Das »Phänomen« benennt in der Tat, da es sich dabei vor jeder Überschreitung hütet, nichts anderes als das »Erscheinende«, *tò phainómenon*. Dazu beruft es nur, was nicht mehr abgetrennt werden muss. Unsere Erfahrung *als Phänomen* zu erfassen und zu beschreiben, wird von da an zur einzigen Forderung, zur einzigen Weise, voll und ganz im Hier und Jetzt zu leben, ohne noch ein Jenseits davon zu konstruieren, das es verarmen oder uns es versäumen lassen würde. Wenn wir uns also im Weiteren an diesen *Begriff* des »Phänomens« halten (handelt es sich nicht notwendig in allen europäischen Sprachen um denselben?), das heißt an seine Grenzmarkierungen, dann weil er – passender Ausdruck, da er das Denken nicht mehr abschweifen lässt – nicht nur die Aporien des Bewusstseins löst, sondern uns schließlich vor allem erlaubt, ohne Umschweife zur Existenz zu gelangen: Er befreit sie von den teuer erkauften Transzendenzen der alten Konstruktionen, die sie verdunkelt hatten und die von der Moderne kritisiert worden sind.

Wenn das zum Begriff erhobene *Phänomen* damit eine Revolution im Denken bewirkt hat, wenn die Philosophie aus ihm zu einem so bedeutenden Teil ihre Modernität bezieht, dann gerade weil dieses Phänomenale letztlich nichts Weiteres einfordert: Es verlangt keine Rechtfertigung, die außerhalb seiner selbst läge: Die Existenz wird in ihm nicht mehr überschritten. Dieses sein Erscheinen verweist in der Tat auf nichts, es zeigt auf absolut nichts als nur es selbst. Auch hier hat Wittgenstein lediglich unsere neu erworbene Wahrheit laut ausgesprochen: »Das Phänomen ist nicht Symptom für etwas anderes, sondern ist die Realität«. Da wir nichts mehr jenseits davon suchen, nichts mehr dahinter projizieren oder konstruieren müssen, befreit es uns an ihm selbst von der Illusion der das Leben belastenden »Hinterwelten«, die Nietzsche angeprangert hat. Denn es ist nichts *hinter* diesem reinen Erscheinen oder auch nur *mehr* als es. Das Erscheinen ist nicht nur nicht mehr Erscheinung, es ist, was *einzig existiert*. Und unsere Erfahrung der Dinge zu beschreiben, wird von nun an niemals etwas anderes sein als die Art und Weise selbst, zu beschreiben, wie sie uns erscheinen: Ein Ding »an sich« davon noch zu unterscheiden, schüfe lediglich ein Trugbild – womit dann das *Gebäude* der Metaphysik gründlich zerstört wäre.

Diese Forderung einer reinen Phänomenbeschreibung genügt in der Tat, um das Unterfangen der Metaphysik sowohl von ihrem Ausgangspunkt her als auch in ihrem Ergebnis zurückzuweisen. Von ihrem Resultat aus besehen, ist hinreichend auf die Kosten – den Schaden – dieser metaphysischen Konstruktion für unsere Existenz hingewiesen worden: Denn sie führt immer dazu, unsere Erfahrung mit etwas »Jenseitigem« – *meta* – zu *überlagern*, mit einem wahrhaften »Sein« jenseits des reinen Erscheinens; oder wiederum dazu, ihr ein nebulöses Diesseitiges *zu unterlegen*, eine unsichtbare Verankerung oder »Kraft«, die vor der einzigen »tatsächlichen« Manifestation liegt. Im einen wie im anderen Fall, im Platonismus wie im Aristotelismus, lässt sich nicht mehr wiedererkennen, was »erscheint«, also was sich in seiner Phänomenhaftigkeit *selbst* absolut zeigt, sich enthüllt, wie es ist oder besser sich darin als »ein So-Sein« erweist. Von diesem Punkt an haben wir das *Hier und Jetzt* unserer Erfahrung verloren, haben es übersprungen, aufgegeben, unberechtigterweise überschritten und leben nicht mehr darin; und da wir nicht mehr darin leben, uns damit konfrontieren können oder uns nicht mehr trauen, darin zu leben, *müssen* wir damit anfangen, im Denken zu konstruieren.

Und da man sich von da an nicht mehr allein an die Phänomenbeschreibung hält, die die Existenz in ihrer ganzen Fülle liefert, führt dies zugleich zu einem Umkippen in die Konstruktion der Metaphysik, wie wir auch bei einer neuerlichen Lektüre der Passage, die als Urszene der Philosophie fungiert hat (bei Platon *Theaitetos*, 152a; vgl. *Kratylos*,

386a), feststellen werden. Von dem Zeitpunkt an, da ich mich nicht mehr an das halte, was mir tatsächlich erscheint, an das *Gerade-So* meiner Erfahrung, an diesen Schauder, den ich gegenwärtig, hier und jetzt, erlebe, selbst wenn dieser andere neben mir nicht friert; also von dem Zeitpunkt an, da ich aus diesem *So-Sein* nicht mehr nur eine Empfindung mache, die wir subjektiv, oder jedenfalls flüchtig nennen werden, die die Wahrnehmung des Anderen infrage stellen und meine »Wahrheit« in Zweifel ziehen kann –, von diesem Zeitpunkt an werde ich unweigerlich auf die Suche nach einem »an sich« geleitet, das bleibender wäre als diese Impression: Und damit befinde ich mich schon auf dem Weg zu einem *jenseitigen* Wesen, das nicht mehr nur »Erscheinung« ist und damit zugleich die wirkliche Existenz verlässt. Platon hat uns damit ohne Vorwarnung von diesem »so erscheinen«, dem tatsächlichen Erscheinen (aktiv als Verb ausgedrückt, *phaínesthai*), in ein lediglich meiner Empfindung innewohnendes Bild hinübergleiten lassen (das abgeleitete Substantiv: *phantasía*), das von da an nur noch meiner »Vorstellung«, wie man es später nennen wird, untersteht. Dieses *So-Sein* des existierenden Zum-Vorschein-Kommens oder des *zum Vorschein kommenden Existierenden* werde ich folglich überschreiten müssen, um es im Sein zu fundieren (die Stellung des Allgemeinen der Idee bei Platon); oder es andernfalls auf das individuell »Zugrundeliegende« eines Subjekt-Substrats beziehen (das *hypokeímenon* bei Aristoteles, *Metaphysik*, 1007a), ohne das dieses erfahrene *So-Sein* nicht mehr wäre als ein vergängliches und unablässig widerlegtes »Akzidentelles«, das Phänomenale einer Beschreibung ohne jeden Zusammenhang, die einzig noch Spielball (Verwirrung) der Sophisten wäre.

3. Weil nun die metaphysische Konstruktion das Phänomenale, dieses *So-Sein* des Erscheinens verschüttet, damit den Weg zur Beschreibung versperrt hat und in der Folge unter ihren Aufbauten die Existenz entstellt hat, war es nur logisch, dass das »Ende« der Metaphysik dieses Phänomenale, oder anders gesagt das Existierende aus seiner Verschüttung herausgeholt und ihm zu neuer Anerkennung verholfen hat. Dass Kant an der Schwelle zur Moderne diesen Übergang vollbringt; dass er das Phänomen rehabilitiert und zum Gegenstand eines Wissens und

sogar des einzigen sachbezogenen Wissens (dem der Wissenschaft) macht, während dieses Phänomenale zugleich noch auf eine andere Sache (das noumenale *An-Sich* der Metaphysik, die Bedingung meiner Freiheit) verweist, hat daher Symbolcharakter. Es stimmt alles, was seither vorgebracht worden ist gegen Kants starrsinniges Festhalten an einer Verdopplung der Welt, um ihr ein Fundament zu schaffen, und am »Postulieren« eines außerhalb der Erfahrung Liegenden, was sicherlich aus Angst geschah, die Erfahrung selbst auf sich zu nehmen. Doch wie weit hat man dieses *Phänomenale*, von dem man nun überzeugt ist, dass es das *einzig Existierende* ist, seitdem frei zu machen gewusst – frei machen können? Bis zu welchem Punkt gelingt es uns am Ende zu beschreiben, ohne noch Konstruktionen aufzuwerfen, und sei es nur die Konstruktion eines *a priori*, das vielleicht eher linguistischer als logischer Natur wäre? Denn haben wir dieses Phänomenale der Existenz wirklich frei gemacht, solange wir es in der Sprache des »Seins« halten, es also noch auf das Sein gestützt belassen, selbst wenn dies nicht mehr wie in den mittlerweile verschrienen Zeiten der Metaphysik mit der Absicht geschieht, beide einander entgegenzusetzen?

Denn wir können das Phänomen als die Weise definieren, in der sich eine Sache »zeigt«, es als gültig anerkennen und es folglich auch sowohl vom reinen »Schein« (die Sache zeigt sich so, wie sie nicht ist) als auch von der »Erscheinung« abgrenzen, in der das, was sich zeigt, auf etwas verweist, was sich nicht zeigt. Damit können wir die Beschreibung als privilegierte Weise fassen, dem Seienden zu begegnen und es »auf direkte Art« (*in direkter Aufweisung*, sagt Heidegger) zu zeigen: Das Phänomen mithin als »das Erscheinen der Sache« zu definieren, ist nicht weniger zweideutig. Denn erscheint allein die »Sache« oder wäre dies das »Phänomen«? Was ist, anders gesagt, das Subjekt dieses »Erscheinens«? Wenn es das Phänomen selbst ist, was sich zeigt, dann handelt es sich dabei also nicht um die Erscheinungsweise der Sache: Die »Sache« löst sich von ihm ab; oder wenn das Phänomen nur die Erscheinungsweise der Sache ist, dann ist das Einzige, was sich zeigt, die Sache, die erscheint. Wenn man dieser zweiten Variante folgt, wie Heidegger es getan hat, wird »was sich zeigt« etwas sein, »was sich zunächst und zumeist gerade nicht zeigt« (*Sein und Zeit*, § 7). Sicher ist das, was sich so zeigt, nicht mehr das Jenseits, das die Metaphysik hinter das so verdoppelte Phänomen projiziert und damit von diesem ausgehend eine es entwertende Hinterwelt eröffnet hat, denn hier bildet es nicht mehr »seinen Sinn und Grund«; und was so noch seinen Sinn und Grund bildet, kann, wie Heidegger in einer Anmerkung präzisiert, nur noch die »Wahrheit des Seins« sein. Wenn dieses Erscheinen sich auch nicht wie in der klassischen Ontologie auf bloßen Schein reduziert, so bleibt es doch nicht weniger das Erscheinen *des Seins*, also in seiner Abhängigkeit; und dieses abhängige Phänomenale *verweist noch* (auf »Sich-Entziehen«, auf »Verborgenes«). Das reine Erscheinen ist wieder verfälscht; das Absolute der Existenz wieder verschüttet.

Wir müssen daher bei diesem reinen *Erscheinen* der »Erscheinung« noch unterscheiden. Denn »eine« Erscheinung setzt von sich aus stillschweigend anderes voraus; auch logisch betrachtet ist sie eine Erscheinung »von« (etwas) und empfängt von dort her ihre Bestimmung. Eine Erscheinung unterstellt noch ein Substrat-Subjekt, das in (vermittels) dieser Erscheinung zum Vorschein kommt. Hier erkennen wir, woraus selbst Sartre in der Einleitung zu *Das Sein und das Nichts* nicht herausgekommen ist: Jede »Erscheinung« verweist auf eine unendliche Reihe anderer möglicher Erscheinungen, wobei diese zusammengenommen das Wesen der Sache ausmachen; sein Phänomen ist noch ein »Seinsphänomen« und wirft von daher noch die Frage nach diesem »Sein« des Phänomens auf. Obwohl die »Idee des Phänomens« zunächst damit angetreten war, allen Dualismen ein Ende zu setzen, so kehren diese zwangsläufig unter der Hand zurück, und vor allem in der Form jenes modernen Widerspruchs: dem zwischen dem »Endlichen« und dem »Unendlichen«. Daraus wird auch ersichtlich, dass sich das Ich-Subjekt, das immer nur zu dieser Erscheinung und nicht zu jener Zugang hat, erneut mit seiner Endlichkeit konfrontiert findet; dass leben sich als verstümmelt erweist: dass dieses Erscheinen des Phänomens, das man sich absolut, ultimativ wünschen würde, um ohne weiteren Aufschub hier und jetzt zu leben und endlich voll und ganz unserer Erfahrung inne zu sein, immer noch zu seiner Überschreitung auffordert. Dieses Phänomen ist in der Tat nicht mehr nur ein »Ruf nach Sein«, wie Sartre es nannte, einem Sein, das, so »transphänomenal« es fortan auch sein mag, darum nicht weniger zur *Verschiebung* nötigt, weil es Transzendenz bewahrt, die uns also wieder auf Distanz zur Existenz bringt.

4. Mit dem (einzig) *existierenden Erscheinen* blieben wir noch in der Verbform, wodurch der Aufschwung und das Wirkliche zum Ausdruck kommen. Die »Erscheinung« reduziert es nun ohne Vorwarnung auf das Substantivische. Dadurch breitet sie es aus und weist es zu und verfälscht außerdem dadurch das Erscheinen. Beim Übergang vom einen zum anderen hat Sartre, offenbar ohne es zu ahnen, im Grunde nur die große platonische Gründungstat der Ontologie wiederholt – und ebenso wenig fundiert (Platons heimlicher – einschränkender – Übergang von *phaínesthai* zu *phantasía*). Denn das in »Erscheinung« getretene Erscheinen, das von da an zu »einer« Erscheinung »irgendeiner Sache« wird, ist nur ein »Aspekt« dieses »Objekts«, wie Sartre sagt, selbst wenn diesem Aspekt im Weiteren Geltung verschafft wird, und verlangt entsprechend die Identifizierung außerhalb seiner selbst kraft eines »Wesens«, also durch das, dessen Aspekt es ist. Dieser *Verlust*, der nicht nur unser Bewusstsein, sondern auch unseren Zugang zur Existenz betrifft und ihn von Anfang an erschwert, wäre also zunächst eine Frage der Sprache und ihrer Grammatik. Sollten diese, indem sie unbemerkt unsere Herangehensweise an das Phänomen prägen und unsere Beschreibung vorab in eine Form bringen, nicht schon damit begonnen haben, es zu verzerren? Und zwar in einem solchen Maße, dass sie uns dazu verleiten, von ihm selbst unser Interesse abzuziehen? Bewirken sie nicht, dass wir dieses phänomenale Erscheinen – von dem wir doch wissen, dass es *all* unsere Erfahrung ausmacht oder dass es »allein existiert«, dass in ihm unsere einzige Hoffnung liegt – verfehlen? Wie weit können wir hinter ihre Vorprägung zurück? Bis wohin können wir die *Konstruktionen* unserer Sprache auseinanderfalten, in unserer Sprache die Projektionsfläche der Sprache auflösen, um zum Existieren zu gelangen?

Und vor allem: Das, wovon die europäischen Sprachen das »Sein«, und zwar in einem absoluten Sinn, aussagen, wobei ihm dieses Sein mit seiner »Stabilität« (*bébaios* ist der platonische Ausdruck) jede Form zu existieren entzieht; das, von dessen Phänomen nicht mehr gelassen wird als bloß die Möglichkeit, ein »Seinsphänomen« zu sein, bleibt in den Fallen und Falten der Ontologie haften: Aus sich selbst kann es seine Konsistenz nicht ziehen. Auch aus der Tatsache, dass unsere Sprachen in Europa morphologisch das Substantiv vom Verb trennen, folgt, dass wir notwendigerweise die »Sache« von ihrer Tätigkeit scheiden, von der allein wir wirkliche Erfahrung haben: dass wir gezwungen sind, vom einfachen Erscheinen zur Erscheinung »irgendeiner Sache« zurückzugehen, sprich zu der »Sache«, die darin zum Vorschein käme. Das hat zwei Konsequenzen: Einerseits wird dieses Substantiv substanzialisiert, das heißt, es konstituiert sich als ein »an sich«, das, sogar ohne metaphysischen Status zu erfordern, doch nicht weniger unabhängig von seiner wirklichen Tätigkeit vorgestellt wird; andererseits kann dieses Tätigkeitsverb selbst nicht gefasst werden, ohne dass ihm irgendein Substrat-Subjekt »unterstellt«, das heißt »unter es gestellt« wird, das es bestimmt und dessen Erscheinen es darstellt. Können wir nun diese sprachliche Struktur, die die Existenz bereits unter ihrer Konstruktion verdeckt, auflösen (uns von ihr lösen), bis sie verschwindet? Auf die Gefahr hin, dass wir andernfalls in unseren Sprachen das Phänomenale immer nur über diese Zuweisungsbeziehung ins Auge fassen können, die dem Vermögen zu erscheinen ein zugleich logisches und physisches Subjekt-Substrat zuordnet. Über diese *Prädikativstruktur* – und ihre falsche Evidenz – treten wir, ohne uns weiter zu bekümmern, an die Erfahrung heran: und können sie damit vielleicht schon nicht mehr *beschreiben* – *konstruieren* sie vielleicht schon.

Noch vor der Kausalerklärung finden wir also, uns vom Beschreiben abbringend, weil uns sofort aus dem Phänomenalen herausdrängend, die *Prädikation*, die *bereits* die Unter-stützung eines Sub-jekts unter-stellt, das dem Wortlaut des Erscheinens zugrunde liegt. »Leuchten« als existierendes (allein existierendes) Phänomen, verweist *bereits* auf »das, was« leuchtet, was als Subjekt des Verbs eingeführt wird und dieses bestimmt – allerdings ist es aber das *Leuchten*, das ich erfahre. »Es leuchtet«, so wie man »es regnet« sagt … Namentlich »das, was« leuchtet, bezeichnen zu wollen, führt bereits zu seinem Verlust, weil wir es zuweisen und bereits anfangen, es (auf etwas) zurückzuführen (es zu erklären): Dazu verführt, dieses »das, was« zu identifizieren, finden wir uns von Anfang an von diesem *Leuchten*, das wir erfahren, getrennt. Und dies sogar noch bevor wir uns über das Warum dieses Lichts befragen und explizit mit einer »Erklärung« anfangen. Denn dieses »Leuchten«, das überall eindringt, überall schillert und zurückstrahlt, überallhin sich verteilt und ausstrahlt an diesem Sommermorgen am Meer, lässt sich nicht in »Licht« (als bereits abstraktem Substantiv) einfangen, und weniger noch im Licht »der« Sonne (als Akteur-Subjekt). Wenn ich sage, dass »die Sonne scheint«, oder ich das »Licht der Sonne« zur Sprache bringe, habe ich bereits zu konstruieren begonnen, beschreibe ich nicht mehr: Die Existenz ist verloren.

War Turner nicht der Maler dieses reinen Erscheinens? In seinen meisterlichen Gemälden malt er nicht mehr »irgendeine Sache«, ein zu identifizierendes Dies, sondern er *schildert* (schildern im Sinne von beschreiben) das Erscheinen des Erscheinens, das existierende Erscheinen, das auf nichts anderes verweist als sich selbst, sich aus keinem vorbestimmten Wesen rechtfertigt, sondern nur aus dem, was unbestimmt zum Vorschein kommt und allein existiert. Wieso also hat man diese Gemälde »unvollendet« genannt – und tut es immer noch? Beziehungsweise welche Vollendung – an der Sache und ihrer Spezifizierung –, die zur Identifikation Anlass gibt, erwartet man noch? Wäre eine solche nicht schon ein Verschütten des zum Vorschein kommenden Existierenden – oder des Erscheinenden, das allein existiert – unter konstruierter Hinzufügung seiner Bestimmtheit? Das große Postulat der Ontologie (und der klassischen Malerei, die damit korreliert) besagt freilich, dass »dies« umso mehr »ist«, je bestimmter es ist. Turner aber hält uns auf der Schwelle jenseits dieses einfachen Wegs: auf der Schwelle der Existenz, so wie sie wirklich zutage oder in Erscheinung tritt, ohne diesem bloßen Erscheinen irgendetwas Weiteres zu unterstellen oder es zu überlagern.

Allerdings müssen wir stets befürchten, dass wir uns nicht immer an dieses reine Erscheinen halten können, an dieses Erscheinen, das allein existiert; dass wir es immer, weil es *einfacher* ist, zur »Erscheinung« einer Sache machen, die uns seine Wahrheit liefern würde; und wir von daher aufgeben würden, zu existieren. Es steht zu befürchten, dass wir immer irgendeine Sache, ein vorgefasstes »Etwas« über das, was wir tatsächlich erfahren, über dieses *So-Sein* des Erscheinens legen, wobei jenes Mehr unter-stellt wird beziehungsweise jene Hinzufügung ein *Unter* darstellt (dieses Unter des Sub-strat-Sub-jekts); und dass wir dies tun, um uns auf dieser festen, »stabilen«, »substanziellen« Unterlage, nämlich derjenigen der Wesenheiten, davon befreien zu können, dass wir immer wieder, hier und jetzt, *dieses Erscheinen entdecken* müssen – wozu uns unsere Sprache und ihr Konstruieren verleiten. Ein »Etwas«, auf das uns zu beziehen und an das, wie Nietzsche sagt, sogar zu »glauben« wir gebracht werden und das doch nur ein imaginäres *Ferment* darstellt, das wir dem unterlegen, woraus wir sorglos *Attribute* gemacht haben (*Wille zur Macht*, XVI, § 550). So werden wir von der ganzen Verfahrensweise, die hier am Werke ist, dazu geführt, »Dinge« heranzuziehen, die wir *darunter* als Entitäten einführen, wobei wir jedes Mal die Kategorien der Sprache *wie Schemata* oder Raster *auf* dieses ganze »Erscheinende« (das *anscheinend*, ebd., XVI, § 475, 484, 549) anwenden. Eine Rückkehr zum Ursprünglichen wird also nur in einer Sprache möglich sein, die sich selbst und ihren Vorprägungen misstraut, die sich davor hütet, das Erscheinen nicht mehr direkt am Erlebten, ohne Hinzufügung und Hinzudichtung, erscheinen lassen zu können: die, um zu beschreiben, nie aufhört, an dem zu zweifeln, was sie entgegen ihrer Absicht doch konstruiert, dabei die Erfahrung, die sie ausdrücken möchte, überdeckt, und uns dadurch – wir haben erst angefangen, den Preis dessen zu ermessen – *auf Distanz* zum Existieren hält.

5. Vielleicht haben wir sogar erst begonnen, mit Argwohn auf diese Vorprägungen zu schauen, die unter der Hand unsere Beschreibungen beeinflussen und uns damit die Existenz vernachlässigen lassen. Vielleicht eröffnet selbst die »Phänomenologie«, die das »Phänomen« bekanntlich ins Zentrum stellt und daraus ihren Erfolg zieht, nur einen alles in allem partikular verbleibenden Zugang zur Existenz. Und vor allem, so postuliert die Phänomenologie zu Anfang ohne großes denkerisches Wagnis, erscheint mir, weil ich vor mir diesen Baum »wahrnehme«, ein solcher Baum: Das Erscheinen des Phänomens ist intrinsisch an diese visuelle Erfahrung gebunden. Diese ist die ursprüngliche Erfahrung (*Urerfahrung*, sagt Husserl), dieses erste Faktum, hinter das ich nicht mehr weiter zurückgehen kann. Dass die Sache darin »leibhaftig«, »in Fleisch und Blut«, in ihrer wirklichen Existenz ohne geistiges Zwischenglied und ohne die geringste Inferenz gegeben ist; dass sie »gegenwärtig« in der intuitiven Fülle dessen, was sich hier vor mir befindet, gegeben ist, macht dies zur privilegierten Veranke-

rung meines Seins, fundamentaler als jede andere. Und auch, dass die Wahrnehmung dieses materiellen, vor mir ausgebreiteten Dings in kontinuierlich aufeinanderfolgenden Seitenansichten und »Abschattungen« erfolgt, und wäre es auch nur in Abhängigkeit der Veränderung meines Blickwinkels, hebelt dies in keiner Weise aus. Selbst jener alte, bis in die Anfänge der Philosophiegeschichte zurückreichende Zweifel, dass sich zufällig ein Fehler in meine Wahrnehmung einschleichen könnte (der aus der Ferne als rund wahrgenommene Turm erweist sich bei näherer Betrachtung als quadratisch), widersetzt sich nicht dem, was jede Wahrnehmung als unsere Elementarerfahrung ursprünglich mit sich bringt.

Denn wie die Phänomenologie (Merleau-Ponty) so glänzend analysiert hat, ist die Wahrnehmung genau »diejenige Aktart, welche die Trennung des Aktes selbst von seinem Gegenstand nicht zulässt«: Die Wahrnehmung und das Wahrgenommene haben dieselbe existenzielle Modalität, da, wie Merleau-Ponty sagt, »von der Wahrnehmung nicht das Bewusstsein zu scheiden ist, das sie hat oder vielmehr ist, die ›Sache selbst‹ zu treffen«, anders gesagt: das Bewusstsein, dass sie uns ihre Existenz offenbart. Denn die visuelle Wahrnehmung als primäre Erfahrung gründet sich auf jene Radikalität der Öffnung des Ichs zur Welt hin, die bewirkt, dass das Subjekt sich ohne Weiteres als in der Welt begreift: Dieses Auf-der-Welt-Sein lässt sich also nicht anzweifeln, und alle Argumente der Skeptiker sind schon im Vorhinein vergeblich, da sie dort keinen Angriffspunkt finden können. Aber wird uns nicht dennoch versichert, dass unsere ursprüngliche Erfahrung die der »Sache« sei, die ich *mir gegenüber wahrnehme* und folglich dass sie mir vorrangig die Existenz offenbart? Denn bin ich nicht vielleicht dadurch in irgendeiner alten Falte des griechischen Denkens steckengeblieben, die das Primat dem Sehen und, weil nie infrage gestellt, damit auch der Räumlichkeit zugewiesen hat? Wieso muss ich sofort dieses Gegenüber privilegieren: mir gegenüber dieses »dies«, das hier ist, als »Ob-jekt« »vor« meine Augen »geworfen«? Ist nicht schon darin, dass ich die Augenlider öffne, der Vorhang sich hebt, unsere (westliche) Auffassung der Wahrheit – als »Enthüllung« – impliziert?

Wir müssen uns also fragen, ob die Phänomenologie in dem Zugang, den sie zur Existenz eröffnet, und trotz ihres hartnäckigen Willens, nichts auf die Erfahrung zu projizieren, nicht doch selbst von

Vorprägungen abhängig bleibt, die sie nicht vermutet. Denn wieso sollte ich die Existenz *zuerst* im *Blicken* erfassen: hier und jetzt, aber immer vorne? Ist der Blick dieses Ursprüngliche oder zumindest das einzig Mögliche? Der Blick, der suchend, erkundend nach vorne geht, ist der frontal gerichtete Sinn sowohl des Lokalen wie des Augenblicks und darin einzigartig. *Konstruiert* er nicht bereits unsere Beziehung zur Welt, weshalb die Griechen ihn auch privilegiert haben (den Sinn, der dem Verstand am nächsten liegt, sagt Aristoteles in der Einleitung zur *Metaphysik*)? Wieso sollte ich die Existenz bevorzugt blickend erfassen und nicht zum Beispiel *hörend*, indem ich also die Umgebung nicht mehr sehe, sondern empfange – aufnehme –, da das Gehör der Sinn ist, der statt zu ob-jektivieren (»nach vorne zu werfen«) *umgibt*, der Sinn des Umfassenden und Andauernden? Während das Sehen der Sinn des Lokalen und Unsteten ist, vernehme ich sowohl hinter wie vor mir und vernehme immer, selbst wenn ich nicht hinhöre – so wird in China die Landschaft, die »Berge« und die »Gewässer«, ebenso vernommen wie gesehen: Den Berg sieht man, aber das Wasser hört man. *Blicken* ist also vielleicht nicht absolut das Erste, wie die Phänomenologie dachte, sondern hat mit dem *Hören* schon eine Alternative oder zumindest einen anderen Pol (»vernehmend-klarsichtig«, *cōngmíng*, mit dem »vernehmend« vor dem »klarsichtig«, dieses Wort verwendet noch das moderne Chinesisch als Ausdruck für »intelligent«). Oder selbst das *Atmen*, eine andere Form des Austausches zwischen außen und innen, bei der das Nicht-Versperren des Durchgangs bedeutsam wird und der die Chinesen so viel Aufmerksamkeit widmen. Wo bleibt eine »Phänomenologie des Atmens« in Entsprechung zu der der »Wahrnehmung«, wie sie in Europa entwickelt wurde?

In dieser Falte der (visuellen) Wahrnehmung findet sich nun aber noch ein anderes, das in Europa in entscheidender Hinsicht jeglichem Erfassen unserer Erfahrung und damit unserem Zugang zur Existenz eine Richtung gegeben hat – eine *Falte*, zu deren Rechtfertigung die Phänomenologie beigetragen und die sie durch Verankerung im »Ursprünglichen« sogar noch vertieft hat, statt darüber nachzudenken, wie sie wieder geglättet werden könnte. Denn da uns die visuelle Wahrnehmung die anvisierte Sache vor uns immer in einem bestimmten Verhältnis und unter einem bestimmten Aspekt präsentiert, anders gesagt, weil diese Sache uns gegenüber immer in der einen oder anderen Weise von dem Bewusstsein, das sich zu ihr ins Verhältnis setzt, aufgefasst / gemeint wird, findet sich von Anfang an ein »Sinn« darin enthalten. Über diese Wahrnehmung haben wir es mit den Dingen also immer *gemäß eines bestimmten Sinns* zu tun, der die Weise darstellt, in der sich uns eine Sache präsentiert oder in der sich deren Existenz »begegnen« lässt: »Sinn« findet sich in diese Erscheinungsweise der Dinge implizit eingeschrieben, sogar noch bevor er als »Bedeutung« expliziert werden kann. Er würde also *direkt* in ihrer Phänomenalität sichtbar werden, sprich direkt in unserer ursprünglichsten Erfahrung, der Erfahrung des Blicks, den wir auf die Welt werfen, noch vor jedem Urteil, das wir über sie fällen könnten, und vor jeder Verarbeitung durch die Sprache.

Auch hier können wir sofort wieder erkennen, mit welchem Talent es die Phänomenologie verstanden hat, die Bequemlichkeiten unserer gewöhnlichen Vorstellung aus dem Weg zu räumen und die Kontingenz ihrer Abstraktion aufzulösen; mit welcher Kunstfertigkeit sie es verstanden hat, ihre Phrase aufzutrennen und auseinanderzufalten, indem sie ihre Dualismen zusammenschmelzen ließ (wieder Merleau-Ponty), um dann tatsächlich auszusprechen, was sich wirklich von dem Anstoß in unserer Präsenz in der Welt nachweisen lässt: um zu zeigen, wie sich in dieser Erscheinungsweise der Dinge unweigerlich Verlockungen regen, an den Dingen *haftende* und mit ihnen verschmolzene Verlockungen, die als solche sofort unser ganzes Sein mobilisieren und bereits das Handeln ausrichten. Ob man es nun im Sinne von »Motiv«, »Valenz« oder »Affordanz« angeht, das Vokabular des Ursprünglichen müssen wir immer tiefer ergründen, um die Grundlage der Motivation-Mobilisierung in Worte zu fassen, dieser mobilisierenden Motivation, die aus meinem heimlichen Einvernehmen mit der Welt noch vor jeder Erkenntnis entsteht und die über dieses stillschweigende Sich-ins-*Verhältnis*- und In-die-*Verhältnisse*-Setzen sich beständig in *Verhalten* verwandelt. Aber handelt es sich gleichwohl um »Sinn«, wenn wir ihn direkt in der Existenz der Dinge wahrnehmen würden, wenn dieser Sinn vorsprachlich wäre? Würden wir nicht erneut in eine Vorprägung zurückfallen, die noch umso tiefer säße, als wir in diesem Fall die religiöse Verknüpfung des europäischen Bewusstseins anzapften, das bei seiner Begegnung mit einem »Anderen«, gleich was dieses

»in Erscheinung tretende« Andere ist, will, dass dieses in irgendeiner Form »zu ihm spricht«, es also in Erwartung einer Botschaft und Offenbarung verharrt? Und wäre nicht in diesem Modus auch nur das kleinste Zeichen, ein kleiner *Anstoß*, so müssen wir uns fragen, schon ein *Fingerzeig*? Und bedeutete dies nicht schon, die Existenz selbst zu verfehlen und in die *Interpretation* zurückzufallen?

Die Frage berührt also die Existenz selbst: Würde sich im Sinn die Existenz offenbaren? Wäre dieser »Sinn« ursprünglich oder bereits projiziert? Ließe unser *Zugang* zur Existenz, zum wirklichen Hier und Jetzt, sich darin nicht bereits versperren oder jedenfalls ablenken? Anders ausgedrückt, wie weit wäre das semantische Paradigma nicht schon zu bequem *auf* unsere Erfahrung geklebt? Wie weit bestimmte sie nicht schon *im Voraus* unsere Beschreibung, indem sie sie *überlagert*? Selbst wenn es sich in diesem Fall um vorprädikativen Sinn dreht: Handeln wir nicht schon missbräuchlich, wenn wir dieses Phänomenale des Einvernehmens mit der Welt in die Ordnung der Sprache überführen? Könnte man nicht denken, dass wir im Gegenteil damit den Anfang machen müssten, das Phänomenale von jeder Intentionalität zu befreien, es von jeder *Sinngebung* zu reinigen, es von jeder Perspektive, die auf es eingenommen wird, frei zu machen, kurz: es vom Subjekt zu *lösen*, um an seine »reine« Existenz heranzukommen? Ostasien für seinen Teil hat immer diese Askese, dieses »innere Fasten« (*xīn zhāi* 心斋) empfohlen, das zuerst zum »Lauschen«, aber nicht auf eine Sprache, sondern auf den Lauf der Dinge, führt – dieser Begriff des *Lauschens* wird weiter zu entwickeln sein – und das in der Folge zur *Ansprechbarkeit* eines Subjekts führt, das sich als Subjekt loslöst. Und indem dieses sich selbst von jeder Erwartung, jeder Einmischung, jeder Projektion-Aufforderung frei macht, können wir an dieses »So-Sein« eines reinen Erscheinens herantreten, uns seiner Existenz nähern, anfangen, es zu schildern (zu malen) und zu beschreiben – die alte chinesische Malerei war selbst ebenso sehr beschreibend. Die Phänomenologie wurde nicht müde, zu fordern, dieses Phänomenale *sein zu lassen*. Aber müsste man nicht, um sich seine Immanenz zu eigen zu machen, zunächst Stille schaffen, eine neutralisierende, nicht eine mystische Stille, oder in anderen Worten zum Schweigen bringen, was man für »Sinn« *hielt* – was aber noch *Konstruktion* war?

6. Wie ein Stachel macht sich uns erneut die Frage bemerkbar und lässt uns nicht mehr los: Haben wir die Existenz nicht immer bereits verlassen, haben wir sie nicht immer bereits überdeckt und verloren, und dies unter kulturellen Vorentscheidungen, die wir nicht zu ergründen suchen, und vor allem unter einer Sprache, in der wir vorgeben, sie zu beschreiben? Und *vor allem* was rechtfertigt, dass wir die Existenz der Dinge in der Welt (die ich sehe) sofort von der Existenz des Subjekts (das ich bin) trennen und damit a priori ihre mögliche *Kontinuität* ausschließen? Außer wenn wir diese Hypothese unter einem exotischen anthropologischen Etikett einordnen (das sie aber sofort verwirft: der »Animismus«) oder ihre Rückstände im Poetischen einfangen (»Unbelebte Dinge, habt ihr eine Seele?« usw.), denken wir beständig das »Ich« als der »Welt« gegenüber, trennen die beiden also, wenn wir sie dabei auch nicht mehr einander entgegensetzen. Bis zu welchem Punkt könnten wir, wie die Phänomenologie es sich gewünscht hat, diese Prinzipiendualität auflösen? Selbst wenn das Bewusstsein ausgehend von der es definierenden Intentionalität nicht mehr als ein von der Welt abgetrenntes Inneres aufgefasst wird (aus dem heraus es sich die Welt »repräsentieren« würde), es daher nur noch als sein »Aufgehen« hin zu einem Außen gedacht wird, bleibt doch unterstellt, dass das, worauf es sich richtet, *aus seiner Sicht* eine seinem Handeln korrelierende komplette Äußerlichkeit der »Dinge« ist; und dass diese Modalität der ihm gegenüber installierten »Dinge« zugleich nicht seine eigene sein kann. Es ist immer noch nicht aufgebrochen: dieses im europäischen Denken zur Falte gewordene Dispositiv, dem zufolge es dem Bewusstsein gegenüber und als Voraussetzung für »Bewusstsein« immer »Dinge« gibt, die auf ihre Frontalität beschränkt sind, solche also, die durch den Blick dem Bewusstsein gegenübergestellt werden, die »erscheinen«; und daher a priori einen anderen Status haben, als sich das Bewusstsein selbst zuweist. So weit die Phänomenologie auch geht, um diesen »Objekt«-Status aufzulösen, sie löst sich doch nicht von dieser Position des »Vorhandenen«, von dem der »Existierende«, der ich bin, spürt, dass es nicht zur »Existenz« gehört (Heidegger). Oder wie Sartre sagt, das, dessen ich mir zuerst bewusst bin, ist, dass es da vor mir diese Tasse – oder diesen Baum – gibt, die »sich zeigt« oder die ich »wahrnehme« und von der ich von Anfang an weiß, dass sie *nicht ich ist*.

Das phänomenologische Bewusstsein ist deswegen ein Bewusstsein geblieben, das das »dies«, das sich hier seiner Wahrnehmung präsentiert, *identifiziert*. Und nicht *genießt*, könnte man im Gegensatz dazu sagen, um erneut den Abweg zu eröffnen und eine andere Möglichkeit zu markieren. Wie würden wir uns nun aber der Existenz nähern: durch Identifizieren oder durch Genießen? Zu Letzterem würde uns ein chinesisches Verb führen, das mit der wissenschaftlichen Abstraktion rivalisiert, sich aber auch nicht auf Genuss begrenzen lässt, der sich ja seinerseits »Objekten« hingibt, wodurch Wissenschaft *und* Genuss die beiden großen Alternativen bilden, die wir kennen. »Aufnehmen-genießen« heißt es ausdrücklich im Chinesischen, *tĭ-wèi* 体味: In einer solchen Erfahrung, die Europa immer nur als Extrem gedacht hat, würde die äußere Existenz, in der das Objekt als »vorhanden« blockiert bliebe, von sich aus dahin gelangen, zu »schmelzen« und sich zu »verflüssigen« (die große Bedeutung dieses chinesischen Motivs der Diffusion-Konfusion und der »Durchtränkung«, *róng-jiā* 融浃). Das Eigentümliche eines solchen »Genusses« liegt folglich darin, dass er immer flüchtig, endlos, prozessual ist, sich nicht einem »dies« zuweisen lässt. Wenn es nun nur logisch war, dass die phänomenologische »Beschreibung« die von Wesensstrukturen unserer Erfahrung wurde, wobei die Gesetze dieses Phänomenalen ihr zugleich immanent und objektiv notwendig sind (beispielsweise schon diese materialen Apriori, die Husserl »beschreibt«), so sehen wir auch, was dabei an existenzieller »Vertrautheit« mit der Welt verloren geht – eine *Vertrautheit*, die der Genuss seinerseits tendenziell entwickeln würde. Denn könnten wir in Europa vom »Geschmack der Welt« anders als bloß im übertragenen Sinne sprechen und diese Analogie sogar erkunden? Wie weit könnten wir daraus einen strengen Begriff formen, der uns tatsächlich die Existenz lieferte – und nicht eine dieser windigen, als Notbehelf riskierten und in die Dichtung verwiesenen Formulierungen, die wir an den Rändern unseres Theoriewortschatzes tolerieren, wie um seine Mängel zu kompensieren, ohne überhaupt wissen zu wollen, womit eigentlich? Das bedeutet, dass die Phänomenologie das *Einvernehmen* zwischen Bewusstsein und Welt, das sie anfangs zu ergründen gesucht hat, wieder zerschlägt, wie es zuvor die gesamte europäische Philosophiegeschichte getan hat, um es ins *Wissen* zu erheben.

Daher läuft ein solches Einvernehmen (in / vermittels) der Existenz immer Gefahr, in seiner Beschreibung durch dieses Wissens-Apriori verdeckt zu werden.

Erkennen wir da nun nicht, selbst wenn alles Bemühen der Phänomenologie darauf zielt, zum Ursprünglichen zurückzugehen, so etwas wie eine *Abzweigung*? Welche andere Möglichkeit, die die Phänomenologie nicht im Sinn hat, findet sich hier von Anfang an in den Wind geschlagen? Oder können wir vielleicht zu denken anfangen, *ohne eine Vorprägung hineinzubringen*? Denn wenn die Erfahrung, die die Phänomenologie beschreibt, diejenige ist, die das Objektbewusstsein macht, und zwar von den ihm »gegebenen« Objekten, denen gegenüber es sich in der und der Weise »öffnet«, von denen ihm »Sinn« entgegenkommt – wofür die visuelle Wahrnehmung genau der privilegierte Ausgangspunkt und Ort ist –: Welche andere Ressource für die Betrachtung dessen, was wir gleichwohl weiterhin »Erfahrung« nennen werden, lässt die Phänomenologie dann beiseite, ohne überhaupt Notiz davon zu nehmen? Was hat sie, wenn sie als »Phänomen« erfasst, was sich von einer Sache »zeigt« oder sich als solche *vor* den Augen »präsentiert«, von Anfang an aus ihrer Beschreibung verbannt, das aber gerade vielleicht nicht »eine Sache« ist, keinen »Objekt«-Status, sprich den Status eines für das Bewusstsein »Vorhandenen« hat und sich somit nicht als ein »Wesen« identifizieren lässt (die aus der Ontologie nicht ausgemerzte Vorprägung)? Bei der Annäherung an die Erfahrung in Form der Beziehung zwischen »mir« und der »Welt« mögen beide noch so eng zusammenhängen, es bleibt nichtsdestoweniger ein Gegenüber der beiden bestehen, da das Ich Bewusstsein von sich selbst genau in dieser Konfrontation gewinnt: Dieses Ich wird sich von da an selbst phänomenal nicht mehr *als weltzugehörig* begegnen können; man mag so viel nachprüfen und ausbessern, wie man möchte, beide werden fortan nicht mehr »aus dem gleichen Stoff« sein.

Denn sobald ich, einander gegenüber, das Bewusstsein und die »Welt« (das »Angestrebte« – das »Gegebene«) *setze*, kann »Ich« sich nicht mehr so erscheinen wie jede andere Manifestation der Welt, nicht mit derselben Phänomenalität und nicht unter denselben Begriffen. Warum sollte ich nun aber nicht *von derselben Phänomenalität* wie die »Welt« sein? Dafür wäre zuerst erforderlich gewesen, dass ich, im Gegensatz zu dem, was Husserl macht, nicht mehr einesteils auf die Immanenz einer inneren Wahrnehmung, die des Bewusstseinsstroms, und anderenteils auf die Transzendenz der Objekte und Ereignisse zielen muss. Tatsächlich hat Merleau-Ponty in seiner leiblichen Wiederaufnahme des *cogito* damit begonnen, diese Trennung aufzuheben: Die Erfahrung mir äußerlicher, »transzendenter Dinge« ist nur möglich, »fände ich nicht schon ihren Entwurf in mir« (in der *Phänomenologie der Wahrnehmung* – in der wieder allein die visuelle Wahrnehmung das Phänomen liefert). Mein Sehen des Baums beispielsweise, »als stumm-ekstatische Versenkung in dies individuelle Ding, muss ein Zu-sehen-denken und einen Gedanken des Baumes doch schon umschließen«. Dieser Baum kann mir nicht einfach nur »begegnen«, ich kann mich nicht einfach »ihm gegenüber finden«, sondern ich entdecke »angesichts dieses Existierenden … ein Wesen«, »dessen Begriff ich aktiv bilde«. So weit stimmt es, dass die wirkliche »Begegnung« mit diesem Ding über die Wahrnehmung, die ich davon vor mir habe, »in mir ein ursprüngliches und vorgängiges Wissen von allen Dingen erweckt«, das heißt von der Welt, und zwar dergestalt, dass die Wahrnehmung sie »im Ganzen entfalt[et]«.

Gleichwohl wird auch hier noch unterstellt, dass die Erfahrung, die ich von mir selbst mache, sich prinzipiell von der der »Dinge« unterscheidet, die ich außerhalb erfasse; dass dieses »Subjektive«, das das *cogito* in seinem Wissensprojekt zum Vorschein kommen lässt, von einer anderen Natur ist. Wieso aber sollen wir annehmen, dass jedes Wirkliche, meine innerste Existenz, meine Träume und meine Begierden miteingeschlossen, phänomenal nicht ebenfalls so etwas wie einer *Verwirklichung* – setzen wir diesen Begriff als mögliche Gemeinsamkeit von »Ich« und der »Welt« – oder sagen wir einem »Geschehen« gleichkommen kann? Es »geschieht« doch, prozessual, in mir ebenso wie in der Welt. Mein Denken, meine ganze innere Bewusstseinsaktivität ist ebenfalls »Verwirklichung«, insofern sie (Ideen, Affekte) zur Existenz bringt: Es handelt sich um ein inneres Erscheinen, das sich einleitet und sich resorbiert, das Form annimmt und sich gestaltet, seinen Lauf nimmt oder sich verflüchtigt, verfliegt oder sich intensiviert. Wieso also sollte ich mich selbst (innerhalb) nicht genauso erfahren, wie ich die Welt (außerhalb) wahrnehme? Wobei dieses »wie«

bedeutet, dass mein Denken, das Vorrecht des Subjekts, ebenfalls der Phänomenalität angehört, was es mitnichten auf irgendeinen Determinismus reduziert, sondern es ins Wirkliche einfügt, nämlich so, dass ich mich selbst so wahrnehmen würde, *wie die Welt existiert*. Sodass ich alles, was sich mir als Erfahrung in (von) mir selbst darbietet, beschreiben könnte und dabei diese subjektive Abkapselung der Innerlichkeit auffalten würde, und zwar als genauso zum Phänomenalen gehörig wie die Welt – wie alles, was geschieht; alles, was so »fällt« und »Welt« wird; *alles, was der Fall ist*. So wie ich es beim »Anhaften« und »Widerstand«, beim »Versanden« und »Umkippen« oder auch bei der »Einleitung« und »Resorption« usw. bereits begonnen habe.

7. Um diese andere Option aus dem Verborgenen wieder hervorzuholen; um diese andere, in Europa durch die Vorherrschaft des Subjekts und vor allem der visuellen Wahrnehmung verdeckte Ressource zu entwickeln; um also wirklich damit anzufangen, diese *Falte des Subjekts* aufzufalten, die mit jeder Vertrautheit mit dem, was sie zu »Objekten« gemacht hat, gebrochen und das *cogito* geheiligt hat, müssen wir vorab drei große Verschiebungen vornehmen. Zunächst einmal dürfen wir dieses Phänomenale der Erfahrung nicht mehr der Ordnung des »Wissens« zugehörig denken (was immer noch die Perspektive der von der Wahrnehmung zum Wesen fortschreitenden Husserl'schen Phänomenologie ist), sondern müssen es in der Ordnung dessen fassen, was wir demgegenüber »Existenz« genannt haben, wobei sich Letztere nicht mehr vom Bewusstsein trennen und absondern lässt. Nun hat jenes, das Wissen, immer schon das undifferenzierte Bewusstsein, das ich von der Existenz hatte, verdeckt – daher müssen wir damit beginnen, die Verzweigung beider zu denken (zu verorten). So wird dieses Phänomenale der Erfahrung nicht mehr der Ordnung des *Objekts* angehören (das sich »dort vorn« dem Wissen präsentiert), sondern der Ordnung des *Geschehens*, wie wir es gerade genannt haben, und zwar im Sinne eines »Zur-Existenz-Kommens«, das die Äußerlichkeit und Transzendenz des »Ereignisses« resorbiert (das aus einem sich dem Zugriff des Subjekts entziehenden Außerhalb hervortritt). Sich selbst »von innen« wie jedes andere Existenzphänomen »außerhalb« zu beschreiben, ohne dass es wieder zu dieser Trennung des Bewusstseins,

das mit seinem Einvernehmen mit der Welt gebrochen hat, kommt, würde mit anderen Worten erfordern, *alles* mit derselben Immanenz zu erfassen. Nur wie weit ist das überhaupt möglich? Und vor allem, wie weit bildet meine Sprache, nämlich die fortlaufend konstruierende Sprache, wie sie in Europa entstanden ist, nicht immer noch eine Projektionsfläche?

Diese erste große Verschiebung, die das *Phänomenale* aller Existenz sichtbar macht, zieht logisch zwei weitere nach sich. Zunächst die, dass wir uns diesem Phänomenalen der Erfahrung entsprechend nähern müssen, nicht mehr im Sinne von »dies«, das ich vor mir wahrnehme, sondern im Sinne von »so« (des »Gerade-So«) oder von »derart«, das ich erfasse, indem ich mich an das Geschehen anschmiege – oder besser ihm *lausche* (die dem Schauen entgegengesetzte Verfassung). »Derart« oder »so« geschehend: Ein solches *derart* wartet nicht mehr darauf, als Subjekt der Prädikation und Objekt des Wissens auf irgendein *dies*, was es auch sei, zurückgeführt zu werden; es wird nicht mehr als eine Qualität oder Eigenschaft der »Dinge« angesehen, sondern beschreibt das Phänomen – jedes Phänomen (aber alles ist nur Phänomen) – als sich *phänomenalisierend* oder sagen wir als sich »verderartigend«, das heißt gemäß der Anforderung seines bloßen Erscheinens. Daraus ergibt sich als dritte Verschiebung, dass dieses Phänomenale nicht mehr als »Seiendes« gedacht ist, das dem Sein untersteht (als »Seinsphänomen«, sagt Sartre, oder »die Wahrheit des Seins« enthüllend, sagt Heidegger), sondern »derart geschehend« und daher von *prozessualer* Art; folglich auch, dass sich der Standpunkt des Wesens oder des »Was ist das?«, der uns dieses »dies« oder diese »Sache« zu identifizieren gibt, darin resorbiert; und dass durch diesen Rückzug der Ontologie das *Erscheinen* in endloser Erneuerung wirklich *alle Existenz* sein kann.

Was bedeutet aber in der Formulierung dieser anderen Möglichkeit genau, vom »dies« zum »derart« überzugehen? Vom (bekannten) *dies* zum (erlebten) *derart*. Oder auch vom »Deiktischen« (das »dies«, das sich dem Blick zeigt und sich zuweisen lässt) zum *Modalen* (des »derart«, an das wir uns anschmiegen / das wir erspüren – dem wir »lauschen« – in seinem Geschehen, indem wir seiner Entwicklung folgen). Welche Art geistige Umkehrung ist das, die wir einleiten, wenn wir uns »in den Urlaub« aufmachen – oder sagen wir, unser Bewusstsein sich von einem wissenden zu einem *genießenden* entwickelt? Was passiert, wenn sich der Geist von seiner Inquisition *Urlaub* nimmt und sich dabei von der Hegemonie-Autonomie des Subjekts ablöst? Wenn es sich nicht mehr darum dreht, ein »dies« gemäß der Falte des *Logos* zu beschreiben, durch Identifizierung einer »Sache«, des »Gegenstands«, der sich meiner Wahrnehmung darbietet und den ich bereits drauf und dran bin zu konstruieren? Sondern wir uns entscheiden, uns dem »derart« als *solchem* zu nähern, direkt an seiner Verwirklichung: will heißen, insofern es sich auf nichts mehr bezieht, es also auch nicht mehr die Unterstützung – die Unterstellung – einer »Sache« fordert, sondern die *Modulation* des *Existierens* selbst bildet (wie man von Modulation spricht, auf die wir in der Musik *lauschen*)? Hier-jetzt (an der Küste): Jede »dies«-Stütze hebt sich auf, jedes »derart« ist das einzige Erscheinen – die »Welt« (alles, was passiert, »alles, was der Fall ist«) ergibt sich nur aus diesem ganzen »derart« in endloser Erneuerung. Jedes (Meeres-)Glitzern wie jedes (Wolken-)Gebilde geschieht und rechtfertigt sich allein daraus, dass es »ist«; und »mich selbst«, an diesem Strand, fasse ich phänomenal so auf wie sie: Ich erfasse mich ganz genauso als vereinzeltes Existenzphänomen wie sie. Denn das »derart« hat nun nicht mehr die Funktion, das »dies« einzuhüllen, wie es das alte ontologische Motiv der Enthüllung wollte, indem es das »dies« seiner Merkmale dem Feuer näherte (Descartes). Dies ist nämlich nicht mehr das Meer, das dieses Glitzern als eine »Eigenschaft« »hat«, sich darin manifestiert oder sich darin hüllt – sonst bin ich bereits auf dem Pfad der Identifizierung und des Wissens; dies ist nicht mehr die Wolke als zu identifizierende »Sache«, die diese so fließende und vorübergehende, unablässig einleitende und sich resorbierende Form »besitzt« – und nichts wird mehr ewig *existieren*.

8. Dass in den vergangenen Jahrzehnten Phänomenologen geradezu übersprudelten vor diesem Phänomenalen des Wissens und versucht haben, es zum Phänomenalen jeder Erfahrung zu machen (in Frankreich Jean-Luc Marion und Claude Romano), wirft die Frage auf, wie weit diese Verschiebung oder besser diese Ausfaltung des Denkens überhaupt gehen kann und welches Umstoßen unserer Kategorien sie erfordert – was keine Kritik ist –; und vor allem, ob wir diese Abtrennung vom Wissen tatsächlich nicht noch radikalisieren – von der Abzweigung noch weiter zurückgehen – müssen, um in seiner Gänze ein solches *Phänomenales der Existenz* denken zu können. Montaigne hat, meine ich, mit dem Abweg, den er, kurz bevor sich das cartesische Subjektmodell etablierte, mitten im europäischen Denken auftat, ein Stück weit den Weg gewiesen. Denn das »närrische Vorhaben, sich selbst zu schildern«, ließe sich nicht anders rechtfertigen als damit, im »Stil« der Versuche über sein Leben die Erfahrung phänomenal zu beschreiben – wovon sein letzter Essay zeugt, der sie im Titel trägt. Unermüdlich nähert er sich der Erfahrung gerade als dem Phänomenalen des Existierens durch dieses »Ich« hindurch, also ohne die Selbstgefälligkeit, die man für dieses »Ich« hält; und dabei geht es nicht um die Fundierung eines Wissens, dem er misstrauen würde (was man aus übermäßiger Bequemlichkeit für seinen »Skeptizismus« gehalten hat).

Daher fängt er an, die Spaltung zwischen dem Inneren und dem Äußeren, die Trennung eines »Ich« von ihm gegenüberstehenden Dingen zurückzunehmen: »Ich liebe mich nicht so abgöttisch«, dass ich mich nicht von mir selbst abgelöst betrachten könnte (»Im Quartier«): »als ein Nachbar, als ein Baum« (*Essays*, III, 8). »Wie einen Baum«, sagt Montaigne, das bedeutet *wie jede andere Manifestation von Existenz.* Ich kann mit Abstand von mir selbst über mich nachdenken »wie« über jedes andere Geschehen in der Welt, und damit entdramatisiert sich gleichzeitig die Wahrnehmung, die ich von meinem eigenen Leben habe: Ich nehme mich nicht mehr von dem großen Metabolismus der Welt aus – von dem die Welt *kommt* –, sondern schmiege mich an ihn an, indem ich ihn *beschreibe* (daher die berühmte »Weisheit Montaignes« an der Schwelle des Todes, in seinem letzten Essay, die doch keine Resignation bedeutet). Denn wir müssen seine Formulierung, und welches Umdenken sie tatsächlich erfordert, ganz streng lesen: Sich »wie einen Baum« betrachten bedeutet nicht nur, dass ich diesen Baum ausgehend von einer in mir selbst vorfindlichen »Vorstellung« von »Natur« wahrnehme, sondern ebenso, dass ich mich ausreichend von mir selbst als individuellem Subjekt löse, um mich »wie« ihn existierend zu erfassen, in derselben Weise wie ihn, indem ich mich phänomenal so erfahre, wie ich die Welt wahrnehme. Montaigne hat sogar dieses schöne Verb »commer«, »wie« (»comme«) sagen, geprägt (I, 21, das sich nicht auf »commenter«, »kommentieren« beschränkt – wieso wird sein Sinn immer verbogen?), um diese allgemeine Gleichsetzung, die die Lücke zwischen »Ich« und den »Dingen« schließt, auszudrücken: diese Auffassung allen Existierens auf ein und derselben Ebene und unter Auflösung der Subjektabspaltung, woraus sich ein Erfassen des »derart« in kontinuierlicher Variation – in endlosen *Modulationen* – ergibt.

Denn Montaigne wird nicht müde, die Vielfalt des sich endlos verkettenden und abscheidenden *Derart* zu beschreiben, zu »schildern« und aufzuzeichnen, wie es unablässig den Fluss der Welt »wie« auch meiner selbst umbildet, sich einleitet und resorbiert wird – lauter einzelne *Geschehen*, die sich nicht als Wesenheiten fassen, nicht auf Entitäten zurückführen lassen (in den *Essays* lässt sich dieses »Ich«, von dem er ständig spricht, nicht selbst substantiieren). Daher hört er nicht auf, das eine in den Begriffen des anderen zu beschreiben, da das »Ich« nicht getrennt von seinem Handeln gedacht wird, sondern sich phänomenal »wie« etwas anderes beschreiben lässt. Daher faltet er seinen Satz auf und entfaltet ihn in eine Vielzahl von *wie* und *so*, dreht ihn durch den »Fleischwolf«, wodurch alles in Gleichheit aufgenommen wird und sich eins ins andere verwandelt. Durch Metamorphose und Metaphorisierung und vor allem durch Adverbialisierung, der privilegierten Form des Modalen – und da zuvorderst durch dieses wiederbelebte und so wirkungsvolle »natürlichermaßen« – bringt er alles auf einen gemeinsamen Nenner: indem er nämlich auf »fühlbar geistige« wie »geistig feinfühlige« Weise beschreibt und unterrichtet und dadurch, statt ontologisch zu konstruieren, diesen Bruch der Ebenen aufhebt. Auch dadurch, dass er »schildert«, aber »nicht das Sein«, sondern das *Prozessuale* oder, wie er es nennt, den »Durchgang«, das beständige Übergehen dieses auf nichts verweisenden Erscheinens, das aber allein das Wirkliche bildet; und »nicht von sieben Jahren zu sieben Jahren« (was noch Zustände, noch Seiendes darstellt), »sondern von Tag zu Tag, von Minute zu Minute« gemäß dem kontinuierlichen Lauf dieses *geschehend-erscheinenden So*, das die »Erfahrung« *ausmacht*. Es ist nicht länger nötig, sie zu »fundieren«: Sie einfach zu *beschreiben* – sich dabei direkt ans Erlebte zu halten –, genügt zur Rechtfertigung des Existierens.

9. Es gibt Schriften, die *stärker phänomenalisieren* als andere – wie Montaigne bezeugt. Auch gibt es Sprachen, die qua Struktur oder besser aufgrund fehlender Struktur phänomenaler sind als andere. Das Französische gehört kaum dazu (Montaigne beugt es dieser Phänomenalisierung, gegen die sich das wenig standardisierte Sprechen seiner Zeit auch noch weniger sträubte): Das Französische (das Latein) *konstruiert* seinen Satz in der Tat zuerst durch seine Grammatik (vielleicht ist das Englische in dieser Hinsicht, vor allem dank seines Gerundiums, noch gefügiger). Nun eignet sich allerdings die chinesische Sprache für ihren Teil erstaunlich gut zur Phänomenbeschreibung. Dies liegt schon allein darin begründet, dass sie kein Kasus-System besitzt, das von vornherein Entscheidungen erzwingt (sie besitzt weder Deklination noch Konjugation); dass sie nicht konstruiert (fast keine grammatische Rektion kennt); dass sie morphologisch nicht zwischen Nomen und Verben trennt (*míng* 明 beispielsweise, dessen Zeichen sich aus Sonne 日 und Mond 月 zusammensetzt, bezeichnet sowohl »erhellen« als auch »hell« als auch die »Helle«). Und auch weil sie das Sein und damit die ontologische Option links liegen lassend uns ständig im Prozessualen hält; weil sie daher unaufhörlich Implikation und Folge benennt (die Funktion von *zé* 则), aber keine Hypothesen-Deduktion vornimmt; und vor allem als umfassende Folge davon, weil sie kein *Sub-jekt* oder »Darunter-liegendes« einzusetzen und zu identifizieren braucht, kein stützendes Substrat der Veränderung, weder als substanzialisiertes Subjekt der Physik noch als substantiviertes Subjekt der Aussage (die zwei Modi des Subjekts, des *hypokeímenon* bei Aristoteles, dem Begründer der Onto-logie). Das Denken in China hat daher diese sprachliche Ressource zunächst zu nutzen gewusst, indem es sich vom Phänomenalen der Existenz, das die Existenz ist oder macht, nicht ablöste. Dadurch ist diese Sprache höchst poetisch, hat im Gegenzug jedoch damit zu kämpfen, einerseits das modellhafte Wissen der Wissenschaft zu konstruieren – wobei China bekanntlich unendlich reich an Kenntnissen ist – und andererseits die Ideal-»Formen« des Politischen zu konstruieren.

Wenn ich heute weiterhin Chinesisch lese, dann liegt das, wie ich jetzt erkenne, darin begründet. Wie man eine Landschaft erahnt, die uns hinter dem Nebel erwartet, wenn wir uns bei Herbstwetter vom

Die Plünderung ist ausdrücklich untersagt.

HAAGER LANDKRIEGSORDNUNG

aus: Dolezalek, Savoy, Skwirblies,
Beute. Eine Anthologie zu Kunstraub und Kulturerbe,
Matthes & Seitz Berlin 2021

Talgrund wieder an den Aufstieg machen, so habe ich lange Zeit geahnt, ohne es doch schon genau zu erfassen: Die chinesische Sprache-Denkweise lässt uns hinter den Konstruktionen, die die unsere zu einer Projektionsfläche machen, erfassen, was eine vollständigere Phänomenalisierung der Erfahrung sein könnte. Das heißt, sie lässt uns unsere Teilhabe an der Phänomenalität der Welt erfahren – sie erkunden, so weit es möglich ist: Beim Lesen eines klassischen chinesischen Satzes nehme ich meine Existenz in Kontinuität mit der Welt wahr, sehe ich sie zum Verschmelzen gebracht, aufgesaugt in der Prozesshaftigkeit des »derart«. Der ganze *Zhuangzi*, dieser so fruchtbare Text aus der chinesischen Antike ist durch und durch eine *Beschreibung* des *Derart*. Wenn er unter Berufung auf die Verschmelzung von Ich und Welt im Westen traditionell als mystischer Text dargestellt wurde, dann weil man nicht daran gedacht hat, die Falten unserer Sprache und ihrer Grammatik aufzulösen, man stattdessen mit unseren Erwartungen an ihn herangetreten ist und ihn deshalb mangels eigener Beweglichkeit nur in diesem Randbereich oder diesem allzu bequemen Seitenzweig einordnen konnte, der noch in unserer Rahmung liegt, ohne zu erkennen, welchen anderen Weg er eröffnet, sprich welchen Abweg er bahnt, in Absetzung von der Logik des Wissens, um nämlich Zugang zu dem zu verschaffen, was die »reine« (ungeteilte) Phänomenalität der Existenz wäre. Damit verstehen wir auch, welche Schwierigkeiten seine Übersetzung bereitet, nicht aufgrund von Begrifflichkeiten oder Vorstellungen, die er ins Spiel bringt, sondern weil ich ihn in den Strukturen meiner Sprache unweigerlich verpasse, weil ich ihn den Möglichkeitskonstruktionen einer Sprache unterwerfen muss, die sofort ein Rektions- und Subordinations-System errichtet, die konjugiert und konstruiert, die zwischen Modalitäten (und wären es nur die Modi der Verben) wählen muss und vor allem immer ein Subjekt voraussetzt, dem prädikativ Merkmale zugeschrieben werden. Wenn ich seine Übersetzung möglichst nah am Text orientiere, indem ich nämlich, soweit ich es vermag, vermeide (es hinausschiebe), die chinesischen Formulierungen den Erfordernissen unserer Sprache zu unterwerfen (Kapitel 2, Guo Qingfan, S. 69):

Ding(e) / Wesen / Existierende(s) [alles Phänomenale, 物],
darauf als derart beziehen.
Wie derart?
derart als derart.
Wie nicht-derart?
Nicht-derart als nicht-derart.

Wir können tatsächlich aus diesem einzigen Wirklichsein des »derart« (*rán* 然) nicht heraus, das nichts tut (nichts kann), als sich vom »nicht-derart« abzugrenzen, weil es nichts anderes gibt, was darüber hinausreicht, und keine Konstruktion es einbauen kann. Da die Alternative nicht im »Sein« oder »Nicht-Sein«, *to be or not to be*, liegt, sondern im »derart« oder »nicht derart«, können wir uns von dieser einzigen *beschreibenden* Aufteilung nicht lösen oder auch nur darüber hinausgehen: von dieser *Modulation* des Wirklichen. Wir halten uns dabei direkt an dieses phänomenale *Derart*, so wie es seine Möglichkeit realisiert oder sich verderartigt:

[…] Ding(e) / Wesen / Existierende(s) [alles Phänomenale]
haben grundsätzlich [ihr] derart,
haben grundsätzlich [ihr] Mögliches:
Nicht-derartiges Existierendes gibt es nicht,
Nicht-mögliches Existierendes gibt es nicht.

Daher kann die chinesische Sprache-Denkweise die Existenz des »Ich« nicht von der Existenz der »Welt« trennen, kann sie als von einer einzigen Garderobe, vom selben »Stoff« oder vom selben Auftreten auffassen; folglich wird das Wirkliche (Affektive) in mir in Reaktion auf die Welt und wie jedes andere phänomenale Geschehen wahrgenommen werden. Wenn ich erneut möglichst wörtlich übersetze (und weitestgehend das Hinzufügen von Konstruktionen vermeide, ebd., S. 51):

Freude – Zorn – Schmerz – Zufriedenheit,
Sorge – Seufzen – Umsturz – Beben,
leicht dahintreiben – gehen lassen – sich offen zeigen – vornehm tun,
Musik entfernen Leere,

Dampf bilden Pilz,
Tag – Nacht abwechseln vorwärts
– Doch niemand weiß, woher dieses Knospen kommt.

Jedes Aufkommen von Gefühlen und Einstellungen gehört derselben Ordnung – derselben Phänomenalität – an wie auch die Musik, die aus dem Flötenrohr kommt, oder der Dampf, der Pilzform annimmt. Hier gibt es nur beständiges Wirklichwerden und den Prozess des Erscheinens. »Verwirklichung« (eine möglich Übersetzung von *xíng* 形: »Form« – »Form annehmen« – »sich realisieren« …) könnte in der Tat gut dieser Begriff sein, der das Geschehen des einen ebenso wie des anderen, meins und das der Welt zum Ausdruck bringt, in dem das Ereignis seine Äußerlichkeit in sich zurücknimmt – zusammengefasst so etwas wie der »Modus« bei Spinoza, nur dass es sich hier nicht mehr um das »Erleiden« einer »Substanz« handelt, die in den Begriffen des Seins oder des »an sich« gedacht wird. Denn von »was« sind denn »Ich« und »Welt« *Verwirklichungen* (dieses »von was« ist sicher zu sehr ontologisch)? Vom selben Geschehensfluss, Grund jeder Tatsächlichkeit, diffus und kommunizierend (»Atem« – »Energie« – »Atmung« …, *qì* 气), dessen Verwirklichungen sich in vielfältige *Derart* unterscheiden und sich in ihrer Verwandlung unablässig abwechseln. Denn wie jede Verwirklichung der Welt ist das menschliche Leben eine Verdichtung dieses *Geschehensflusses* (气之聚也): Es wird geboren – leitet sich ein – aus seiner »Konzentration« (»Kondensation«); es stirbt – wird resorbiert – in seinem »Zerstreuen« – das aber dennoch nicht Nichts ist –, durch das »alle Existierenden eins sind« (故万物一也, Kapitel 22, S. 733).

10. Über diesen Abweg, den die Sprache-Denkweise des *Zhuangzi* gegenüber der europäischen sichtbar macht, nehmen wir besser wahr, wie weit die Erfahrung dessen gehen kann, worin meine Existenz sich als Existenz nicht von allen anderen Manifestationen des Existierens abhebt. Daher ist die »ursprüngliche Erfahrung« nicht mehr die Wahrnehmung, die das Gegeneinander einführt, sondern das, was ich bereits als »Ansprechbarkeit« gefasst habe. Allein die *Ansprechbarkeit* würde uns erlauben, es anzugehen und folglich zu *beschreiben*. Wenn es durchaus auch das Erfordernis des »Öffnens« gibt, wie es die Phänomenologie will, so besteht dies im chinesischen Denken darin, seinen Geist von jeder Parteilichkeit zu lösen, seinen Geist vollständig »empfänglich« zu halten, das heißt *gleichmäßig*, auf undifferenzierende Weise, ohne sich von irgendeiner Seite versanden zu lassen (zu verknöchern). Der *ansprechbare* Geist, wie ihn das *Zhuangzi* preist, hat jede Position aufgelöst, hat sich von jeder Voreingenommenheit frei gemacht: das Gegenteil des in seiner Sichtweise erstarrten – vermauerten – »fertigen Geistes« (成心). Allein dieser nichts privilegierende Geist, der nicht mehr die Perspektive des eigenen Interesses in den Vordergrund stellt und sich von jedem Inhalt, jeder sedimentierten Vorstellung geleert hat, findet Zugang zum *Derart* der Dinge. Denn nur er kann sich in Übereinstimmung mit den Abtrennungen der Welt bringen und sich an sie anschmiegen, während er »ganz er selbst bleibt ohne Abtrennung« (ebd., Kapitel 2, S. 67); daher kann nur er »[das] von-sich-aus-derart direkt ans Licht« bringen, »ohne dass er noch davon mitgerissen würde«.

Dies ist auch der Grund dafür, dass die erste Beziehung zur Welt nicht vom »Visieren« (des Visuellen), sondern vom »Gehör« her kommt. Doch wie können wir am Ende das *Hören* gegen das Sehen antreten lassen, das, schon von der griechischen Philosophie an auf das Wissen fixiert, als »Augen der Seele«, *ómma tês psychês* ὄμμα τῆς ψυχῆς, vom Sichtbaren bis hinauf zum Unsichtbaren-Erkennbaren reicht (das der »Idee« oder der »Theorie«)? Und zwar ein »Hören«, so wird hier in Abstufung gesagt, das »weniger mit seinem Ohr als mit seinem Geist« erfolgt, »weniger mit seinem Geist als mit dem Geschehensfluss«, mit dem *qì* 气 (»Atem« – »Energie« – »Atmung« …, ebd., Kapitel 4, Seite 147). Denn »das Ohr stoppt beim [sinnlich] Gehörten«; »der Geist stoppt beim Übereinstimmenden« (das der »Übereinstimmung von Ding und Geist« in der traditionellen Wahrheitsdefinition). Aber »mit dem Geschehensfluss hören« heißt, »sich leer [ansprechbar] auf die Existierenden beziehen«; oder näher an der nicht konstruierten Formulierung des Chinesischen: »leer – von wo [sodass] – empfangen [umgehen mit] Existierend(e)«. Das bedeutet weiter oben hören, auf der Stufe des Geschehensflusses, der nicht mehr abreißt, indem er nämlich nichts mehr zu seinem Ich-Selbst macht, sondern der durch »Enthaltsamkeit« gegenüber diesem »Ich« schlicht nicht mehr »Ich« ist, nicht mehr Schutz vor dem *Derart*.

Aus der Aufhebung der Intentionalität resultiert ein Ausräumen jeden Sinns, das noch radikaler ist als seine »Suspendierung«, von der der Westen immer mal wieder träumt (unlängst noch bei Barthes). Denn wenn die Ansprechbarkeit, um dies hier richtig zu verstehen, genau diese Grundverfassung der (»erreichten«) »Enthaltsamkeit des Geistes« (心斋) ist, indem sie nämlich das »Ich« leert und jede Subjektposition auflöst, dann löst sich im Zuge dessen auch jedes bedeutsame Abzielen und zugleich jede Erwartung einer Botschaft auf, und wäre sie auch nur ein Fingerzeig: Die Ansprechbarkeit des Beschreibens bedeutet, einzig im reaktiven Zustand der *Anregung* zu verbleiben. In anderen Worten erlangt man Zugang zum *Derart* des bloßen Erscheinens, indem man sich von jeder Beifügung von Sinn befreit. Diese Rückkehr zum Ursprünglichen, das nicht mehr die Existenz trennt (in die »meine« und die der »Welt«) und nicht einmal mehr Voerannahmen macht, nennt das *Zhuangzi* »sein Ich verlieren« (»Heute habe ich mein ich verloren ...«, Kapitel 2, S. 43). »Sein Ich verlieren« ist also nicht mystische »Kommunion«, nicht Drang zur Symbiose (nicht Liebe und ebenfalls nicht Empathie), sondern Rückzug von einer Trennung, die künstlich erschien: Es hat also nichts Außergewöhnliches, sondern tritt in der Tat ein, sobald man durch Entfernung jeder Interessenausrichtung und jeder Subjektperspektive-Projektion aus seiner Erfahrung alle Existenz »im Gleichmaß« wahrnimmt (*qí* 齐, auch der Titel des Kapitels).

Alles hat seine Zeit und seinen Ort in dieser Erfahrung: Sei es, dass man in den Wald zurückkehrt – alles erregt dort gleichermaßen, als Ensemble. Oder wenn man auf dem leeren Strand zwischen der Sandkörnung und dem Duft, der Spiegelung und dem Rücklauf der Wellen, dieses elementare Herzklopfen der Existenz durchquert und (wieder) entdeckt, dass man Teil davon ist, man sich damit im Einvernehmen erfährt, man es in seiner Vielfalt *hört*, während es *undifferenziert* für das derart Geschehende öffnet. Der »wahre« Grund, »in Urlaub« zu fahren, um hier die gebräuchliche Terminologie wieder aufzugreifen für das, was der Westen zur Kompensation konsumiert: liegt vor allem darin. Sich also von Neuem als Manifestation von Existenz unter so vielen anderen und vor allem elementareren Manifestationen von Existenz (Wasser – Wind – Licht ...) zu erfahren, auf einer Ebene mit der Landschaft und sich selbst einbegriffen in dieses ganze Erscheinen. Darin kommt es durchaus zu einer Konversion oder, um es umgangssprachlicher auszudrücken, »Selbstbesinnung«: Ich erfasse mich darin als Manifestation-Verwirklichung von Existenz in derselben Weise wie alles andere, indem ich mich phänomenal wiedererfahre – und *Existenz* sich nicht weiter zerteilen lässt.

Die Gefahr, beziehungsweise das Verhängnis, wenn man dies ausspricht, dies beschreiben möchte (»das« Unmögliche, das dieses *Derart* ist), besteht darin, diese Indifferenz nicht mehr achten zu können, die als solche nicht privilegiert, als Existenz nicht (ein »Ich« von der »Welt«) abtrennt, sondern alles auf gleicher Augenhöhe geschehen lässt. So man nicht spricht, sagt das *Zhuangzi* (Kapitel 27, S. 949), bewahrt man diese Gleichheit und erhält sich darin (不言则齐). Aber sobald man spricht, befindet sich unsere Rede »nicht mehr in Gleichheit mit dieser Gleichheit«. Daher sollte man »sprechen ohne zu sprechen« (言无言): sprechen, aber indem man aus seiner Rede aussondert, was sie sofort an Ausrichtendem und Thematisierendem enthält, sie also sowohl von jeder Fixierung als auch von jeder Neigung reinigt; das heißt in seiner Rede diese Tugend der Stille bewahrt, die, indem sie alles auf gleicher Augenhöhe, in einem undifferenzierten Modus hält, allein in der Lage ist, sogar die allen Manifestationen von Existenz gemeinsame Immanenz passieren – *hören* – zu lassen. Daher empfiehlt das *Zhuangzi* eine Redeweise, bei der die Worte nicht (ein »dies«) bezeichnen, sondern in ihrem Ausströmen einfangen: Sie fangen das endlos derart Geschehende ein, indem sie sich unterschiedslos auf die eine wie die andere Seite ergießen, *nach Belieben* ausströmen (*zhī yán* 卮言 »Becherworte«) – ohne dass gesagt würde, nach wessen Belieben (»meinem« / der »Welt« 因以曼衍). Wie der zu ihrer Bezeichnung herangezogene Becher, der sich neigt, wenn er voll ist, sich wieder aufrichtet, wenn er leer ist, und daher keine feste Position kennt, sondern im Einklang mit der Situation variiert, dienen sie einzig zum *Beschreiben*: Indem sie »von Tag zu Tag hervortreten«, »harmonieren sie mit dem Ende des Himmels«, das heißt der Natur, und können »bis zum Ende des Laufs« (der Existierenden, 穷年), das heißt des Prozessualen, gehen. Denn von jeder Intentionalität befreit, sollen sie nur von jedem Existierenden sichtbar machen, »woraus spontan sein Mögliches oder sein Nicht-Mögliches resultiert« 有自也而可; »sein derart oder sein nicht-derart« 有自也而然.

Das wird nur möglich sein durch Anschmiegen an ein solches existenzielles Geschehen, wie man Musik oder genauer gesagt einem Konzert *lauscht*, wie das *Zhuangzi* in der Eröffnung so großartig entwickelt (ebd., Anfang Kapitel 2): Dem, was wir »Realität« nennen, ist wie einem *Geschehenskonzert* zu lauschen. Denn die absolute Naturmusik, die wir dem »Himmel« zuschreiben, ist keine andere Musik als die, die der Mensch auf der Flöte spielt, oder als der Wind in den Kerben der Bäume. Der Klang stammt nicht mehr von einer transitiven Handlung (der Mensch bläst in ein Instrument), sondern entsteht wie die Emanation einer Immanenz oder wie spontanes Geschehen aus der Korrelation des einen mit dem anderen: Aus dem zufälligen Zusammentreffen eines Hauchs und einer Vertiefung tritt ein Ton hervor, wobei beide als »gleich« aufgefasst werden und nicht mehr so, dass das eine das andere verursacht. Also nicht mehr als sein Produkt, sondern als seine Ausströmung gemäß dem Eigengeschehen seines »derart«, indem »sich alle diese Klänge aus sich selbst schöpfen«, *xián qí zì qǔ* 咸其自取. Damit haben wir nicht nur die Ordnung der Kausalität und der Erklärung verlassen, sondern damit ist auch jede Trennung zwischen Subjekt und Welt zurückgenommen (vg. Guo Xiang): Denn es sind der Hauch und die Höhlung, die, indem sie sich treffen, »gemeinsam«, im rechten Augenblick, durch ihre Übereinkunft »einen Himmel bilden«. Auf dem seiner transzendenten, metaphysischen oder theologischen Bedeutung entgegengesetzten Pol bezeichnet »Himmel« hier die Verabsolutierung der Immanenz, die jedes sich »derart« realisierende Existenzphänomen einbegreift.

11. Beschreiben wird also darin bestehen, der Selbstentwicklung des *Derart* zu folgen, ihm entlang all seiner »Möglichkeit« zu folgen bis zur Grenze seines »nicht-derart«. Deshalb bedeutet beschreiben nicht, das Phänomenale, das Geschehende-Erscheinende *so*, auf die eine oder andere Weise anzugehen: es der Äußerlichkeit der »Sache« preiszugeben, worin es sofort zum Wissen und zur Erklärung vorgesehen wäre; auch bedeutet es nicht, im Ausgang von der Intentionalität des Bewusstseins Sinn darin zu entdecken, womit man bereits ins Deuten abgeglitten wäre. Was ist Beschreiben, wenn nicht tatsächlich an die Sache selbst herantreten und mit ihr von Existenz zu Existenz kommunizieren, das heißt durch Wiedereinholen dieses geteilten Existenzgrunds, von dem her sich das, was wir seinen *Aufschwung* nennen werden, sich als *derart* realisiert und möglich wird? Was heißt beispielsweise, *einen Baum beschreiben*, will sagen zu seiner Existenz *gelangen*, wenn ich auf dieses sein Grundlegendes zurückgehe? Von den zwei Weisen, »einen Baum zu beschreiben«, sagte Matisse, ist uns die erste vertraut »durch die Nachahmung, wie man sie an den europäischen Zeichenschulen lernt«: Der Baum ist dieser Baum, den ich vor mir sehe, er wird unter dem Blick in seiner objektiven Äußerlichkeit und seiner Bestimmung zur »Sache« erhalten, und ihn beschreiben bedeutet, ihn möglichst präzise in seinem Sein zu bestimmen und zu identifizieren. »Man hat mir erzählt, dass die chinesischen Lehrer ihren Schülern sagen: Wenn ihr einen Baum zeichnet, dann fühlt, wie ihr, wenn ihr von unten her anfangt, mit ihm aufsteigt« (»Brief an André Rouveyre über das Zeichnen des Baums«).

Wie es sich gehört, ist der Maler dem Philosophen auf diesem Pfad der Beschreibung vorangegangen. Wenn einen Baum beschreiben (»zeichnen«) bedeutet, die Empfindung zu haben – zu erlangen oder auch wiederzufinden –, mit ihm von seinem Stamm bis zu seinen Wipfeln oder in anderen Worten in seinem Aufschwingen hinaufzusteigen, dann folgt man dabei genau nicht nur den Augen, sondern man folgt, von seiner die eigene Atem-Energie mobilisierenden inneren Ansprechbarkeit ausgehend, durch die Gebärde selbst, die man macht, diesem *Eigengeschehen des Derart in seiner ganzen Möglichkeit*. Wir haben im Baum die *Aufschwungs*- und Entfaltungskraft eingefangen, die in mir »wie« in ihm liegt, wie Montaigne sagen würde, in mir *wie* in der derart geschehenden Welt. Dorthin haben wir uns, indem wir vor die Spaltung in Ich und Dinge zurückgekehrt sind, in Urlaub vom Wissen begeben: zur Quelle allen Existierens. Zu Existenz als *solcher* gelangen: Genau das ist tatsächlich, warum wir einen Baum schildern, was wir in ihm suchen und was keine »Nachahmung« und nicht der ihr seit Aristoteles zugeschriebene »Genuss« ist, andernfalls handelt es sich, weil diese Nachahmung ihm äußerlich bleibt, um nichts als einen Notbehelf. Denn wäre eine solche Trennung zwischen dem Ich und den Dingen, wie sie diese Nachahmung unterstellt, nicht schon ein Zusatz, ein erster Schritt auf dem Pfad der Konstruktion?

Wenn *Beschreiben* also hinsichtlich der Existenz entscheidend ist, dann weil es uns in vollen Zügen das Hier und Jetzt unserer Erfahrung leben lässt, indem es uns in dieser Anforderung, *nicht darüber hinauszugehen*, hält: in der Anforderung, sich ans Phänomenale des *derart Geschehenden-Erscheinenden* zu halten, das bekanntlich »allein existiert«. – Nur wie weit entgleitet uns gewöhnlich dieses Wissen, das ganz das Gegenteil von Kenntnis darstellt? Wenn Beschreiben entscheidend ist, dann weil es uns in der Anforderung hält, direkt an diesem Wirklichsein des Erlebten, der reinen Phänomenalität zu bleiben, die allein Ressource für die Existenz, ihre einzige Ressource ist. Und dies gelingt dem Beschreiben durch seine Weigerung, zu übertragen und aufzubauen, was beides Hand in Hand geht und sogar auf dasselbe hinausläuft. »Darüber hinaus«, dieses oberste Gebot der Metaphysik, *übertragen*, wie sie unablässig fordert, bedeutet tatsächlich, in der einen oder anderen Weise der Bequemlichkeit zu erliegen, wodurch *beschreiben* also *ethisch* ist. Über die Existenz durch eine irgend geartete *Konstruktion* hinaustreten (jede Konstruktion produziert Jenseitiges), heißt sie verlieren. Es heißt, sich vom Phänomenalen lösen, das einzig existiert; es heißt, das Hier und das Jetzt verlassen. Weshalb *beschreiben* leben lehrt.

VIII

IMMANENZ / EXISTENZ

(*oder was ist nicht von dieser Welt, aber auch nicht von einer anderen?*)

1. Wir begreifen also, dass wir nur hier und jetzt leben können, wenn wir nicht mehr »darüber hinaus« wollen; dass unsere Erfahrung ganz davon abhängt, was wirklich darin zutage tritt und allein existiert: dass sie auf nichts anderes »verweist«; dass sie ohne Jenseits möglich ist; dass es keinen Hintergrund zu konstruieren, keine Hinterwelt zu erträumen gibt, um sich dorthin zu flüchten und sie zu komplettieren, zu kompensieren oder zu rechtfertigen. Ein solches Trugbild macht es schwer, zu »leben«, die Moderne hat sich davon deutlich losgesagt: Dieses so zarte »Präsent« – zugleich Gegenwart und Gabe – könnte keine äußere Stütze finden, um es zu tragen. Weil es nichts Jenseitiges mehr, sei es das Sein oder Gott, hinter dem, was gegenwärtig – aktiv – zutage tritt, vorauszusetzen gibt, um es zu fundieren und ihm seine Konsistenz zu verleihen, lässt sich dieses Erscheinen nicht mehr zum »Anschein« herabsetzen, wozu das Vorhaben der Metaphysik durch Verdopplung der Welt logisch hinführte; und sie lässt sich nicht einmal darauf reduzieren, nur eine »Erscheinung« zu sein, indem man endlos nur weitere Erscheinungen hinzuzieht, um unverdrossen, Zipfel um Zipfel, dem Wissen nachzujagen. Wir werden uns an dieses einzige Phänomenale unserer Erfahrung zu halten haben, um sie zu *investieren* und zu leben. Um »endlich zu leben«, ohne *aufzuschieben*. Um endlich zu leben, ohne noch dieser gewohnheitsmäßigen Geste des Verschiebens in ein Anderswo nachzugeben, dem Drüben irgendeiner Hoffnung auf das, was das »wahre Leben« wäre; ohne länger auf etwas Späteres zu verschieben und dadurch endlos die Gegenwart zu zerbröseln, die unablässig geschieht und nur aus *jetzt* und *hier* besteht.

Jetzt-hier: Der Katechismus unserer Moderne erinnert uns ständig daran, dass einzig sie wahr sind. Müssen wir uns aber, um uns an das Hier und Jetzt unserer Erfahrung, an ihr reines Erscheinen direkt am Erlebten zu halten, nicht an das Geschehen in mir *wie* in der Welt – bei mir »wie« beim Baum – anschmiegen? Gilt es nicht, zu verstehen oder besser »zu realisieren« (*to realise*), dass ein einziges Existenzgeschehen kontinuierlich die Welt macht, indem es endlos ihr »derart« befördert, zu dem auch »ich« dazugehöre? Gilt es nicht, die durch nichts aufzuspaltende *Immanenz*-Logik zu erfassen, aus der das Leben kommt? Wir können aus dieser unaufhörlichen Verstrickung des Lebenden tatsächlich nicht heraustreten, aus diesem Prozessualen, das sich in Selbstregulierung unablässig erneuert und nicht versiegt. Man musste also, um sich an dieses Hier und dieses Jetzt zu heften, sich auf Augenhöhe damit befinden, man musste beginnen, jene Trennung zwischen Ich und Welt aufzufalten, die sich, indem sie sich von Anfang an von der Welt geschieden setzt, Descartes' »ich denke, also bin ich« zum Prinzip macht: Man bedurfte der Auflösung des anfänglich (und noch bei Heidegger) offenen Gegensatzes zwischen den (»kategoriellen«) Bestimmungen, die die »Dinge« der Welt an ihren Platz stellen sollten, und der einzigen »Existenz« des Subjekts. Das heißt, ich darf die Dinge der Welt vor mir, unter meinen Blicken, nicht mehr zu bequem als einfaches »Da-vorne-Seiendes«, als »Vor- und Zuhandenes« nehmen, wovor sich das Subjekt verschanzt hat, um sich seiner eigenen Existenz bewusst zu werden. Aber was bleibt dann noch vom »Subjekt«?

Es ist an der Zeit, uns darüber klar zu werden, wie beide miteinander zusammenhängen, da sich um diesen Punkt tatsächlich am Ende alles dreht: Um den folgerichtig auch das Denken *kreisen* muss. Einerseits ist alles in mir phänomenal, ich gehöre in anderen Worten zur Phänomenalität der Welt. Es besteht durchaus Kontinuität zwischen meiner Existenz und der der Welt, indem das eine wie das andere gleichermaßen »sich einleitet« und »resorbiert wird«. Wir sind durchaus »aus demselben Stoff«. Auch mein Denken realisiert sich phänomenal, selbst wenn seine Manifestation nicht von äußerer Sichtbarkeit abhängt. Es ist in derselben Weise Teil der Phänomenalität der Welt wie jede andere Aktivität; und wir kennen sogar eine Sprache-Denkweise wie die Chinesische, der es nicht schwerfiel, eine solche unbestimmte Modulation des »derart« ohne Bruch zu denken. *Gleichzeitig* aber *öffnet* der existierende Mensch *einen Abweg* gegenüber der Existenz dieser Welt, so wie er durch seine Entwicklung einen Abweg vom Tierreich genommen hat, zu dem er gleichwohl immer noch gehört (die revolutionäre Lehre der »Evolution« der Arten); und auf diese Weise, durch die dem Phänomen des Lebens angemessene *Verstimmung*, hat er das Vermögen zum *Loslösen* erworben, die ihn als Subjekt einsetzt und ihn eigentlich ex-istieren lässt. Ein *Subjekt* existiert prinzipiell nicht von Anfang an, als wäre es von einem anderen Wesen oder einer anderen Natur als die Welt, sondern indem es eine *Position* einnimmt, deren Unangemessenheit gegenüber der Welt es zum Subjekt *befördert*: zu einem Subjekt, das mit der Welt bricht, sobald es sich als Subjekt verkündet – sobald es ein »Ich« verkündet, das sich an ein »Du« richtet. Eine Subjekt-Ex-istenz nabelt sich also von der Welt ab und bleibt ihr doch stets zugehörig; und sie erringt sich sogar selbst in dieser Begegnung mit dem, was die Welt ausmacht, indem sie ein Loch in deren Immanenz schlägt und darin eine andere Möglichkeit eröffnet.

Wir können den Moment einer solchen *Abnabelung* sogar existenziell ausmachen. Der Moment, in dem dieser Abweg sich aufzutun beginnt und der in seiner Erfahrung selbst, im eigenen Verlauf seiner Existenz wieder aufleben kann: ein Moment, in dem wir das Subjekt sehen, wie es seine vom Subjekt getrennte Existenz sich noch nicht aneignet, weil es nämlich kaum aus einer solchen Immanenz der Welt und seiner undifferenzierten Existenz heraustritt, in die es sich vorübergehend zurückgeworfen fand. Rousseau versetzt uns anlässlich seines Sturzes und seiner Ohnmacht in Ménilmontant (»Zweiter Spaziergang«) in dieses kostbare Dazwischen: an diesen extremen Übergangspunkt nicht nur zwischen dem Leben und dem Tod wie bei Montaigne (*Essays* II, 6), sondern auch zwischen mir und der Welt. Grenzpunkt, an dem ich, das Bewusstsein noch dämmrig, mich noch nicht getrennt von den Dingen erfahre; an dem die phänomenale Kontinuität des Subjekts mit der Welt schon wieder auflebt, bevor es erneut in Trennung davon verfällt. »Die Nacht rückte näher. Ich bemerkte den Himmel, einige Sterne und ein wenig Pflanzenbewuchs. [...] Ich empfand mich nur noch dort [...]«.

»Nur da«: Dies ist der unentschlossenste Ausdruck, um dieses *Direkt-am-Erlebten* zu benennen und von ihm ausgehend auch dieses Gemeinsame der ungeschiedenen Existenz, deren Verbindung plötzlich wiederhergestellt ist. Denn das zurückkehrende Bewusstsein hält sich nur an diesen zarten Faden einer Empfindung, die nicht zweigeteilt ist, noch nicht die Trennung zwischen den »Dingen« und dem »Ich« vollzogen hat, sie noch nicht wieder zurückgebracht hat: sie auf die eine, mich auf die andere Seite. »In diesem Augenblick trat ich ins Leben, und es schien mir, als füllte ich meine zarte Existenz mit allen Dingen, die ich wahrnahm«. Nicht dass wir hier irgendeine kosmische Empathie oder mystische Verbindung anrufen müssten (und wenn es sich nur um das berühmte »ozeanische Gefühl« handelte, dem Freud nachspürte); sondern »meine Existenz« ist »leicht«, weil sie sich noch nicht konzentriert, noch nicht in ein »Ich«, in die Einfriedung eines Subjekts zurückgezogen hat, weil sie noch nicht bestätigt, zugewiesen und gewissermaßen in ihrer Eigenschaft belastet wurde – darum erfährt sie sich noch als so diffus durch die »Objekte« hindurch. »Vollkommen im gegenwärtigen Augenblick [...]«, »besaß ich keinerlei getrennte Auffassung meiner selbst«. Weil sich noch keine Verschanzung des Subjekts abzeichnet, ist das *Anhaften* ans Hier und ans Jetzt total: Sie lässt sich noch nicht durch Verschiebung oder etwas Auswärtiges überschreiten, sie lässt sich auch nicht von der sich gegenüber dem Denken verselbstständigenden Aktivität ablenken oder abstrahieren. »Ich sah mein Blut hinabrinnen, als würde ich dem Strömen eines Baches zuschauen [...]«. Immer dieses »wie«: Weil die prinzipielle Abdichtung zwischen mir und den Dingen plötzlich gelüftet wird, die wahrgenommenen Gegenstände also nicht mehr getrennt von mir »da vorn« sind, hat sich die Trennung zwischen beiden – der Immanenz des Welt- und Lebensprozesses auf der einen und der Existenz eines Subjekts auf der anderen Seite – für einen Augenblick aufgehoben.

Dabei handelt es sich nur um ein Aufwachen, einen kurzen Augenblick, der vergehen muss und sich nicht verlängern lässt: um ein plötzliches Wieder-zu-Bewusstsein-Kommen, das aber noch nicht zu »seinem« Bewusstsein geworden ist. Weil auf ihm noch der Druck des brachial bedrohten Vitalen und des dadurch in ihm wiederhergestellten unmittelbaren Gefühls und Anhaftens lastete; weil es sich gerade erst wieder von seinem Sturz in das Dunkel der Welt erholt, von seiner Kohäsion und seiner Konfusion; weil es sich so für einen Augenblick, ohne es zu wollen, wieder mit dem Hier und Jetzt einer Immanenz verbunden fand, aus der es sich noch nicht wieder herausziehen und sich verschanzen kann, wird das Subjekt hier erneut wie zum Zeugen seiner Geburt. Es wohnt diesem Übergang bei, der uns üblicherweise entgeht: vom Eingetauchtsein in das Leben der Welt, in seinen beständigen Fluss, hin zu dem, was gerade nur daraus hervorlugt und sich davon noch nicht zur eigenständigen Existenz abgelöst hat. Es geht hier nun nicht so sehr um Rousseaus Vergnügen oder gar »Entzücken« als vielmehr darum, was sich in dieser kurzen Episode an Wahrheit offenbart: Urplötzlich ist ein Zwischenraum – ein Zwischenspiel – im kontinuierlichen Gewebe der Erfahrung aufgetaucht, wo nun etwas Grundsätzlicheres durchscheint, das das Bewusstsein in seiner Wiedergewinnung aber unverzüglich von Neuem verdeckt. Denn es handelt sich dabei lediglich um ein präzise berichtetes Detail, gar nichts Wundersames, und was hier hervortritt, wird der Tag gleich wieder unter seinem Gewicht begraben: der helle Tag des *cogito*, genauer gesagt, der Existenz, die sich in ihrer Sicherheit abschottet. Denn das *cogito*, diese grandiose Gebärde des triumphierenden Geistes, der sich von den Dingen abgeschnitten hat, um sich als Geist zu bestätigen, bezieht seine Stärke daraus, dass es von da an jederzeit reproduzierbar und nicht anzuzweifeln ist; daraus, dass dieses »ich denke, also bin ich« keinen Tag fürchtet, der es vertreiben könnte und an dem das Licht der Vernunft aufhörte, es zu bestätigen: Ihm gehören alle »Hier« und alle »Jetzt«, und von keinem ist es abhängig. Aber es »lebt« auch in keinem davon. Die Gegenwart seiner »Evidenz«, so intuitiv sie auch ist, bleibt doch um nichts weniger eine abstrakte Gegenwart der Welt wie auch des Lebens, auf die sich tatsächlich die Allgemeinheit des Wissens gründen kann. Was hat es nun – von *diesem* Hier und von *diesem* Jetzt – verloren, was das Anti-*cogito* Rousseaus wie an einer Bruchstelle hat zutage treten lassen?

2. Wir werden also in diesem eröffneten Abweg zu denken haben: zwischen der cartesischen Gewissheit des »ich denke, also bin ich«, das aus der gelungenen Abkapselung seines Denkens hervorgeht, und dem, was wir hier als seine Kehrseite nehmen können. Wir werden

also *zwischen* denken müssen: zwischen einem cartesischen Subjekt, das den weitestmöglichen Weg geht (»hyperbolisch«), um sich von allem zu trennen, was nicht es selbst ist, und sich endgültig seiner eigenen Existenz zu versichern, indem es seine *Loslösung* verallgemeinert; und diesem kaum umrissenen Rousseau'schen Subjekt auf der anderen Seite, das sich von sich selbst als Subjekt gelöst hat: das mit seiner leichten Existenz vorübergehend die ersten sich ihm darbietenden Objekte erfüllt, weil es sein Existenzgefühl noch nicht wieder in sich zurückgeholt, seine Subjektautonomie noch nicht zurückerobert hat. Unser Denken müsste also eine Mitte finden zwischen dem, was sich zeigend sich bekräftigt, und dem, was durch Enthüllung hervorbricht: zwischen diesem »Ich« Rousseaus, der sich, als er die Augen öffnet, direkt an der Phänomenalität der Welt wiederfindet, auf Augenhöhe mit ihrem reinen Erscheinen, und dem »Ich« Descartes', das im Gegenteil durch einen Bruch hervortritt – sich durch einen Bruch beweist – und aus allem herauszieht, was die Welt ausmacht (einschließlich seiner selbst, soweit es zur Welt gehört). Zwischen einem »Ich« des »ich lebe« (ins Leben zurückkehren), das sich noch nicht gefangen, noch nicht in seiner Subjekteinfriedung eingerichtet hat, und einem »Ich« des »ich denke«, das sich entschlossen von seiner Weltzugehörigkeit gelöst hat, um sich in seiner Subjekt-Initiative einzurichten. Zwischen einem *Ich*, das dem Leben, das es wiederfindet, (in seiner Gesamtheit) zustimmt, und einem *Ich*, das (systematisch) an allem »zweifelt«, was es abhängig machen könnte.

Diese zwei Momente sind Grenz-Momente: Sich plötzlich in das unendliche Leben der Welt zurückgeworfen finden, aus dem sich das individuelle Bewusstsein noch nicht herausgelöst hat, in ein Hier und ein Jetzt, die sich nicht anfechten lassen, weil sie noch nicht an isolierten Punkten sich festhaltend von einem einzigen umfassenden Existenzgefühl durchtränkt sind, das nur gleiten lässt, da es alles undifferenziert im Gleichmaß hält; oder anders meine Verschanzung gegen die Welt bis zum Äußersten treiben, bis zum Zweifeln, bis ich an allem zweifle, auch dass »ich« einen Körper habe und hier an meinem Tisch sitze, da dies noch zur »Welt« gehört, um schließlich nur das Bewusstsein meiner bloßen Existenz zurückzubehalten, die sich in der Aktivität dieses Zweifelns betätigt und die ich nicht mehr bezweifeln kann. So erhellen sie sich durch ihre Extrempositionen gegenseitig. Das eine, das in einem plötzlichen »Gefühl« hervortritt, das grundsätzlicher ist als jeder Affekt, offenbart mir meine ursprüngliche Verankerung in dem, was die Welt ausmacht und woher das Leben kommt. Das andere macht dem ganzen Spiel von Hypothesen und Einwänden, die das Denken aufstapelt, ein Ende und lässt als »Evidenz« nur noch meine Existenz als isoliertes Subjekt gelten. Nun ist die Erfahrung allerdings auf beiden Seiten unmittelbar (»angeschaut«); weder das eine noch das andere lässt sich anzweifeln. Wie können wir daher die Lehre des einen annehmen, ohne die Lehre des anderen aufzugeben? Im Rousseau'schen Moment, in dem ich mich plötzlich in das Leben der Welt getaucht wiederfinde und mich noch nicht wieder davon getrennt habe, erfahre ich nicht mehr die Transzendenz der »Dinge« der Welt »mir« gegenüber: So »im« Horizont der Welt »bleibend«, in ihn integriert, empfinde ich wieder in aller Lebendigkeit, in seiner Reinheit, in einem unerwarteten, noch unverfälschten, weil von seiner gewöhnlichen Verschüttung durch die Konstruktionen der Sprache und der Vernunft blank geputzten Einblick, was die noch ungetrennte, noch nicht gehemmte gemeinsame »Immanenz« dessen, was die »Welt« ausmacht, sein kann. Das Exil des Bewusstseins hat noch nicht begonnen (kurzer Augenblick eines wiedergefundenen Paradieses). »In« »bleibend«: *im-manere*, sagt in der Tat das Lateinische. Im Gegensatz dazu kapselt sich im cartesischen Moment meine bloße Existenz mit aller Verbissenheit von dem, was die Welt ausmacht, ab und befördert sich in ihrer Eigenschaft und Eigentümlichkeit: Das Subjekt erfasst sich dabei »ex-istierend«, weil es sich »außerhalb« »stellt«, ganz buchstäblich (*ex-sistere*) – außerhalb dessen, was die Welt ausmacht, und ihrer Immanenz, *ego sum, ego existo*.

Immanenz / Existenz, »drinbleiben« oder »sich außerhalb stellen« (*im-manere / ex-sistere*): Welche andere Alternative zeichnet sich ab? Zwischen einerseits einer Existenz, die plötzlich als erleichterte, reine Phänomenalität erscheint, indem sie sich in Kontinuität mit der Welt wiederfindet, weil sie noch in das Leben der Welt getaucht bleibt und darin, ihr Hier und ihr Jetzt nicht mehr überschreitend, die Quelle einer Immanenz entdeckt, die sich grenzenlos entfaltet und nicht versiegt; und andererseits einer Existenz, die sich dadurch aneignet und ihre Qualität erlangt, dass sie sich im Gegenteil aus dem Fluss und dem Leben der Welt herausnimmt, aus jeder Örtlichkeit wie jeder Zeitlichkeit heraustritt (sich daraus abstrahiert) und sich so ihre Unabhängigkeit und ihre Selbstbeständigkeit als Subjekt erobert. Wie gelingt es uns, diese zwei Entgegengesetzten (durch irgendeine Form der Synthese oder Überschreitung) nun nicht miteinander zu versöhnen, sondern, indem wir dem einen folgen, uns dem anderen nicht zu verschließen, in anderen Worten unser Denken – durch *Abweg*: kraft des »zwischen« – in der Spannung beider zu halten? Denn es geht nicht darum, rückgängig zu machen, was wir gerade über die Phänomenalität der Existenz, von der allein man die Erfahrung macht, festgehalten haben, sondern darum, dieses Wissen wieder auf das hin zu öffnen, was sich, wenn es sich verschließt, nicht mehr in den Blick nehmen ließe; ihm daher bei der Arbeit, in Spannung, bei der Reflexion zuzusehen, statt steril eine Schlussfolgerung daraus zu ziehen. Macht die Philosophie übrigens nicht immer genau dies? Nicht so sehr kritisieren, widerlegen, polemisieren – das ist zwecklos –, sondern einzufangen, was sie im Voranschreiten, in ihrem Fortschritt, zugleich entgleiten lässt. Das heißt, sich um die Möglichkeiten sorgen, die sie durch die Entscheidung für einen Weg zugleich aufgibt. Nicht um einen Rückzieher zu machen, sich zu verleugnen oder gar sich zu korrigieren, sondern um sich nicht von der anderen Ressource abzuschneiden, von der sie sich trennen musste, um voranzukommen, und dies, um nicht auf dem Weg zu versanden, auf dem sie sich nämlich, ohne dass sie es sich bewusst macht, einschließen ließ – und um weiter voranschreiten zu können.

Denn wir werden uns dabei an nichts anderes halten als an diese Welt (dieses Leben): daran, dass wir keine Hinterwelt unterstellen oder postulieren können, keine »andere« Welt (kein anderes Leben) zu erhoffen oder zu fürchten haben. Aber wir werden uns auch fragen, was von und in dieser Welt dennoch nicht von dieser Welt ist und die *einzigartige* Möglichkeit des Subjekts hervortreten lässt, zu »existieren«, indem es *sich außerhalb dieser Welt stellt*: uns fragen, was nicht von einer anderen Welt ist, aber einen Bruch inmitten dieser Welt erzeugt, beziehungsweise sie überschreitet und das Bewusstsein zu seiner Autonomie hin öffnet; uns fragen, was in der Erfahrung selbst, die ein

Subjekt in der Welt macht, ebenfalls eine Abspaltung von der Welt betreibt, worauf ja das *cogito* Descartes' deutet, und was, indem es sich einen Spielraum im Innern der Welt öffnet, innerhalb der Determination, die diese Welt ausmacht, die Möglichkeit einer Initiative hervortreten lässt. Wir werden uns phänomenal direkt ans Erlebte halten, uns aber fragen, was dieses mit sich selbst in Verstimmung bringt, also bewirkt, dass es phänomenal nicht zusammenpasst mit seiner Phänomenalität, die Risse in ihm auftauchen lässt oder es überschreitet und es damit als wesentlich *mehrdeutig* enthüllt, woraus eine Freiheit entspringt. Wir werden uns nicht von der Immanenz lossagen, also von dem Appell, hier und jetzt zu leben und jedes mit einer Transzendenz – in ihrem Namen – begründete Aufschieben zurückzuweisen, sondern uns stattdessen fragen, wie es zur unermesslichen Entfaltung der Kapazität dieses „lebens" durch die Existenz kommt, die durch ein von der Welt *sich abnabelndes* Subjekt bekräftigt wird und diesem erlaubt, *sich außerhalb* der Welt zu *stellen*. Wir werden auch die Anforderung des *Beschreibens* in seinem Gegensatz zu den Konstruktionen und allzu bequemen Überschreitungen im Blick behalten, uns jedoch ebenfalls fragen, was es auch an wirklicher literarischer Arbeit erfordert, um mit seinen eigenen Mitteln das richtige Maß dafür zu finden, was als dergestalt Unendliches also ein *Inkommensurables* wird – ohne doch damit weniger zur Erfahrung zu gehören.

3. Wir werden uns wenigstens auf das, was die »Welt« ausmacht, unschwer einigen können. Der Ausdruck bezeichnet zugleich Totalität und Einschluss: Die Welt bildet ein »Ganzes« und man ist »in« der Welt. Vom Konkreten bis zum Abstrakten finden sich damit immer zugleich eine Gesamtheit und ihre Abgeschlossenheit ausgedrückt. Diese Welt bilden unter anderem alle Sterne, *kósmos*, oder eben die »Welt«, mit der zusammenfassend die Künste oder die Wissenschaften bezeichnet werden. Wittgenstein setzt sie in seinem *Tractatus* an den Anfang als dasjenige, womit das Denken beginnen muss. Die Formel steht am Anfang, weil von ihr das Denken der Wirklichkeit ausgeht, um sie »wirklich« zu denken. »Die Welt ist alles, was der Fall ist«. Die Definition drückt gleichzeitig die Totalität (als abgeschlossene Zusammenfassung: *Gesamtheit*) aus und sagt von der Welt, dass sie sich aus

»Tatsachen« zusammensetzt; in anderen Worten, dass sie das *Faktische* in seiner Gesamtheit ist, ohne Ausnahme, oder dass nichts *Wirkliches* außerhalb der Welt liegt.

Von da ausgehend werden wir uns auch leicht darüber einig werden, welche Kosten und sogar Leiden in dieser Hinsicht das (von Nietzsche angeprangerte) Unterfangen der Metaphysik als Preisgabe dieses »Wirklichen« verursacht hat: Indem sie ein solches »Jenseits«, *meta*, postulierte, das Wirkliche dort einrichtete und es zum großen Anderswo aufrichtete, machte es sie zu einem Alibi dafür, dieser Welt den Rücken zu kehren, die Phänomenalität zur »Erscheinung« herabzuwürdigen und somit das Hier und Jetzt unserer Erfahrung unerbittlich zu diskreditieren. Aber wenn wir einigermaßen die Schlacken abtragen, sehen wir auch, dass das platonische Denken selbst, wenn wir ihm bei seiner Arbeit und seinem Erfinden zuschauen, sich nicht auf diese Bequemlichkeiten des Denkens beschränken konnte: dass dieses »außerhalb der Welt«, das, selbst in religiöser Gestalt, durch den Begriff und die Abstraktion erzeugt wird, weniger ein Entrinnen, die aus der Abkehr geborene Illusion, darstellt als eine konzertierte Form, dank des erreichten Abwegs »Halt« auf dieser Welt zu finden. Denn selbst wenn damit verbunden ist, sich möglichst schnell zu diesem göttlichen »Jenseits« zu flüchten, wenn damit außerdem ein »Ort der Ideen« (*tópos tôn eidôn*) bezeichnet ist und damit eine Wahrheitsebene abgetrennt wird (*pedíon tês alētheías*), ist diese Topologie des Anderswo, ob sie nun mythologisch bleibt oder nicht, weniger als Vorhersage einer anderen Welt und damit Entwertung oder Kompensation der hiesigen wirksam, sondern dient unter dem Schutz dieser Beschwörungsformeln vielmehr dazu, einen *Ideal*-Zustand zu zeichnen und vor allem zu »wagen« (*tolmân* τολμᾶν ist das große platonische Verb): durch dieses theoretische Außer-Weltliche innerhalb der Welt die Möglichkeit zu eröffnen, sie infrage zu stellen, sie also zu reformieren, statt zu resignieren und sich zufriedenzugeben. Darin ist Platons Denken durchaus ein Denken *des* Politischen, und sogar das erste in diesem Sinne, und nicht nur der Politik und der Kräfteverhältnisse, die an die Welt *geheftet* bleiben.

In der Tat, wenn man Platon gegen seinen Platonismus zu lesen weiß, sieht man bereits, dass ihn weniger dieser Zustand eines »aus der Welt« interessiert, in den man mittels Übrigbleibseln der Orphik entflieht, als dass dieses *Außer-Weltliche* Triebwirkung in der Welt entfalten kann, und zwar indem es das Denken von dem, was die Welt ausmacht, losbindet oder es im eigentlichen Sinn »in Gang« setzt. Deshalb kann das platonische Denken mit Modellen arbeiten, die ein Sein-Sollen (das der »Idee« oder des *eîdos* εἶδος) auf die Welt projizieren, in der sich so gleichzeitig eine Abwesenheit ausbreitet, die den Mangel spürbar macht und darüber unser Trachten auf dieses Absolute richtet (vermöge des *érōs*). Auf diese Weise kann das (begriffliche) Ideelle ein »Ideal« werden. Dass die Stadt, die wir bauen, so wie am Ende der *Politeia* geschlossen wird (Ende des 9. Buches, 592a–b, sein wahrer Schluss), auf unseren Reden-Beweisführungen (*en lógois*) »beruht« und nirgendwo »auf der Erde« anzufinden ist, ist genau das, was sie für den Geist zum wahren Zweck erhebt (gemäß dieser großen griechischen Wortverbindung *eîdos-télos*); dieser »Paradigmenhimmel« erlaubt sogar ein endloses Ausarbeiten dieser von uns projizierten Stadt. Dasselbe gilt für die »Schönheit« (von Platon zu Plotin). Das, worin sie einem unsichtbaren Anderswo (der »Idee«) entspricht, erlaubt ihr, als »das Offensichtlichste« (*ekphanéstaton* ἐκφανέστατον) und »Begehrenswerteste« (*Phaedros*, 250d) ins Sichtbare hervorzutreten. Oder anders, dass das Schöne nicht von dieser Welt ist, erlaubt ihm, den Schirm des Sinnlichen zu durchstoßen und, indem es das Sinnliche inmitten des Sinnlichen erschüttert, in uns durch die Macht seines »Streichs« »Entsetzen« hervorzurufen – während wir nur die Sehnsucht nach seiner unmöglichen Vollkommenheit festhalten können. Die Forderung des Schönen – seine Attraktivität – könnte sich nicht geltend machen, wenn man nicht dieses Außer-Weltliche erfinden würde, dem man das von da an immer nur abgeschwächte »Bild« (dem *eîdos* das *eídōlon*) gegenüberstellen kann. Dieses Außer-Weltliche registriert weniger eine Zuflucht vor der Welt oder besser Weltverweigerung als vielmehr die Möglichkeitsbedingung eines Schönen, das durch die Forderung, die es darstellt, umso aktiver in der Welt präsent ist, als es niemals erfüllt werden wird.

Oder wenn man aus dem Christentum einen Platonismus der Armen macht, wird man auch hier auf Anhieb keine Schwierigkeiten darin sehen, die Logik der Verdopplung aufzukündigen, die vom

Hier und vom Jetzt abnabelt und zur »Askese« verdammt: zwischen dieser vom Bösen heimgesuchten Welt hier, die wie ein Tal der Tränen zu durchqueren ist, und dem Himmelreich, der tröstlichen Herrschaft Gottes. Als Christus dem Pilatus zuletzt antwortet: »Mein Reich ist nicht von dieser Welt« (*ektòs toû kósmou* ἐκτὸς τοῦ κόσμου, Joh. 18:36), reklamiert er nicht so sehr eine andere Welt; vielmehr eröffnet er in dieser Welt eine neue Dimension oder besser gesagt die Dimension des Anderen. Wenn er sich darauf beschränkt, die offensichtlich absurde Hypothese zurückzuweisen, dass sein Reich von dieser Welt wäre, dann um deutlicher auf das hinzuweisen, was in dieser Welt dennoch nicht von dieser Welt herkommt, nicht in ihrer Macht steht, sich darin folglich nicht verfügen und unterdrücken lässt – und was er sich hütet zu benennen, um es nicht dadurch einzuengen und zu verschließen. Hier geht es übrigens genau genommen (genau übersetzt) nicht einmal um ein »Reich«, ein reiner Territorialbegriff, als den wir ihn gewöhnlich auffassen, sondern um »mein Reich« (weil es sich hier ja nicht darum dreht, »hineinzugelangen«) oder besser um »das meinige Reich« (*hē basileía hē emḗ* ἡ βασιλεία ἡ ἐμή), eine stärker adversative Formulierung, die nicht den Besitz, sondern die Macht zum Ausdruck bringt; nicht das Ausgebreitete, sondern das Aktive; und die vor allem daraus ihre Kraft bezieht, dass sich das Subjekt darin in seiner Subjektposition *ausspricht*. Indem er »das meinige Reich« in den Raum stellt, will Christus im Wesentlichen tatsächlich eine solche Subjektposition – »Souveränität« – hervortreten lassen. Wäre das nicht sogar die Position *jedes* Subjekts, in der allein es Subjekt ist (und darin läge durchaus das »Universelle« des Christentums)?

Denn stellt sich nicht jedes Subjekt, indem es »ich« sagt, indem es sich als Subjekt ausspricht, auf die Seitenlinie dessen, was die »Welt« ausmacht? Es errichtet damit eine Perspektive, die von der Welt ablöst und sich nicht in sie einschließt; daher trennt es sich von der »herrschenden« Ordnung, ist in dessen Umfassendes nicht mehr eingeschlossen. Mit seiner Initiative bricht es vielmehr in sie ein, so wie es durch seinen Anspruch über sie hinausschreitet. Es lässt darin durch seine Einzigartigkeit einen Rückzug entstehen, der aber keinesfalls eine Zurückweisung darstellt. Muss man hier noch ein »Wert«-Urteil hineinbringen? Denn während der »Mensch« als Lebewesen durchaus zur Welt gehört, stellt sich jedes Subjekt durch seine Position als im eigentlichen Sinne »ex-istierendes« *Subjekt* außerhalb der Welt. Wenn wir also auf das Wort Christi lauschen, wie Johannes es aufgeschrieben hat, es gegen die Fabulierungen des Christentums verstehen, es wie Kierkegaard auffassen und nicht wie Nietzsche, es folglich vom ganzen Ballast der religiösen Institution und ihrer – heute glücklicherweise zusammengefallenen – herrschenden Ideologie befreien, sehen wir nicht so sehr die Predigt einer anderen Welt, ebenso wenig wie den Auftakt zu einer solchen, als vielmehr die *existenzielle* Zurückweisung dessen, was die Welt verschließt (oder von ihr verschlossen wird) und darin einsperrt, sprich die Zurückweisung ihrer Vollständigkeit und des Eingeschlossenseins, das unmittelbar damit einhergeht. Diese Worte deuten also auf eine Unzulänglichkeit des Weltinneren – darin wird ein Widerspruch direkt in der Erfahrung ersichtlich –, die nicht so sehr zu einem Verlassen des Hier und Jetzt führt als vielmehr (im Griechischen) zur Öffnung dessen, was die Griechen an dieser Sache verkannt hatten. Denn da sie so sehr der Sicherheit der Grenze (*péras* πέρας) verhaftet waren und das durch Unbestimmtheit Vage des »Grenzenlosen« (des *ápeiron* ἄπειρον) fürchteten, folglich die Schönheit der »Welt«, *kósmos*, nur als vollendete Totalität begriffen, mussten sie die Ressource ignorieren, die allein auf das Trachten eines »ex-istierenden« Subjekts antworten kann – wodurch es durchaus zu einem historischen Bruch mit ihnen kommt: das Trachten nicht nur nach dem *Absoluten*, auf das ihr begriffliches Denken, aus dem die Philosophie hervorgeht, fixiert gewesen war, sondern nach dem *Unendlichen*.

4. Oder fragen wir uns, indem wir erneut vom elementarsten und sinnlichsten Stadium, unserem Auf-der-Welt-Sein, ausgehend eine andere Richtung einschlagen: Ist denn eine Landschaft von dieser Welt? Zählen wir auf das, was die Landschaftserfahrung selbst, unbeeinflusst vom Religiösen, uns an Vorbildhaftem bietet. Da sehen wir schon unmittelbar in der Erfahrung, direkt am Erlebten, eine solche *Ausweitung ins Unendliche* – was höchst lehrreich ist. Denn eine Landschaft gehört durchaus zu dieser Welt, weil sie nur aus dieser Materialität und dieser Topografie besteht: aus diesen Wäldchen, diesem Himmel, diesem Gewässer und diesen Felsen, aus diesen Graten und diesen Mäandern;

weil sie nur von dem Erscheinen und dem »derart« ist. Gleichzeitig befindet sich eine solche Phänomenalität aber unter Spannung: Sie entzieht sich und entfaltet sich gleichzeitig, dringt dort in Vertrautes und öffnet sich da hinten unendlich weit – und schon lässt sie von dieser Wahrnehmung eine unvergleichliche Nostalgie aufsteigen. »Land« – »Landschaft«: Lassen wir diese schlummernde Semantik noch einmal anklingen. Ein »Land« ist sicher nur von dieser Welt; es bezeichnet nur diesen Teil des Territoriums, den seine Grenzen einschließen und den man auf einer Landkarte in jedem beliebigen Maßstab wiedergeben kann. Was befördert nun aber eine »Landschaft«? Sie ist nur so »schön«, extrem, erstaunlich, wie sie inmitten der Welt die Welt überfließen lässt, worin sie uns auf subtile Weise unsere Berufung zum *Ex-istierenden* in Erinnerung ruft. Denn was sich darin verbirgt, befreit von der Tiefe; jenes Phänomenale verschwindet, gerade um besser hervorzutreten, und das Schwinden der Formen in der Ferne taucht sie in eine Unbestimmtheit, die zum Sinnen, zum »Träumen« bringt, indem es sie mit einer »Aura« umgibt. So auch diese Seelandschaft (des Comer Sees) nach der *literarischen* Beschreibung, die Stendhal in *Die Kartause von Parma* gibt: »Inmitten dieser wunderbar geformten Hügel, die in absonderlichen Hängen nach dem See abstürzen«, verstecken sich »die auf halber Höhe verstreuten Dörfer [...] hinter großen Bäumen«; »und über diese Hügel hinaus [...] gewahrt der staunende Blick die fernen, von ewigem Schnee bedeckten Spitzen der Alpen« ebenso wie den »ferne[n] Glockenton eines unter Bäumen versteckten Dorfkirchleins« mit seinem »gedämpft über das Wasser herdringende[n] Klang«, der dieses Hier und Jetzt in »die Farbe süßer Schwermut« taucht und »dem Menschen zuzuflüstern« scheint: »Das Leben flieht dahin. Sei darum nicht allzu wählerisch ...«.

Ein Land kann man besitzen; einen Garten auch: Der Garten ist ebenso »eingezäuntes Grundstück« (*hortus conclusus*), eine Landschaft aber kann man nicht besitzen. Eine Landschaft gehört nicht. Gehört sie zur »Welt«? Ohne uns zu nötigen, die Welt zu verlassen, bewirkt sie *Befreiung* darin. Während sie nichts anderes als Phänomenalität ist: »Landschaft«, entzieht sie sich ihrer Phänomenalität: Sie gräbt und hebt sie aus unter der Einrammung und Einschachtelung ihrer Ebenen; wie sie sie durch ihre neblige Weite lockert, indem die sich in ein

Bodenloses ausdehnt, das nicht mehr von dieser Welt scheint. Sie führt »Jenseitiges« in die Gegenwart ein und öffnet sie einen Spalt weit, ohne sie doch zu »überschreiten«. Das chinesische Denken hat so hervorragend Rechenschaft über diese »Landschaft jenseits der Landschaft« (*jǐng waì jǐng* 景外景) abzulegen gewusst, die sich »zwischen es gibt – es gibt nicht« situiert: Das Jenseits-der-Landschaft ist noch Landschaft – wir verlassen sie nicht, aber sie schließt nicht mehr ein. Wir wissen nur zu gut, dass eine vollständige – enthüllte – Gegenwart darum undurchdringlich ist: Sie lähmt in ihrem Dasein, das von nun an eben auch nur dies ist und unfruchtbar macht; das also ganz *an seinem Platz* ist und dort »versandet«. Daher malen die chinesischen Maler im Übergang zwischen dem Sichtbaren und dem Unsichtbaren, statt sie einander entgegenzusetzen; sie lassen das Gegenwärtige durch sein Entziehen hervortreten: »Hütten und Riedhäuschen zeigen nur einen Teil von Mauer oder Sims …« (Wang Wei). Dass man beim Malen die Ferne verwischt oder in der Nähe verbirgt, läuft auf dasselbe hinaus: Das Phänomenale macht sich hier frei von dem, was in ihm zur Schließung und Verdinglichung führt; es befreit sich von seiner Einschließung, die zugleich Freiheitsentzug bedeutet.

Die Landschaft stellt einen unaufdringlichen *Aufschwung* des Phänomenalen dar, das sich aus seiner *Ausbreitung* heraushievt; sie bietet sich als Vertiefung und zugleich als Überfließen des Erscheinens dar; sie öffnet »Jenseitiges« darin, ohne es doch zur Aufgabe des Hier und des Jetzt zu veranlassen. Das heißt, sie bewirkt eine Befreiung von der Welt, eine Ausweitung des Inneren des Phänomenalen und des Sinnlichen, ohne Verzicht (auf diese Welt und dieses Sinnliche) zu bedeuten: ohne »Flucht« zu sein. Ohne die Verdopplung der Welt zu bemühen, die die Metaphysik betreibt, lässt die Landschaft über das nachsinnen, was, obwohl ganz der Welt angehörend, sich darin nicht mehr einschließt. Darin ist sie aufschlussreich; kann initiieren, ist aber nicht mystisch. Sie weist den Weg zu einer Phänomenalität, die sich selbst entzieht, zu einem Erscheinen, das sich von seiner Gedrängtheit befreit, indem es sich von Unendlichem und Unerschöpflichem durchdringen lässt; daher kann man sie auch endlos bewundern. Während sich ein »Anblick« erschöpft, zu langweilen beginnt, indem er sich einrahmen lässt, bis man ihn nicht mehr sieht, gibt es umgekehrt die Landschaft, die, sobald ihr »Aufbau« (der gewöhnliche Begriff in seiner üblichen Verwendung) sich zugleich klärt und alle Begrenzungen überschreitet, lokal in eine Grenzenlosigkeit eintaucht. Daher stellt sich das Subjekt inmitten einer Landschaft bereits in gewisser Weise außerhalb dieser Welt, indem es sich ex-istierend erfährt – was so viel entscheidender ist als all das, was man uns über den ästhetischen Genuss erzählt hat, der aus der Harmonie oder der Geometrie hervorgeht und beim Anschauen einer »schönen« Landschaft erlebt wird: ein Epitheton, das man bequem einsetzen kann, um vor sich zu verbergen, was hier, allerdings in unaufdringlichem Flüsterton, bereits an einem möglichen »Schwachwerden« hineinspielt (der Erzähler nähert sich den Kirchtürmen von Martinville).

5. Und gibt es aber nicht auch das, was abrupt, nicht mehr im Flüsterton, sondern schreiend und wie am anderen Ende des Erfahrungsspektrums, verankert in der Materialität des Fleisches und nicht mehr in derjenigen »der Berge und Gewässer«, durch das zum Vorschein gebracht wird, was wir ebenfalls aus Bequemlichkeit das »Sexuelle« nennen – oder wie sollen wir es anders bezeichnen? Das »Sexuelle« ist – und dies wird sogar seine erste Definition sein –, was einen Riss in der Phänomenalität der Erfahrung erzeugt, plötzlich eine Kluft darin entstehen lässt: was sich niemals vollständig phänomenalisieren lässt, obwohl es natürlich nichts anderes ist als dieses Phänomenale und dieses Prozessuale. Das Sexuelle benennt, was nicht von der Welt ist, und dies in der unmittelbarsten – »fleischlichsten« (»körperlichsten«) – Beziehung, die es auf der Welt gibt: Was sich zu »Welt« verwoben hat, reißt plötzlich ein. Nichts mehr findet sich angemessen oder *an seinem Platz*; oder sagen wir gar, es entsteht aus dieser wesentlichen Unangemessenheit, die nicht resorbiert werden kann. So groß ist die »Unruhe« des Sexuellen, um es genau (radikal) zu fassen: Das Sexuelle ist, wie wir nur zu gut wissen, seinem Wesen nach *beunruhigend* und sogar nichts als das. Nichts reagiert mehr in seiner gewöhnlichen Wahrnehmung, alles findet sich in dieses *Schwachwerden* gezogen, davon erfasst, aus seinem Eingerichtet-Sein gerissen. Im Moment des Verlangens-Genießens, der *Lust*, ist nichts mehr an seinem Platz oder in seiner Ordnung – und diese Unordnung selbst mit ihrer nicht allein auf das

Psychische beschränkten *entsandenden* Wirkung ist es, was man ersehnt, und nicht etwa, wie man vielleicht denkt, irgendein Objekt oder die Befriedigung, die uns auf die Tiernatur des Lebewesens reduziert. Das Sexuelle hebt brachial die Welt in der gesamten Erfahrung, die wir von ihr haben, aus den Angeln, ohne dass wir im Moment (da wir nur im Moment sind) etwas jenseits dieser Überwältigung ins Auge fassen könnten; ohne dass wir dem auch nur entkommen könnten, was uns in diesem Hier und in diesem Jetzt festnagelt.

Denn handelt es sich wirklich um »Verlangen«? Wir sollten uns möglichst bald Klarheit über den Unterschied zwischen dem sexuellen und allem anderen Verlangen verschaffen; und selbst das Wort »Unterschied« reicht nicht hin beziehungsweise passt schlicht nicht, da ein Unterschied noch eine Gemeinsamkeit in der Gattung – eine »Artverwandtschaft« – voraussetzt, von der aus sich der Unterschied bestimmen ließe. Nun gibt es hier aber keine allgemeine Gattung des Verlangens oder des Vergnügens, zu der *auch* die sexuelle Lust gehörte. In dieser Hinsicht täuscht uns die Sprache. Das »sexuell« genannte Verlangen ist keine Art der Gattung »Verlangen«, denn es zeigt sich, dass es mit den anderen Verlangen in keinem Zusammenhang steht; dass es in keiner Weise neben ihnen (diesen nur organischen Verlangen nach Trinken, Essen, Schlafen und sogar elementarer noch nach Leben) einzuordnen ist; es reißt eine Lücke in ihre Reihe oder ihr Spektrum und ruft daher einen Schwindel bei uns hervor. Damit ist es tatsächlich nicht »von dieser Welt«. Selbst der wie üblich dem »Vergnügen«, das die Zufriedenheit der Erfüllung ausdrückt, gegenübergestellte »Genuss«, der durch seinen Verlust ebenso wie durch sein Übermaß eine Kluft entstehen lässt, erreicht unmöglich das Ausmaß dieser Diskrepanz, geschweige denn, dass er sie begreifen ließe. Daher können wir nur die unterschiedlichen Ausgangspunkte dessen, was wir »sexuelles Verlangen« nennen, und allen übrigen Verlangens feststellen, die uns in der Welt und in ihrer »Im-manenz« *belassen*, während jenes nichts anderes als das Zerbrechen dieser Immanenz und dieser Angemessenheit des Verlangens darstellt und folglich zu diesen anderen Verlangen in »Homonymie« steht, wie Aristoteles vom Sein sagte.

Denn wenn, im Fall des Sexuellen, »Verlangen« homonym ist, dann weil es nicht »irgendeine Sache« gibt, nach der wir uns sehnen, keine zum Seienden (zur Welt) gehörigen Dinge, die wir erlangen und die unser Verlangen stillen könnten. Wenn das sexuell genannte Verlangen von allem anderen Verlangen getrennt ist, dann weil nichts von der Welt damit in Einklang kommen kann oder vollständig damit übereinstimmt; weil das, was es »befriedigen« kann, immer mit Ersatz zu tun hat, also auch eine bewusste Illusion darstellt. Wenn es hier »Verlangen« gibt, dann ist es dieser *Bruch der Phänomenalität*, nach dem es uns verlangt – und nach dem alles zur Normalität und zur Ordnung zurückkehrt. Oder wenn es hier »Verlangen« gibt, dann nicht nach Befriedigung, sondern ebenso sehr nach Unerfülltsein – die Befriedigung beendet das Verlangen, antwortet aber nicht auf das, was hier im Spiel ist und nicht der Ordnung irgendeiner »Sache« angehört. Was das »Verlangen«, wie wir es hier wohl oder übel nennen, durchzieht, ist eher eine Erprobung der Grenze, wovon auch der Schwindel kommt: Man streift darin etwas, »was nicht von dieser Welt ist«, zugleich aber zur unmittelbarsten Empfindung gehört, am tiefsten in diese Welt hineinzieht, in ihr Fleisch und ihr Spüren – in ihren Herzschlag. Man rührt plötzlich an eine Äußerlichkeit, die selbst am Grund der »Penetration«, in der Umarmung und im Besitzen nicht resorbiert werden kann: Sie erzeugt diese Überwältigung, die uns »außerhalb« »hält«, und nicht nur außerhalb von uns selbst, im eigentlichen Sinne »ex-istierend« – worin es durchaus ein *Ereignis* gibt, das Auftauchen von einem Außerhalb; und nicht mehr, wie zuvor, Geschehen. Denn es gibt sehr wohl eine Immanenz des Verlangens, jedes Verlangens. Das Sexuelle aber gehört, gerade weil es in sich irreduzibel Ereignishaftes enthält, nicht dazu. In diesem Ereignis des Sexuellen zerbricht jede Immanenzgewissheit – und ist das nicht in erster Linie, wonach es uns »verlangt«?

Dass das Sexuelle durch diese offene Kluft nicht vollständig von dieser Welt sein kann; dass es sich in diese Haltung wirft, sich plötzlich »außerhalb« der Welt zu »stellen«, wovon letzere sich überwältigt findet, bestätigt sich einfach: Da wir das Sexuelle in der Welt nicht unterbringen können, können wir es nicht »benennen« (anders als mit jenem Kategorie bildenden Notbehelf, dem »Sex«). Weil es keinen Platz in der Welt findet, darin nicht *an seinem Platz* ist, ist das »Sexuelle«, obgleich es sehr wohl nur von dieser Welt ist und phänomenal vollständig zur Welt gehört, im eigentlichen Sinne unsagbar. Das Eigentümliche des »Sexuellen«, was es vom Rest der Erfahrung und vor allem von jedem Verlangen trennt, ist in der Tat, dass es als solches unbenennbar und unbeschreiblich ist. Denn kann man dieser Alternative zwischen einer »technischen« (anatomischen) Benennung und dem Verfallen ins »Vulgäre«, Obszöne und Schlüpfrige etwa entkommen? Und kann man auch nur dem Bildhaften entkommen (die »Vagina« – »Scheide«)? Denn hier handelt es sich nicht mehr um Modales oder um »derart«, das sich in Form von Variationen der Beschreibung anbietet, sondern es handelt sich schlechthin um »dies«, um mehr *dies* als jedes dies, insofern es das Erscheinen erschöpft, um voll und ganz Deiktisches, das sich uns als einzigartig und sogar als wahnsinnig aufdrängt: um das *dies* der Fixierung, der äußersten Fokussierung, die aber daher jeder Verortung in einem »dies« trotzt. Wenn sich die Sprache dem Sexuellen nähert, gerät sie unausweichlich in Verwirrung, kommt zwangsläufig vom Weg ab; wir verfehlen es unweigerlich, wenn wir es benennen wollen. Daher nennt man es häufig »das Ding« (von Charcot bis Freud). Nun kann »das Ding« alles heißen, bezeichnet hier aber das Einzigartigste. Denn es handelt sich hierbei nicht um Unaussprechliches, weil es unendlich und unmöglich zu charakterisieren wäre (wie bei »Gott«), sondern um Unsagbares, weil es unmöglich einzufügen ist: Daher ist »das Ding« der umfassendste, allgemeinste Begriff, der hier aber dazu dient, das Spezifischste auszudrücken, oder besser noch etwas so Spezifisches, dass es keine Spezifikation erlaubt.

Wir müssen darauf zurückkommen, weil es uns ebenso viel über das Sexuelle wie über die Sprache lehrt: Dem »Sexuellen« kann sich die Sprache nur auf Umwegen (über das Vulgäre, das Bildhafte oder das Medizinische) nähern. Über das Sexuelle können wir nur aus der Distanz sprechen, indem wir drum herumreden: »Das Ding« ist unnahbar. Man kann sich nur andeutend oder schulmeisterlich verhalten, sei es, dass man »über« es doziert, sei es, dass man Anspielungen macht. Man kann darüber nicht in neutraler Weise sprechen, sondern nur mit Konnotationen. Es ist der Rede unzugänglich, selbst wenn (aber auch weil) es prinzipiell dem Bereich der Berührung und des Intimsten, des tiefstmöglichen Eintauchens zugehört – das sich uns infolgedessen ständig entzieht. Darum müssen wir es vom Erotischen unterscheiden: Das Erotische ist mitwissend, bereitwillig und in keiner Weise bedrohlich; das Sexuelle ist beunruhigend. Eine Kultur wie die Chinesische besitzt eine umfangreiche erotische Literatur, aber wagt sie darum, sich dem Sexuellen zu nähern – sich ihm zu stellen? Ist nicht das, was wir darin als unintegrierbar und nicht anpassbar, als von gefährlicher Äußerlichkeit oder Außerweltlichkeit, als im eigentlichen Sinne deregulierend wahrnehmen, dasjenige, was dieser Kultur so tiefes Unbehagen bereitet? Denn beim Sexuellen gibt es nicht nur die bekannte Kluft zwischen Reden und Handeln, die beide nichts miteinander gemein haben – darin unterscheidet sich das Sexuelle deutlich von der Erfahrung –, sondern es bleibt vor allem so schwer, sich dem »so« zu stellen: Gibt es überhaupt ein »So-Sein« des Sexuellen? Darin ist es sogar das Nicht-Phänomenalisierbare schlechthin, während es gleichwohl nichts anderes als Phänomen ist.

Lacan beispielsweise hat sich entschieden, diese *Kluft* des Sexuellen, die sich nicht wieder schließen wird, als »Noch einmal« zu bezeichnen (»Noch einmal, das ist der Eigenname dieser Kluft, von wo her im Anderen die Liebesforderung ausgeht«, in *Encore*). Da nun aber nichts kompakter ist als eine Kluft, wie Lacan sagt (sie ist »der Ort einer unendlichen Zahl möglicher Schnittpunkte«), folgt, dass sie es ist, die die mutmaßliche sexuelle Beziehung verdeckt und behindert. Tatsächlich ist der Bruch ein doppelter: der Bruch im Subjekt, von dem das Verlangen herkommt, und der Bruch zwischen den Subjekten, von dem die Unmöglichkeit der Beziehung herkommt. Daher findet die sexuelle Beziehung keinen Platz im Phänomenalen, liegt sie »weit außerhalb des Aussprechlichen«, da ihr Bruch sich ebenfalls als überwältigend erweist und die Nichtübereinstimmung lebendig lässt, gerade in der Kopulation. Wenigstens verstehe ich so das »es gibt keinen sexuellen Akt« (der sexuelle Akt erreicht nicht das »es gibt«, darin liegt »das große Geheimnis der Psychoanalyse«), dessen Formulierung danach noch weiter radikalisiert wird in dem berühmten »es gibt keine sexuelle Beziehung«, das sich auf so viele verschiedene Weisen rechtfertigen lässt (daraus, dass das vermeintliche »Objekt«, das des Liebesobjekts, nur Träger des Unbefriedigtseins ist; oder daraus, dass die Liebe, selbst die gegenseitige, unfähig ist – worin sie dem Einen gleicht –, eine Zweierbeziehung aufzubauen; oder daraus, dass die Frau in dieser sogenannten »Beziehung« niemals »alles« ist; oder daraus, dass der Mann darin nur den Genuss des Phallusorgans genießt und nicht den Körper der Frau usw.). Achilles und die Schildkröte kommen nicht mehr zusammen – und so werden wir von der unmöglichen *Beschreibung* dessen, was ist beziehungsweise nicht ist, zum »Mathema« übergehen müssen.

6. Die *Kluft* ist, was trennt und im Nichtresorbierbaren der Trennung hält – so wie jene zwei Partner in der »sexuell« genannten Beziehung. Das *Unmäßige* hingegen ist das, was die Totalität überschreitet und die Einhegung dessen, was die Welt ausmacht, aufhebt. Diese zwei Figuren mögen als Gegensatz erscheinen, doch wie weit sind sie es tatsächlich? Zerrissen oder überbordend, gerät das Phänomenale, bezüglich seiner Gelassenheit, in eine Krise, entzieht sich der Angemessenheit des Erscheinens und folglich auch seiner Beschreibung. Es findet sich bedroht durch das, was es durchdringt – also einerseits sich durch es hindurch ausbreitet und andererseits durch es hindurchgeht – oder sich nicht einschließen lässt. Auf der einen Seite der Mangel, auf der anderen der Überschuss, aber dieser Mangel kommt von einem Überschuss her, der sich nicht aufnehmen lässt; wie dieser Überschuss ebenfalls dadurch einen Mangel darstellt, dass er die sich als unmöglich erweisende Totalität und die Gewissheit seiner Grenze zunichtemacht. Denn beide hängen an der *Nichtintegration* des Anderen. Mangel und Überschuss entsprechen sich darin, dass die »Beziehung zum anderen« wirklich Widersprüchliches enthält, wobei sich das »andere« hier genau als das zu erkennen gibt, was sich der »Beziehung« entzieht. Sie zielen gleichermaßen auf dieses Unmögliche.

Gewöhnlich haben wir ein banales, weil moralisches Verständnis des »Unmäßigen«: Es stellt die Grenze dar, die wir nicht übertreten sollen. Wir halten uns dabei an diese kluge Maßregel: Man soll »das Unmäßige vermeiden« (»weniger ist mehr«), der *hýbris* widerstehen, um kein Risiko einzugehen; diese Weisheit dient dem Selbstschutz. Nun empfiehlt es sich, ein spekulatives und unvoreingenommenes Verständnis davon zu entwickeln: nicht mehr in dem Sinne, dass das Subjekt in seinem Verhalten den Exzess betreibt, indem es unberechtigt die Grenzen übertritt und das Maß überschreitet; sondern in dem Sinne, dass das Phänomenale selbst, insofern es zutage tritt, sich überschritten findet: in dem Sinne, dass sich das, was die Welt ausmacht, in seiner Gesamtheit als unfähig zur Aufnahme dessen erweist, wovon ich nichtsdestoweniger hier und jetzt die Erfahrung mache. Dergestalt ist es das *Überschreitende* im emphatischen Sinne eines Überbordens, Aktiven verstanden (und nicht das »Überzählige«, das nur quantitativ und im Resultat Überschuss ist), also das, was sich in der Erfahrung, die wir von der Welt haben, im Unmäßigen erhält: was aus dem, was die Welt ausmacht, aus allem, was der »Fall« ist, heraustreten lässt, dazu zwingt, *sich außerhalb* der Welt und ihrer Ökonomie *zu stellen*, und sich als unintegrierbar erweist. Ein solcher *Exzess* ist durch diesen *Überhang* der Welt, zu dem er drängt, dasjenige, was vom leben zum *Ex-istieren* trägt.

Das *cogito*, selbst in seiner Isolation (seinem berühmten »Solipsismus«), ließ schon dieses dem »Existieren« eigene Vermögen überzutreten – diese Kraft des Überbordens – erkennen. Descartes' »ich denke, also bin ich« lässt in seiner hyperbolischen Kühnheit, wie Derrida gezeigt hat, jede Totalisierung der Gegensätze hinter sich, und vor allem desjenigen zwischen der Vernunft und dem Wahnsinn: Der Akt des *cogito* überschreitet diesen Gegensatz und nimmt sich zugleich davon aus, indem er – in seinem eigenen Beispiel – selbst dann Geltung behält, »wenn ich irre bin«. Indem es ihm gelingt, die Einhegung jener Disjunktionen, die die Welt machen, zu durchstoßen, ohne zugleich eine andere Welt anrufen zu müssen, eröffnet er einen Weg, sich der Bedingtheit des Subjekts in dieser Welt zu entziehen – auf die Gefahr hin, seiner danach wieder verlustig zu gehen und in die Vernunftordnung zurückzustürzen, sobald Descartes ihn mittels seiner Artikulation in die Logik der Sprache und der (nicht literarischen) Kommunikation-Beschreibung zurückholt. Während nun aber die Möglichkeit eines solchen Überbordens aus dem in sich selbst zurückgezogenen, in seinem »Ich« isolierten Bewusstsein lediglich wie eine extreme Großleistung hervorlugt, wird ein solches *existenzielles Überborden* hingegen zu einem ständigen Überstürzen, sobald es zur *Begegnung* kommt. Jede Begegnung des Anderen lässt in unbeherrschbarer Weise die (totalisierende) Bewusstsein-Gewissheit eines Subjekts überschreiten, überfließen. Tatsächlich gibt es keine Begegnung, ob unaufdringlich oder direkt, ohne ein solches Überwältigtsein. Zwar holt die Alltäglichkeit das Andere unablässig in die Welt und in die Perspektive des Subjekts zurück und federt dieses Überwältigtsein ab. Würde sich das »Leben« – seine Ökonomie – sonst nicht dadurch in seinem Innersten bedroht finden? Dennoch, sobald sich ein Anderer erneut vom anonymen anderen abnabelt, sobald Anderes *begegnet*, erscheint gleich auch wieder dieses Überborden des Phänomenalen – dieses Überwältigtsein eines *Ex-istenz werdenden* Lebenden.

Dass das Vermögen der Erfahrung, oder nennen wir es zur besseren Verdeutlichung der Grenze ihr »Fassungsvermögen«, in der Begegnung mit dem Anderen überschritten wird, sodass wir ständig gezwungen sind, der zu heftigen Konfrontation mit ihm aus dem Wege zu gehen, das bestätigt sich in der Tat bei der ersten Gelegenheit, selbst wenn wir es gewöhnlich behutsam vermeiden, darin zu verharren: Wir können einander nicht länger als einige Sekunden in die Augen schauen. Die Erfahrung davon ist unmittelbar und als solche unbestreitbar, nicht ab und zu einmal, sondern in allen Fällen – wir brauchen es nur zu versuchen. Hier berühren wir etwas, das ganz in der Welt vor sich geht und sogar »unter unseren Blicken«, direkt unter unseren Augen, zur Phänomenalität des Hier und des Jetzt gehört, aber dennoch jedes Mal droht, ein Weltganzes, in dem die Beziehung stattfinden muss, zum Überlaufen zu bringen, und in der Folge die Beziehung aus dem, was sie erlaubt, herauszuziehen. (Irgend-)Jemandem in die Augen schauen, lässt das Verhältnis bald außer Kontrolle geraten, lässt es überborden, stößt die Grenze auf, in die der Andere sich einschließt, lässt *Anderes*, das *sich nicht mehr einfügt*, hervorbrechen. Dieses Übermaß an Öffnung im Angesicht des Anderen bringt eine Sicherheit des Subjekts, in der alle Subjekte stillschweigend übereinkommen, in Gefahr. Deshalb weichen wir aus, wenden den Blick ab, lassen ihn über die gegnerische Oberfläche streifen, um sie möglichst nicht zu durchstoßen, machen aus unserer beider Augen stumpfe Klingen. Denn wenn der Blick nur einmal ein wenig zu lange im Blick des Anderen versinkt, findet sich jedes Mal eine Gesamtheit, die Einhegung, in deren Schutz sich das Subjekt berechtigterweise als in der Welt Stehendes hält, plötzlich bedroht – der Schwindel ist unerträglich. Es sei denn, die Beziehung ist ins Intime abgerutscht, hat die Grenze zum Anderen geöffnet, die Abgrenzung des Anderen gegenüber einem selbst erschüttert: es sei denn dieser Andere oder dieses Äußerliche befindet sich ebenfalls im »mir Näheren« als mir selbst, *interior intimo meo* – nur darin, dass wir unbegrenzt in den Blick des Anderen blicken, bestätigt sich das *Vertraute.*

Aber das Vertraute wie die Aufrichtigkeit sind bekanntlich unsozial. Deshalb lehrt die Gesellschaft, ständig den Blick des Anderen zu meiden, dieses Überwältigtsein auszuschlagen, und macht aus diesem Ausweichen ihren Anstand. Es gehört sogar zur Funktion des Sozialen, vor der Begegnung des Anderen in Schutz zu nehmen, seine Fremdheit abzublenden. Die Begegnung des Anderen zu denken, gar zu wagen, ist in der Tat gefährlich, hat ihre Bedingung der Möglichkeit, die auch eine kulturelle ist, und versteht sich nicht von selbst. Ich frage mich sogar, ob eine große Kultur wie die chinesische, um noch einmal auf sie zurückzukommen, jemals erfasst hat, was *dem anderen begegnen* sein kann. Sie hat die *glückliche* Begegnung gedacht (*shì* 适), den günstigen, passenden Moment, der »gelegen« kommt, ohne dass man daran denkt, wie ein Aufblühen an Immanenz, und hat daraus eine feine Kunst der »Saison« entwickelt. Gewiss hat sie das andere auch in die Beziehung *eingefügt*: Das andere ist das andere desselben, zugleich sein Gegenteil und sein Komplement, indem beide eine Polarität bilden (der Himmel und die Erde oder der Vater und der Sohn, der Gatte und die Gattin, *yīn* und *yáng* usw.). Sofort in das Zwischenmenschliche (das Funktionale) eingeschlossen, entsteht dieses *andere* nicht mehr in echter Äußerlichkeit, es erfordert nicht, dass man sich mit ihm auseinandersetzt, ihm »begegnet«, es eröffnet sich nicht zu einem Schwindel. Dazu dient offenkundig das in China so wichtige »Ritual«: Durch Aufhebung jeder positionalen Frontalstellung garantieren diese weniger aggressiven, zivilisierteren Beziehungen die *Regulierung* und Normalität des Sozialen, indem sie so das Ereignis des Anderen, des anderen als »anderem« vereiteln. So wie es die Zufriedenheit des Vergnügens und der Erotik, aber nicht ihre Nichterfüllung gedacht hat, auf die der Genuss lediglich deutet, scheint mir das chinesische Denken am Ereignis der Begegnung vorbeigegangen zu sein – ist beides nicht übrigens miteinander verbunden?

Im Vergleich aus der Distanz stellen wir fest, dass die hebräische Tradition die Begegnung des Anderen gedacht hat und sogar vielleicht allein dies getan hat. Moses auf dem Berg Sinai: erkundet also, wie weit die Begegnung gehen kann (dieses anderen, das wir als »Anderen« Gott nennen); die Erfahrung ist die der Unmöglichkeit des alles überschreitenden Gegenübertretens, das alles öffnet. Christus: lässt nichts als begegnen, fordert den Anderen – alles andere – zum »existieren« auf, indem er sich zum Subjekt der Begegnung erhebt. Nun ist ja bekannt, welche Schwierigkeiten das Christentum hatte, in China vorzudringen, während der Buddhismus mehr als tausend Jahre früher auf keinen Widerstand gestoßen war. Denn genau genommen will Christus keine Schüler anziehen, um sie um sich zu scharen, wie es ein Weiser täte, sondern er sucht Männer und Frauen auf und lädt sie zum Ereignis der Begegnung ein, die alles ändert; die durch den Aufruf, sich außerhalb der Totalität, die die Welt ausmacht, zu stellen, von da an ex-istieren lässt, selbst wenn ein jeder zu sich zurückkehrt. Denn sobald sie sich einmal auf die Begegnung eingelassen haben, hört sie nicht mehr auf, in der Geschichte der Subjekte zu arbeiten (wovon die Emmaus-Bewegung zeugt). Die Menschlichkeit Christi gründet sich so auf den möglichen Ort der unmöglichen Begegnung des Anderen (der sich an diesem nicht topischen Ort *in Christo* beziehungsweise »in Christus« wiederfindet); und darin besteht die »Neuigkeit« oder unerhörte Botschaft. Selbst die Zeit als Extrem der Totalisierung und auch der Tod werden darin überschritten.

7. Wir können noch genauer fassen, welche konstitutiven Züge die *Begegnung* aufweist, die durch und in diesem unintegrierbar bleibenden Außen des Anderen *sich außerhalb* der Welt *stellen* und existieren machen. Die Begegnung lässt sofort aus dem phänomenalen »Geschehen« in mir wie in der Welt, also aus dem, was die Welt ausmacht, heraustreten. Sie hat *ereignishafte* Struktur und bewirkt einen Bruch in diesem Kontinuum: Der Andere ist derjenige, der hervorbricht und den Horizont öffnet, dem wir uns nähern, wie man sich einer Insel nähert, diesem unbekannten Gestade, an das wir uns anfänglich kaum herantrauen. Bei den Begriffen Ereignis und Geschehen handelt es sich in der Tat um Antonyme: Das Geschehen gehört zur Immanenz; das Ereignis durchbricht sie von seiner Transzendenz, das heißt von seiner Äußerlichkeit her, die sich nicht einfügt. Es gibt eine unauslöschliche Äußerlichkeit des Anderen, die sich keiner Polarität zuordnen lässt, die

in keiner Komplementarität und in keinem Gegensatz ihren Platz findet. Sie ruft dieses Ereignis hervor, das nicht resorbiert werden kann. Denn wenn der Andere durch sein Leben ebenfalls ganz zur Welt gehört, gehört er ihr doch im Ereignis der Begegnung nicht mehr an. Dieses lässt jenes Ganze, in dem sich die Welt vollständig erhält und schwelgt, zusammenbrechen; ihr Ereignis ragt aus dem Raum und der Zeit, die zu seiner Vermessung dienen, heraus. Daher ist das Ereignis der Begegnung dieses *Unmäßigen*, das die Welt überschreitet und sie für das Inkommensurable öffnet und dadurch das Subjekt *ex-istieren* lässt.

Wir lesen es gerade bei Flaubert, was Beweis genug ist, wenn es denn eines solchen bedarf, dass es sich hier nicht um Dichtung handelt. Er, der so verbissen darum gekämpft hat, sich nicht der gefälligen Illusion zu ergeben, der so entschlossen war, sich nur an das Phänomenale der Erfahrung zu halten, in seiner Beschreibung nicht von ihm abzuweichen, gibt ihr dennoch ihren Platz mit allem, was dazugehört. Und wenn »Erscheinung« gewöhnlich auch verdächtig ist, selbst wenn dieser Begriff auf ein lediglich fragmentiertes Erhaschen des Erscheinens reduziert wird, dann findet er sich in der Begegnung des Anderen doch mit vollem Recht. Er rechtfertigt sich daraus, dass er *das Erscheinen* einzigartig und *überschreitend* und nicht mehr zerbröckelnd erfasst: »Es war wie eine Erscheinung« (Frédéric Moreau entdeckt Madame Arnoux auf der Brücke des Schiffs, Paris verlassend). Die Aussage als solche ist komplett (sie genügt sich als Absatz), oder sagen wir besser: Jede mögliche Totalität sieht sich hier auf einen Schlag durch ein Unendliches des Anderswo vertrieben, das plötzlich im Hier aufgetaucht ist – und könnte man jemals mehr darüber sagen (denken)? Wäre nicht alles, was man hinzufügte, immer nur Kommentar, der lediglich ungeschickt dieses plötzliche Übermaß von Erscheinen im Erscheinen selbst verschwinden ließe? Nun gelingt es der *literarischen Beschreibung* aber, die Maßlosigkeit dieses Übermaßes ermessen zu lassen, dieses Unintegrierbare ins Verhaltensmäßige und Sachliche zu überführen: »Sie saß mitten auf einer Bank, ganz allein; oder wenigstens konnte er, von dem Anblick geblendet, niemand weiter unterscheiden. In dem Augenblick, als er vorüberging, hob sie den Kopf; unwillkürlich verbeugte er sich; und nachdem er sich in einiger Entfernung an derselben Seite niedergelassen hatte, betrachtete er sie.« Tatsächlich findet sich die ganze Welt plötzlich überschwemmt; der Schock ist nicht so sehr psychologisch, innerlich, als vielmehr körperlich, oder besser noch: Er überwältigt das Körperliche mit seiner Brutalität; das nur angedeutete Sichtreffen der Blicke erschüttert auf einen Schlag. Es bedarf also, angefangen mit dem Abwenden von dieser unerträglichen Konfrontation, einigen Abstands und einiger Umwege, damit das Subjekt allmählich seinen »Zusammenhalt« als Subjekt wiedererlangen und wiederherstellen kann. Wie es auch Proust in *Die Gefangene* sagt: Es scheint, dass die Ereignisse »größer sind als der Moment, in dem sie stattfinden, und nicht vollständig darin aufgehen«.

Dabei muss man die *Begegnung* und die *Beziehung* voneinander unterscheiden und sogar einander entgegensetzen. Die Begegnung begründet nicht, wie angenommen wird, die Beziehung, sondern geht unmittelbar über sie hinaus. Oder umgekehrt ausgedrückt, sobald die Begegnung zu Zwischenmenschlichem wird, »begegnet« der andere darin nicht mehr. Wir kennen das nur zu gut: Im Paar (sobald es ein »Paar« gibt, will heißen, sobald es Einhegung gibt) begegnet man sich nicht mehr; man nimmt sich sogar nicht einmal mehr wahr: Der Andere tritt im Erscheinen nicht mehr hervor. Was vorherrscht, sind die »Funktionalität« der Beziehung, ihr zunehmend eingerichtetes Spiel von Komplementarität und Gegensatz, und ihre alltägliche und mehr oder weniger mühevolle »Regelung«. Jeder trägt seinen Teil bei und arrangiert sich mit dem anderen: Man sagt, dass sie »gut miteinander auskommen«. Weil dieses Außerhalb des Anderen verloren ist und damit auch, für den einen wie für den anderen, die Möglichkeit, sich außerhalb dessen zu stellen, was sich für sie andernfalls durch Einhegung und Integration wieder zur »Welt« schließt, »existieren« die beiden Subjekte in dem, was sich zum »Paar« verfestigt, nicht mehr einander gegenüber. Sie leben fort, *aber ohne zu existieren* – so viele Novellen und Romane haben dieses Triviale beschrieben, in dem die Existenz versiegt, *versandet* ist (in Frankreich von Balzac bis zu Flaubert und Maupassant). Die Inkommensurabilität der Beziehung, die zum Unerhörten öffnet, das Unendliche enthüllt, wurde resorbiert. Wenn zu zweit leben »strategisch« ist, wie ich behauptet habe, dann in dem Sinne, dass unbedingt diese Gefahr der Totalisierung-Integration, die das Paar im Horizont seiner Welt einschließt, vermieden werden muss. Deshalb ist es nötig, durch Aktivierung eines *Zwischen* einen neuen, wieder in Spannung versetzenden Abweg darin zu beschreiten, das Intime mit dem »Extimen«, das sich nicht einfügt, zu kreuzen und dadurch das Gegenüber eines Ins-Gesicht-Sehens wiederzubeleben – was etwas ganz anderes als »Mitsein« oder Zusammensein ist, die bestenfalls politische Kategorien darstellen. Der andere ist nicht Anderer, sprich, er bietet die Ressource des »anderen« nur, wenn er sich der Beziehungsökonomie entzieht und dadurch alle Beteiligten im Sich-selbst-Überschreiten, in einem gemeinsamen Überwältigtsein erhält.

Denn die Begegnung ist zugleich *Trennung*. Sie findet in größtmöglicher Nähe und zugleich in einer Distanz statt, die sich der Verschmelzung verweigert. Denn die Begegnung muss selbstverständlich mit Andersheit behaftet bleiben, sonst gibt es nichts mehr, dem man begegnen könnte. Sie nährt sich zugleich von einer unendlichen Eintracht und von einem hartnäckigen Unverstehen, denn jedes Verstehen des Anderen hieße, ihn in die Welt zurückkehren zu lassen, ihn in die eigene Räson einzufassen und einzuschließen. Logischerweise wird das stillschweigende Einvernehmen umso tiefer, aktiver, als der Abweg darin nicht resorbiert wird und zu arbeiten gibt: Man verbindet und verbündet sich in der Begegnung, doch ohne in eine Übereinkunft zu verfallen, die sich wieder in Angemessenheit einschließen würde. Denn damit der Andere weiterhin ins Erscheinen ragt, muss er ständig von seiner unbekannten Ferne herkommen. Ohne Abwesenheitshintergrund (ihn muss man strategisch ausbauen) ist die Gegenwart unfruchtbar und wird nicht mehr wahrgenommen: Die Beziehung versandet, weil ihr das Außerhalb fehlt. Begegnung gibt es dort, wo es ihr gelingt, ein Anderswo ins Hier hervorbrechen zu lassen. Was bedeutet, dass diese Begegnung durchaus in der Welt wirkt, dass sie durchaus von hier und von jetzt ist und sogar in jedem Hier wie in jedem Jetzt eintreten kann – dass sie aber zugleich nicht von dieser Welt ist und ein Dort aufrechterhält, das *heimsucht* und nicht resorbiert wird.

Levinas hat diese Erscheinung (»Epiphanie«) eines anderen in der Welt, aber gleichwohl ohne dass dieser Andere sich in diese Welt einfügen lässt, »Antlitz« genannt. Denn das Antlitz, das »noch Ding unter den Dingen« ist, »durchstößt ebenso die Form, die es dennoch eingrenzt«. Das Unendliche, das das *Antlitz* in die Welt einführt, »trotzt nicht meinem mangelnden Vermögen«, was uns im Innern dieser Welt halten würde, sondern »meinem Vermögen, zu können«: Es kann nicht Gegenstand von Aneignung sein, sondern nur eines »Mords«, denn es lässt nicht davon ab, dieses Unzugängliche ins Sinnliche einzuschreiben. Deshalb lässt es die Phänomenalität der Welt überborden, lässt sich nur anblicken in diesem herausfordernden *Von-Angesicht-zu-Angesicht*. Daher entzieht sich das Antlitz der Rede, der phänomenalen Beschreibung, und ist nur der Beschwörung zugänglich: Ich kann nicht im Akkusativ über das andere sprechen, es »thematisieren«; sondern ich kann allein zum anderen sprechen und ihn anrufen (im Vokativ). Levinas sagt so treffend: Die Kategorien müssen verfehlen, damit der andere nicht verfehlt wird. Allerdings dürfen die Kategorien der Sprache, in der wir denken, ihrerseits dieses Verfehlen nicht verfehlen. Das Problem liegt tatsächlich also nicht so sehr darin, wofür sich der Westen so begeistert hat, ob man dieses »Du«, das wir ansprechen, »Gott« nennen muss oder nicht, sondern darin, dass die Sprache, die ich spreche, selbst diese Möglichkeit des Vokativs besitzt. Wenn ich wie im Chinesischen nicht »zu jemandem sprechen« (»ich sage dir«), sondern nur »mit jemandem sprechen« (*gēn nǐ shuō* 跟你说) sagen kann; wenn die Möglichkeit dieser direkten Anrufung ohne Vermittlung (der Präposition) versperrt ist; wenn das »andere« sofort an der Seite, als Begleitung untergebracht, im *Mitsein* oder anders in der Hierarchie eingeordnet wird (mit dem »hin zu«, *xiàng* 向, das eine höhere Position markiert) – welche Begegnung des anderen gibt es da noch zu erkunden? Und wird man, wenn man es vom leben abtrennt, überhaupt begreifen können, was »existieren« bedeutet?

8. Wir werden also vom Phänomenalen unserer Erfahrung (die unsere Erfahrung ist) auch *zu beschreiben* haben, was darin nicht glatt, ausgebreitet, vollständig, zulänglich, offensichtlich erscheint beziehungsweise was wir vielleicht für offensichtlich halten, sie in Wahrheit aber unterhöhlt oder sie überschwemmt und sich widerspricht. Wir werden zu beschreiben haben, was die unmöglich zu überbrückende *Kluft* ist, die wir am Beispiel des »Sexuellen« aufzeigen können, indem wir den Bruch, den es hervorruft, hervortreten lassen; oder sein uneinfügbares *Übermaß*, das in erster Linie durch die Begegnung des Anderen, weil sie überwältigt, zur Erscheinung kommt. Es wird sich durchaus immer um »beschreiben« handeln, darum, sich direkt ans Erlebte zu halten: an das Hier und Jetzt der Erfahrung, um besser darin zu leben; aber in dem, was es auch unablässig zerreißt und überborden lässt und folglich die Kohärenz (Anhaften), die es erfüllt hat, zunichtemacht – indem wir von dorther, in diesem Hiatus und in dieser »Hyperbole« (der erste, griechische, Ausdruck durch Bezeichnung der Transzendenz, *Politeia*, 509c), das Hier und Jetzt zum Inkommensurablen und zum Unendlichen öffnen. Es wird sich immer darum handeln, diese Erfahrung zu beschreiben als Erfahrung von dieser Welt, aber so, wie darin ständig ein Riss aufbricht und sich nicht eingrenzen lässt – ohne doch deshalb auf irgendeine andere Welt zu verweisen: Die Erfahrung befördert sich so in ein »Außer-der-Welt«, aber innerhalb dieser Welt; und über diese Unangemessenheit und Enttotalisierung der Welt entfaltet sich in demjenigen, was sie aufreißt und »souverän« ihre Grenze aufkündigt, leben in seiner Fähigkeit zu »existieren«, indem es diese *Ver-stimmung* zu seiner Grundlage macht.

Denn statt auflösen zu wollen, was direkt in der Erfahrung, innerhalb des Erlebten widersprüchlich erscheint, indem man es in gegensätzliche Begriffe trennt und diese sogar als einander ausschließend festhält, wie es die Metaphysik (der schlechte Platonismus) getan hat, müssen wir uns im Gegenteil an die Spannung beider halten: uns nicht mehr in ein »Jenseits« der Welt versetzen, indem wir den Widerspruch verleumden und aus der Welt schaffen, sondern uns im *Zwischen* ihrer Ungetrenntheit halten, indem wir die *Mehrdeutigkeit* akzeptieren. Denn das Widersprüchliche, das dem leben wie dem Erscheinen innewohnt, ist gleichwohl nichts Illusorisches – so die allmähliche, befreiende Erkenntnis, die das wirklich »moderne« Denken befördert hat (und dessen großen Wendepunkt Nietzsche markiert). Weder dürfen wir dieses Widersprüchliche als bloßen Effekt einer »Mischung« von Eigenschaften auffassen, die wir durch »Analyse« voneinander scheiden könnten, und zu ihrer antinomischen Natur als Wesenheiten (die schlechte Seite des *Phaidon*) zurückkehren; noch es zum »Schein« herabstufen. Statt uns mit dem altbekannten Handgriff, den die Ontologie so meisterlich zu beherrschen gelernt hat, in diese Bequemlichkeit der *Verdopplung* zu flüchten, müssen wir uns in dieser *Doppeltheit* des Erscheinens (des Phänomenalen) halten, ohne eine andere »Ebene« zu postulieren oder zu projizieren, ausgenommen eine streng operative (in der Modellbildung), die als solche wesentlich *fiktiv* bleibt (die gute Verwendung von »theoretisch«), um sie abstrakt zu klären: Wir müssen versuchen, diese Mehrdeutigkeit des Erlebten und des Erscheinens zu *erkunden*, nicht länger, sie zu »überwinden«. Statt uns von der Inkohärenz und Inkonsistenz des Erlebten loszusagen, und zwar zugunsten einer Welt der Wesenheiten, die uns zur Aufgabe dieses Erscheinens führt, müssen wir folglich nicht nur die *grundlegende* Mehrdeutigkeit der Erfahrung anerkennen, sondern auch, dass gerade diese Mehrdeutigkeit sie befördert und auszeichnet.

Bringt nicht schon die Erfahrung der Landschaft einen elementareren, schwereren, ursprünglicheren Affekt zutage, der sich nicht mehr in diese zwei entgegengesetzten, gemeinhin für grundlegend genommene Affekte trennen lässt, nämlich, nach der spinozistischen Unterscheidung, die »Trauer« und die »Freude«, und der daher im eigentlichen Sinne *mehrdeutig* ist? Stendhals Beschreibung des Comer Sees führt auf diesen unbekannten, aber erahnten Punkt der *Ungetrenntheit* zurück, von dem aus in Spannung gerät, was daran als unmittelbarer Zauber und zugleich als seine unendliche Nostalgie wahrgenommen wird. Der sexuell genannte Genuss ist ursprünglich sowohl Nichterfüllung, sodass »Genuss« es gar nicht adäquat fassen kann, als auch von anderer Seite (der der Befriedigung) zu viel, ohne dass sich diese Entgegengesetzten tatsächlich voneinander trennen ließen (was man in allen Beschreibungen von missbräuchlich als »erotisch« bezeichneten Szenen von Sade bis Bataille lesen kann). Oder noch einmal die Begegnung, die gleichzeitig Trennung ist, sodass sich der Gegensatz von Nähe und Distanz darin zugleich zur Geltung bringt und auflöst; sodass die Unterscheidung, die man für grundlegend hielt, nämlich zwischen Gegenwart und Abwesenheit (der geliebten Frau), selbst sich zur Sinnlosigkeit überspannt (bis sie ihren Sinn verliert: Liegt darin nicht genau die »Schule«, die Frédéric Moreau in den so langen Lehrjahren in *L'Éducation sentimentale* durchläuft?).

Weil das Eigentümliche des Literarischen darin besteht, das Spiel wieder in die Sprache zu bringen oder die Sprache wieder ins Spiel zu bringen, sie von ihrer Bequemlichkeit-Kontingenz zu befreien, die

Einhegung der Worte rückgängig zu machen und sich nicht an etablierte Unterscheidungen zu halten, sondern diese wieder zu öffnen und zu überschreiten, deshalb liegt das Eigentümliche der literarischen Beschreibung in der Befassung mit dieser unfassbaren Mehrdeutigkeit. Statt ihre Überschreitung und Auflösung durch irgendein Theoriegebäude zu betreiben, wie es die Metaphysik getan hat, konfrontiert sie sich unablässig und mit Leidenschaft direkt mit der Erfahrung, mit dem unmöglichen Totalisieren und Stimmigmachen dieser Erfahrung: beschreibt sie dieses Erscheinen, das im selben Moment, in dem es zutage tritt, Löcher bekommt, sich entzieht und sich sogar von seinem Erscheinen losmacht; das mit den gegebenen sprachlichen Abgrenzungen und Trennungen nicht in Übereinstimmung gebracht werden kann, sondern dazu anhält, verzweifelt hinter sie zurück zu gelangen, während es in einem fort ihre wechselseitige Spannung anregt. Es handelt sich immer darum, zu beschreiben, nicht zu konstruieren und auch nicht zu erklären und zu deuten, sondern das zu beschreiben, was sich der Erfahrung entzieht und dadurch etwas Grundlegenderes zutage treten lässt: indem es nämlich an dieser Erfahrung oder besser jeder Erfahrung hervortreten lässt, welches Inkommensurable und Einzigartige sie in dieser unmöglichen Bestimmung besitzt. Denn die Beschreibung kann sich nicht selbst auf ein Gattungsmäßiges berufen, eine Allgemeinheit für sich in Anspruch nehmen, wie es die Philosophie mit ihren Begriffen tut: Sie hat es notwendigerweise nur mit dem Individuellen zu tun, ist immer nur *eine* Beschreibung, Beschreibung des *Einmaligen*; oder kippt andernfalls ins Konstruieren.

Nun ist sich die Literatur in ihrer modernen Form dessen als ihrer Berufung zunehmend bewusst geworden. Insbesondere der Roman, selbst schon Ausdruck dieser Moderne, der sich gemeinsam mit ihr entfaltet und sogar eine tragende Rolle in ihr eingenommen hat (in Frankreich von Stendhal bis Proust), holt zurück und klärt, was die Philosophie traditionell fallen gelassen hatte. Seine Berufung ist es, in seiner Beschreibung dessen habhaft zu werden, was jene in ihrer Konstruktion hat entwischen lassen: was den begrifflichen Trennungen der Philosophie entgeht und die notwendige *Mehrdeutigkeit* darstellt; wie auch das, was sich ihren Totalisierungen, seien sie konzeptuell oder dialektisch, entzieht und das absolut *Einzelne* darstellt: eine Begegnung, ein Leben (»Geschichte eines jungen Mannes«, so der Untertitel von *L'Éducation sentimentale*). *Eine* Begegnung, *ein* Leben, wird immer nur diese Begegnung hier oder dieses Leben hier sein, inkommensurabel, wie es zutage tritt, und keine Verallgemeinerung kann es umfassen. Denn die »Existenz« besteht aus »Einzelnen«, lautet das aus dem Aristotelismus entstandene Motto, *existentia est singularium* – darin besteht ihr eigener Stoff (worauf der Genitiv verweist); während die »Wissenschaft«, *alias* der Wissensdiskurs der Philosophie, sich um die Universalien »dreht«, *de universalibus*, und unabänderlich auf Distanz zu ihnen bleibt. Die Literatur ist diese erkundende, niemals zu vollendende Beschreibung des Mehrdeutigen und zugleich des Einzelnen, und darin beschreibt sie die Erfahrung eines *Subjekts* oder auch das Leben als *Existenz*.

»Existieren« ist also sich »außerhalb stellen«. Aber sich außerhalb wovon stellen? Nicht mehr von Gott, wie bei der ersten theoretischen Verwendung dieses Verbs, der theologischen, der zufolge die Kreatur außerhalb seines Schöpfers steht, so wie sie von ihm in diese Welt geworfen wurde; sondern eben genau (andersherum) außerhalb dieses »Ganzen« der Welt, dessen, was die »Welt« ausmacht und in dem das Subjekt sich andernfalls auf die bloße Bedingung des Lebewesens reduziert sehen würde, sich folglich nicht in sein existenzielles Subjektvermögen aufschwingen könnte. Adam und Eva beginnen erst dadurch Subjekte zu werden, beginnen erst dadurch zu existieren (Zugang zu einer Geschichte zu finden), dass sie aus dieser Angemessenheit in einer Welt (dem irdischen Paradies) verjagt werden: Durch diese erste Übertretung *bleiben* sie nicht mehr *in* der Einhegung ihrer Prozesshaftigkeit, in die ihre »Immanenz« sie sanft einschloss. Denn durch die grundlegende Unangemessenheit seiner Erfahrung, von ihrem Riss und zugleich ihrem Überborden, woraus ihre unbestimmbare Mehrdeutigkeit und die Möglichkeit eines singulären Schicksals resultiert, kann dieses Subjekt sich zum Subjekt erheben, indem es sich *außerhalb* der Totalisierung und des Einfügens *stellt*, die die Welt ausmachen und die es andernfalls einbegreifen (einzwängen) würden. Statt uns im Namen irgendeiner naiven Versöhnung davon loszusprechen, erlaubt dieses Negative der Verstimmung, dass wir in dieser Kluft und diesem Unmäßigen, die die »Welt« einreißen und entgrenzen, ans Licht unserer Initiative als Subjekt finden, zur Wahl und zur Freiheit gelangen. Einer Freiheit, die nicht mehr von metaphysischer Art ist, eine andere Welt und Unbedingtheit unterstellt (die Kant'sche, »postulierte« Freiheit); sondern einer Freiheit, die sich daran hält, dass wir, während wir uns ohne weitere Anrufung irgendeiner anderen Welt in dieser Welt wiedererkennen, in den Rissen und dem Überborden unserer Erfahrung in dieser Welt, also in dem Spielraum von Mehrdeutigkeit und Einzigkeit, die diese Erfahrung öffnet, die Bedingung der Möglichkeit finden, uns *außerhalb* dieser Bedingung der Welt *zu stellen* – also als *Immanent-Existierende*: dieser zu entfaltende und sogar zu schürende glückliche Widerspruch, und in der Folge *wohlerworbene*, fruchtbare Widerspruch, der uns erlaubt, nicht nur darin zu leben, sondern auch unsere Subjektexistenz zu befördern.

IX

LEBEN-EXISTIEREN

(*oder wodurch erhebt sich zwischen sein und leben die Möglichkeit zu existieren?*)

1. Ich »bin«, ich »lebe«, beides stellt die Sprache traditionell nebeneinander, wenngleich nicht ohne Unterschied. Stützen diese beiden Verben einander, oder schließen sie sich nicht vielmehr gegenseitig aus? Welches Schicksal hat ihre Rivalität erfahren, diese umso grundsätzlichere und erbittertere Rivalität, als sie sich nicht offen bekennt? Wenn wir den Gegensatz ausloten, der sie einander gegenüber einmauert, verstehen wir besser, welche neue Situation das Verb existieren schafft, sobald es zwischen sie tritt – als Drittes hinzukommt. Wobei es den Gegensatz nicht eigentlich auflöst, sondern ihn überschreitet. Historisch hat (im »Westen«), so viel ist klar, das eine der beiden Verben das andere dominiert: Das Denken des »Seins« hat dem Denken des *lebens* grundsätzlich im Wege gestanden, es begräbt es unter seinen Vorannahmen und lenkt von ihm ab. Und mag es anfangs auch nur daran gelegen haben, dass es die Mehrdeutigkeit, die diesem *leben* innewohnt, ausräumen will. Das stellen wir bereits fest, wenn in Griechenland (von Parmenides an) das Seinsdenken aufkommt. Denn das »sein« denken führt dazu, dass sich – bis hin zu ihrem wechselseitigen Ausschluss – die Wege des »sein« und des »nicht-sein« trennen. Der erste setzt, dass »ist« (und dass »nicht sein [also] nicht ist«): Es ist der entlang der Wahrheit führende »Weg der Überzeugung«. Der andere setzt, dass »nicht ist« (und dass es also »notwendig [ist], dass nicht ist«), weshalb denn auch das Denken keinen Halt daran findet und es sich folglich dem Begreifen entzieht (Fr. 2). Nun lässt sich *leben* nur genau fassen, wenn man die Zonen des Ungetrenntseins und Übergangs zu ergründen sucht, man darin den Spielraum an Unschärfe und Ungewissheit erkennt, aus dem es entsteht, und vor allem die Unentschiedenheit, in

der es sich »einleitet«; wenn man sich also auch von Anfang an davor hütet, die Bereiche oder Sphären der »Meinung« und der »Wahrheit« zu trennen, gleich ob nur beiläufig oder ganz demonstrativ.

Welche Konsequenz für das *leben* hat jetzt die Tatsache, dass wir kaum ermessen, ja kaum zugeben können, wie tief doch diese »intellektualistische« Entscheidung der Griechen (gemäß dem *noûs* νοῦς, »Intellekt«) verankert ist – diese grundlegende, erste Entscheidung, diese Einordnung des »Seins« und des »Denkens« (Parmenides, Fr. 3), die das als solches einzigartige »Sein« auf die *Ebene* des Denkbaren hebt, zugleich annimmt, dass alles Sein denkbar ist, und umgekehrt alles Denkbare als vom Sein abhängig bestimmt? Zum Mindesten musste dies darauf hinauslaufen, die »vielfältige Erfahrung« aufzugeben, die, immer ein wenig flüchtig, tastend, weil »ein Auge ohne Ziel«, ein »von Widerhall brausendes« Gehör als Grundlage, die alltägliche, »empirische« Art ist, sich im Leben zu verhalten (das *éthos polýpeiron* ἔθος πολύπειρον, Fr. 7) – und das zugunsten des »scharfen«, »widerlegenden« Urteils, und einzig auf das Werkzeug der Rede-Vernunft, den *logos*, gestützt. Indem er in diesem ersten systematisch argumentierenden Fragment des europäischen Denkens (Fr. 8) das Sein als eins, rein, ganz, unbewegt, identisch, ungeteilt, ohne Anfang und Ende, weder für Zunahme noch für Abnahme empfänglich, unvergänglich, weil nicht geschaffen, und als solches *absolut* bestimmt definierte, hat Parmenides in einem meisterlichen Handstreich die dem *leben* eigene Ungetrenntheit und Unbestimmtheit ins Ungedachte verdrängt. In der Tat, welches »Schicksal« – und nicht nur des Denkens – hat sich für uns (das europäische »uns«) daraus ergeben?

Mit dieser souveränen Tat, als ob es die damit einhergehende Vorentscheidung nicht ahnte, hat das griechische Denken, das »Denken des Seins«, das *leben* doppelt aus dem Denken ausgeschlossen. Zunächst weil es das »Denkbare« als das dachte, was sich wie Ödipus bereitwillig befragen ließ und sich sogar bestens für das Fragespiel eignete. Während nun leben so schwer als Problem zu artikulieren ist, weil es in seiner Immanenz zu elementar und unmittelbar ist, um sich in gegensätzliche Fälle analysieren und folglich auf Hypothesen verteilen zu lassen, gab das »Sein« die Frage schlechthin (die *Seinsfrage*) auf, die man sich bis heute stellt und die, wie Aristoteles rekapituliert und prophezeit, bis in alle Ewigkeit stellen wird; die Frage, von der aus sich alle Positionen aufspreizen wie ein Fächer, sich das ganze System der Annahmen organisiert (das Sein als »eins«, als »zwei«, als »alles« usw., so bereits im *Sophistes*); die Frage, in der die Philosophie folglich am leichtesten eine Arena für ihre Auseinandersetzung fand. Sie bot in ihrer Abstraktion, das heißt in ihrer am stärksten operationalen Form, die günstigsten Voraussetzungen für das *problematisierende* Spiel der Philosophie – was auf direktem Weg in den Schwindel führt, den das Rätsel in uns hervorruft, so sehr entgleitet der Sinn dieses Worts und spottet dem Denken, je mehr man ihn erfassen will (und zunächst »was ihr denn damit bezeichnen wollt, wenn ihr das Wort ›seiend‹ aussprecht?«, *Sophistes*, 244a). Darum war sie die Frage, die am besten die unermüdliche Frageleidenschaft der Philosophie befriedigte – oder wäre gar diese Leidenschaft selbst aus dem Denken des »Seins« und seiner theoretischen Handhabung hervorgegangen?

Während demnach das Denken des *lebens* sich der Konstruktion so beharrlich verweigert, erlaubte das Denken des *Seins*, indem es sich als Werkzeug zu einem ganzen Arsenal ausbreitete und sich am leichtesten artikulieren ließ, auf operationalste Weise zu *konstruieren*, und zwar genau, um die widerspenstige Mehrdeutigkeit zu beseitigen. Als daher Platon bei der Jagd auf den Sophisten, soll heißen auf den irreführenden Zustand des Scheinhaften und Mehrdeutigen, und in seiner Tat des Vatermords (gegen Parmenides und seine große Trennungstat) auf diesen gefährlichsten Punkt kommt, der die Trennung der Gegensätze selbst bedroht (dass das Nicht-Sein in gewisser Weise »ist«; und dass auch das Sein in gewisser Weise also »nicht ist«), da beweist der Begriff von »Sein« bereits ausreichend »dialektische« Biegsamkeit, um sich zur »Gattung« reduzieren und technisch einordnen zu lassen: zugleich unterschieden von den anderen, aber zur Kommunikation mit ihnen fähig – woraus sich von da an folgerichtig die Verschlingung dieser Gegensätze in der Erfahrung erklärt, ohne die ihre logische Entgegensetzung doch wieder infrage gestellt wäre. Die Erscheinung der Mehrdeutigkeit, die das Denken des Seins in seinem Fundament zu erschüttern drohte, wird als derart inkonsistentes Schreckgespenst ganz widerstandslos ausgetrieben. Man wird noch so sehr dieses rätselhafte »Sein« heranbringen können, es lässt sich doch nicht weniger bald zur »Wesenheit« (Anwesenheit), zur *ousía* (bei Aristoteles) einfrieden und sich einer allen anderen vorausgehenden, aber mit ihnen in einer Reihe stehenden Aussage-»Kategorie« zuweisen, sodass von da an die beunruhigende »Homonymie« ausgeschlossen ist: Wenn jede Mehrdeutigkeit nicht mehr als eine Äquivozität ist, die die (ontologischen) Diskursregeln mit Leichtigkeit wieder vertreiben, konnte dann *leben*, mehrdeutig wie es ist, im Denken überhaupt noch einmal als solches zum Vorschein kommen?

Somit musste das griechische Denken, weil es in »Seins«-Begriffen dachte, das *leben abwerten*. Nicht so sehr durch Verachtung des Lebens und Wahl der Askese, wie so häufig gesagt wurde (warum auch hätte denn Platon, der stolze, der vornehme Aristokrat, das Leben verachtet?), sondern vielmehr, weil diese Wahl des Seins uns implizit von der Möglichkeit abbringt, leben zu denken. Denn nicht allein dass der grundlegenden Mehrdeutigkeit durch diese Voreingenommenheit des Denkens jeder Status und damit auch jede Legitimität abgesprochen wurde. Sondern das griechische Denken wurde durch seine abstrahierend verfahrende Konstruktion des Seins auch dazu gebracht, das *Einzelne* unter seiner Allgemeinheit zu vernachlässigen. Nur wie weit lässt sich *leben*, als Erfahrung des Subjekts, überhaupt subsumieren? Weil er das Individuelle für die Wesensunterscheidungen aufgibt; weil seine Frage nicht mehr lautet, ob so etwas »gerecht ist oder nicht«, sondern was »an ihnen selbst« die Gerechtigkeit und Ungerechtigkeit sind, mit ihren jeweiligen Eigenschaften und Unterschieden (*Theaitetos*, 175c); weil er sich darin auch aus dem »Gemenge« und dem Gewirr der Erfahrung zur Bestimmtheit dieses »an sich« in seiner Reinheit erhebt, glaubt der platonische Philosoph, zu seiner Befreiung zu gelangen. Daher wird *leben* logisch in das »wahre Leben«, den *alēthḗs bíos*, verschoben: »Das wahre Leben der Götter und der glückseligen Menschen zu preisen« wird sein Ideal (ebd., 176a). Und so findet sich *leben* (seine nicht auszumerzende Mehrdeutigkeit, seine unübertreffliche Einzigartigkeit) unter den Schirm des *Wahren* gestellt, seiner Forderung nach Disjunktion unterworfen wie auch unter seine Allgemeinheit subsumiert und somit ebenfalls auf das Wissen hin ausgerichtet. Einmal zum »wahren Leben« geworden, kann *leben* daher nur noch von »Dahinten«, dem Ort der Wesenheiten, diesem von der Abstraktion erforschten und gleichzeitig zum Übertritt rufenden »Jenseits« des Göttlichen sein – und nicht mehr vom Hier und vom Jetzt. Oder wenn man, taub gegen diesen Appell, sich dagegen sträubt, sich zur Reinheit und zur Allgemeinheit der Wesenheiten zu erheben, wenn man sich weigert, in der »Stabilität« des Seins zu bauen, dann wird man nicht »ein wachendes«, sondern »nur ein Traumleben führen« (*Politeia*, 476c).

Das »wahre Leben« spielt *woanders*. Und man wird sogar sagen, das wahre Leben »ist abwesend« … Unter dem Überhang des vom griechischen Denken errichteten Seins wird dies zum Aufruf, zu »fliehen« und sich »an alle Fenster« zu klammern, in der Fantasie, darin ein Ideal zu erblicken und »dem Leben die Schulter« zu zeigen, wie Mallarmé sagte (»Die Fenster«): nicht versiegendes Geraune, »Geraune gegen das Leben«, das sich (trotz des unaufhörlichen Wandels der Philosophie) von erstaunlicher Beständigkeit erwiesen und gegen das Nietzsche gewettert hat. Woher kommt dann seine Langlebigkeit, wenn nicht daher, dass unter seiner theoretischen Ausarbeitung sein ideologisches Gerüst überraschend elementar bleibt? *Leben* wird darin in den Metabolismus verabschiedet, in die ewige Verkettung von Leeren und Füllen, von Mangel und Sättigung, deren Nichtigkeit das wahre »Jenseits« (*meta*) zum Vorschein bringt, diesen ewigen Zustand, den die Metaphysik geschaffen hat: Das metabolische Leben muss dem metaphysischen Leben, das das wahre Leben ist (im *Philebos*), geopfert werden. Der Widerspruch zwischen dem *Metabolischen* und dem *Metaphysischen* löst sich tatsächlich nicht auf. Das Leben findet sich darin auf diesen Metabolismus des Hungers und des Dursts, des aushöhlenden Mangels reduziert, dem Auffüllung und Befriedigung folgt, wodurch sich »die Harmonie wieder zusammen[fügt]«: Dieser unerbittlichen Folge von »Auflösung« und erneuter Zusammenfügung, von Unlust und Genuss ist das *leben* unterworfen (*Philebos*, 31d). Daher würde die Weisheit danach streben, dieser Aneinanderreihung, die keine Fortschritte macht, nichts entdeckt und nichts produziert, zu entkommen: Indem man Abstand vom kurzweiligen Genuss der Befriedigung hält, schützt man sich zugleich vor dem Leid, das seine Bedingung war. Das ausgezeichnete Leben, das sich vom organischen Leben abtrennt, *bíos* und nicht mehr *zōḗ* ist, wird das »göttliche« Leben des Denkens sein.

Aber ist dieser Genuss des »Stillens« (des Verlangens) überhaupt organisch? Lässt er uns nicht bereits auf die Seite des Wissens kippen? Denn durch die »Seele«, genauer gesagt durch das Gedächtnis, das zur Antizipation befähigt, weil es durch Erinnerung an vergangenen Genuss auf zukünftigen Genuss schließen lässt, sind wir mit dem, was wir ersehnen, ins Verhältnis gesetzt (*Philebos*, 35c): Der gegenwärtige Zustand wird immer schon von seiner *Überschreitung* in Geist durchzogen. Daher hat die Befriedigung des Verlangens *bereits* selbst eine Beziehung zum Wissen, unterstellt sich auch der Autorität der Wahrheit, und wie man sich auf das »wahre Leben« berufen kann, so kann man zwischen »wahrem« und »falschem« Verlangen unterscheiden (ebd., 38a). Wenn Verlangen-Genuss im Hier und im Jetzt abgelehnt wird, dann eben genau im Namen des »Seins«, und gleich in doppelter Hinsicht: Weil er »immerwährendes Entstehen« ist und weil er nicht dem Wesen zugehört, fehlt dem Genuss, Ausdruck des lebens, die Festigkeit und die Stabilität des Seins, das sich in der Identität verankert; aber auch, weil er kein »an sich« hat und daher mangelhaft ist, ist er Spannung auf anderes hin, welches ihn infolgedessen übersteigt. Das, was er anstrebt, »mit Blick auf das« er geschieht, ist ihm also logisch und ontologisch übergeordnet – der »Zweck«, *télos*, der notwendig das zu ihm hinführende Werden regiert (ebd., 53). Platon wird noch so sehr ein Gutes jenseits des Wesens selbst denken können, für das die nährende Sonne das Bild abgibt, ebenso wie Aristoteles noch so sehr Gott als ein ewig »Lebendes« (ein *zôon aídion*) konzipieren kann, doch verhindert das nicht, dass das Leben sich dafür immer nur durch Trennung vom gegenwärtigen Leben qualifiziert. Bedeutet nun, aus der Immanenz des Lebens herauszuragen, wie es das »ex-istieren« will, das Leben im Hier und Jetzt aufzugeben? Bedeutet es insbesondere die Verleumdung der Einzelheit und der Mehrdeutigkeit, oder müssen diese, statt von ihnen abstrahieren und sie verdunkeln zu wollen, nicht vielmehr anerkannt und gelten gelassen werden, um besser die Bedeutung des Absoluten zu erfassen, das exakt, und auch kostbar, durch das Verb »sein« ausgedrückt wird und das wir also nicht fallen lassen dürfen? — Aber zugleich ohne uns wieder zu diesem abgedroschenen Idealismus verleiten zu lassen.

2. Die Sache wird so gegen den Platonismus verstanden: Wir werden das Leben nicht mehr darin geringschätzen, immer nur »Genese« zu sein und Wert nur dadurch zu haben, worauf es zielt; wir werden es nicht mehr dieser Stabilität des Seins (des Göttlichen) untertan machen, die im Dahinten der Metaphysik errichtet wurde. Dreht es sich denn nicht einfach darum, zu versuchen, sich in dieses *leben* einzuschließen und sich zurückzuziehen: daraus seinen einzigen Horizont zu machen und sich dabei entschlossen – in dieser Entschlossenheit der Seele läge von nun an die einzige »Stabilität« – jeder Überschreitung zu verweigern? Ist das nicht seine ganze Ressource: sich auf diese Gegenwart des Lebens zu »beschränken« und sich darin zu beherrschen? Was tun mit dieser so flüchtigen Gegenwart, die allein wahrhaft »ist«? Diese »Gegen-wart« ist, was allein »bei« ist, was allein »vor« ist (*par-ón*), also allein Wirklichkeit und folglich Realität hat. Isolieren wir also diese angebotene Gegenwart, sagt uns der Stoizismus, geben wir uns Mühe, sie gut aufzunehmen! Wenden wir uns von all dem vergeblichen Bedauern der Vergangenheit wie von den albernen Zukunftsängsten ab! Konzentrieren wir uns auf diesen Augenblick, der in diesem Hier und Jetzt des Lebens verstreicht, ohne weiteres Ausweichen oder Ausflüchte zu suchen! Denn wenn wir diese Gegenwart einzugrenzen und in sie zu investieren wissen, finden wir alles in ihr: Sie ist in sich selbst ein Stück (ein »Tropfen«) Ewigkeit, dem nichts mangeln kann. »Der Weise, der sich mit der Gegenwart zufriedengibt, gibt sich nicht mit wenig zufrieden«, sagt Mark Aurel, »denn was er hat, ist alles«. Wird durch ihre unendliche Reihung nicht die Gesamtheit der Welten und der Zeiten notwendigerweise in jeden Augenblick einbegriffen?

Diesen Kommentar vernehmen wir in jedem Zeitalter. Ebenso wie den sich wiederholenden Gegenkommentar der von ihm kritisierten Metaphysik. Nachdem die ersten großen Philosophien, die ihr Netz weiter auswarfen, einen Appell, die Inkonsistenz des Lebens hinter sich zu lassen, ins Sein eingebaut hatten, betrieben die Stoiker und Epikureer, um bei diesen geläufigen Bezeichnungen zu bleiben, auf den Trümmern der griechischen Polis diesen großen Rückzug. Sie setzten sich vom Seinsdenken ab, scherten sich nicht mehr um das Leben der Götter und nicht mehr um Heilsbedingungen, stattdessen vertrauten sie auf die Natur, *phýsis*, auf die nicht endende große Erneuerung des

Lebens der Welt, und sie beschränkten sich auch darauf. In der Gegenwart leben ist die einzige Lehre, die hält. Es gibt »sein« für einen jeden allein in dieser zu lebenden Gegenwart, und gegen die, die sie geringschätzen, hat die Satire allzeit leichtes Spiel: Von denen, die nicht das gegenwärtige Leben leben, erklärte schon Antiphon, es heiße, sie bereiteten sich »mit all ihrem Elan [vor], ein man weiß nicht welches andere Leben zu leben, jedenfalls nicht dieses hier; und während sie dies tun, verfliegt die Zeit und ist verloren«. Oder noch einmal: »Das Leben kann man nicht wie einen Würfel noch einmal neu ins Spiel werfen …«. Weil diese Gegenwart des lebens in sich selbst keine Ausdehnung hat, so unendlich teilbar sie auch ist, liegt es an unserem Engagement – durch unser Handeln – in ihr, sie zu entfalten; unsere Konzentration auf sie – durch unseren Geist – vertieft sie. Das Glück wird nicht länger in die Zukunft projiziert, sondern wird »Freude« im Hier und Jetzt für den, der in seinem tiefsten Inneren das Entweichen der Zeit aufzuhalten weiß. Es handelt sich hier also nicht so sehr um ein Abschwören, wie man zunächst meinen könnte, oder um ein Sich-Abfinden, sondern um ein »Umdenken« (*metánoia*) – aber ein Umdenken, das die innere »Burg« der Seele erfasst und ihre Fähigkeit, zu leiten, ohne sich länger beunruhigen zu lassen. Denn man wird niemals glücklich, wenn man nicht das Sein unmittelbar in sich selbst kennt, von sich selbst, in jedem Augenblick – es, das allein wirklich »ist«.

Der Epikureismus sagt im Großen und Ganzen (das heißt trotz aller Differenzen der Schulen) nicht mehr darüber. Können wir eigentlich, da es ja nicht mehr um das Konstruieren, das Bauen im »Sein« geht, überhaupt noch erfinden (durch das Denken aufs Spiel setzen), können wir auch nur *Fortschritte machen*? Sind wir nicht dazu verdammt, in einer Einmütigkeit auf der Stelle zu treten, die nur der Ausdruck des gesunden Menschenverstands, das eigene Eingeständnis der Erfahrung ist: nur *heute leben* zählt? Um sich nicht zu wiederholen, können die Worte nur variieren und versuchen, mittels rhetorischer Figuren überzeugender zu werden. Andernfalls bliebe lediglich die theoretische Konstruktion. Worin sich alle implizit einig sind, was man also nicht als These aufstellen kann, das bringt man tatsächlich immer nur vor, wenn die Argumente ausgehen. »Pflücke den Tag …«, *carpe diem*: Kann man denn anderes tun, als sie sich jeden Tag von Neuem vorzusagen, eine solche Mahnung (»Vergiss nicht zu leben!«, *memento vivere*)? Kann man anderes tun, als sich an dieser Einschärfung zu weiden und zu beleben? Denn man weiß ja, kaum dass man darüber nachdenkt: Die Qualität des Genusses hängt nicht von der Quantität der Begehren ab, die er befriedigt, und auch nicht von seiner Dauer. Sich davon überzeugen ist alles, und dabei handelt es sich doch nur um eine Selbstverständlichkeit – was aber sträubt sich dann so dagegen?

Denn wie, auf welcher »Grundlage« könnte man wohl diesen knappen, und wiedergekäuten, erfahrungsgesättigten Maximen widersprechen? Sie sind wahr, so sehr »wahr«, dass sie »Gemeinplätze« sind, Wahrheiten, gegen die man nicht ankämpfen kann, für die man sich aber deshalb auch nicht begeistern kann. Was bewirkt also, dass etwas *so Wahres* uns vielleicht ebenso wenig packt? Die ganze Kunst wird folglich darin bestehen, es in wohlgesetzte Formulierungen zu bringen; oder: Dieses Triviale rettet nur das Poetische (Horaz). Diese Philosophie, die kein Alter hat (*philosophia perennis* nennt man sie), die also auch niemals veraltet, die tatsächlich darüber spricht, was uns am meisten betrifft (uns sagt, »wie wir leben sollen«), und das auf die einfachste, »zugänglichste« Weise (diese Formulierungen hat man, wenn es darauf ankommt, am leichtesten »bei der Hand«, sie sind *procheirótatoi*), tut sich dadurch, dass sie nicht konstruiert und dementsprechend kein Risiko eingeht, seltsamerweise so schwer damit, sich Gehör zu verschaffen. Indem sie vom Theoretischen und mithin von ihrem historischen Werden Abstand nimmt, ist diese Philosophie »Weisheit« – aber langweilig wie die Weisheit? Wieso fällt es uns denn nun tatsächlich nicht weiter schwer, uns von diesem Imperativ »Lasst uns leben!« (es gibt kein »zu spät«, verschieben wir es nicht auf morgen), den wir uns täglich wiederholen, zu überzeugen (wir geben es ja bereitwillig zu), aber sehr wohl, ihm zu folgen – und das trotz seiner Einfachheit – und sogar, uns überhaupt erst dafür zu interessieren? Liegt das vielleicht an seiner Einfachheit selbst? Welche größere Schwierigkeit oder gar Widersprüchlichkeit könnte sich denn hinter dieser »Einfachheit« verbergen? Dieses Triviale hat zugegebenermaßen keinen Reiz, aber geht es nur darum?

Ist es nicht vielmehr so, dass sich im »leben« selbst, sosehr man es auch in den Imperativ konjugiert, sosehr man es in Maximen kleidet, doch niemals das findet, woraus es sich *ethisch konstituieren* soll?

Leben ist zu unmittelbar, zu sehr ins Organische verstrickt, um Objekt eines Willens und Projekt eines Subjekts zu sein. Dieses Fragliche kommt zweifellos von woanders her – Platon hat darauf hingedeutet und seinen Verdacht geäußert, bevor er in die Bequemlichkeit des Platonismus (des Dualismus der Metaphysik) umschwenkte (oder man ihn dahin wendete). Wenn das Einschärfen des »Lasst uns leben!« im Hier und Jetzt selbst, obwohl es doch so offensichtlich ist, einen derart hartnäckigen Widerstand erfährt, dann weil ein solches »Hier und Jetzt« nicht einfach, sondern selbst mehrdeutig ist: Wir können nur wirklich *in* diesem Hier und diesem Jetzt leben, wie man fordert, uns nur auf es einlassen, indem wir uns auch »außerhalb« davon »stellen«. Nicht dass wir uns nicht von der Vergangenheit zu lösen wüssten oder zu kleinmütig die Zukunft fürchteten, oder dass wir mit unserer Unruhe nicht umzugehen wüssten; nicht einmal, dass wir uns nicht auf uns selbst zu beschränken wüssten und durch »Mangel an Sein«, wie Plotin sich so treffend ausdrückte, nicht unablässig versuchten, »Sein« an uns heranzu»ziehen«, indem wir uns nach vorne werfen und voraneilen. Sondern weil eine *Äußerlichkeit* direkt am *leben* notwendig ist, damit wir uns, von ihm abgezogen, ganz in es *einbringen* können: Wir müssen uns ein klein wenig vom leben loslösen, uns davon entsanden, um danach zu streben. Denn es ist, in anderen Worten, eine vermittelnde Distanz erforderlich, um zu diesem Unmittelbaren zu gelangen; und weil das, worauf ich zuvor als Kluft oder Übermaß hingewiesen habe, hier bereits seinen Beitrag leisten kann, indem es eine Verstimmung inmitten des lebens bewirkt. Um in dieser zum Hier und Jetzt »geöffneten« Gegenwart zu leben, muss man auch oder besser *zunächst* daraus auftauchen können – genau dem verdankt »ex-istieren« seine Bestimmung.

3. Aber vielleicht haben wir uns darin auch einsperren lassen, dazu verdammt, uns zu wiederholen, unseren Humanismus innerhalb dieser Grenzen (der Sprache, der Ideologie) wiederzukäuen, die umso zwingender sind, als wir sie nicht wahrnehmen und nicht einmal erahnen. Bevor wir darüber nachsinnen, diesen Schraubstock des »seins« und des »lebens« zu lösen, wollen wir uns fragen, ob er nicht etwa erdacht wurde: ob das Denken hier in dieser Erkundung eines inkonsistenten »lebens« nicht gegen Wände läuft, die es nicht sieht und die wir

in dieser Klemme des Denkens ungewollt aufrechterhalten – die wir nur wahrnehmen würden, wenn wir Abstand gewönnen und daraus heraustäten. Findet sich diese Banalität der europäischen Altphilologie – diese Ermahnung des »Lasst uns leben!« – in ähnlicher Weise (zwangsläufig) noch anderswo wieder? Oder wir finden sie vielleicht woanders wieder, begegnen dort möglicherweise aber auch »etwas anderem«, was unser Vermögen betrifft, das Leben und seine »Gegenwart« (um wenigstens mal mit dieser Bezeichnung anzufangen) zu nutzen. Gegenüber einer solchen Spurrille wäre jedenfalls schon der geringste Abweg, den wir entdecken, heilsam. Wenn nun die chinesische Sprache, um sie erneut danebenzuhalten, mangels Konjugation nicht den Imperativ der Einschärfung einsetzen kann und ebenso wenig über eine morphologische Markierung der Gegenwart verfügt, die sie von der Zukunft und der Vergangenheit trennt; wenn das chinesische Denken auch nicht das Verb »sein« im absoluten Sinne kennt, auf dem eine Ontologie sich ihren Ausweg errichten könnte, und ebenso wenig die monotheistische Hypothese hervorgebracht hat; wenn es folglich nicht gegen Metaphysik und Religion für die Sache des »lebens« eintreten muss – nähert es sich dann dem »leben« auf die gleiche Weise? Oder müsste sich nicht sogar das ganze Feld des Denkbaren, das es umgibt, anders gestalten? Und wäre überhaupt »leben« notwendigerweise jener Grundbegriff, jenes erste Verb, das sich in allen Sprachen und allen Denktraditionen als identisch, als monolithisch erwiese? *Shēng* 生, das im Chinesischen »leben« bedeutet, bedeutet zugleich auch »zur Welt kommen« und »wachsen« oder »gebären« und »zeugen« – »leben« trennt sich hier also nicht von seiner Fortpflanzung; oder man sagt mit einem anderen Wort »am Leben sein«, »lebendig« (*huó* 活) – der Begriff hat mehr als eine Bedeutung. Und wie wird man die »Gegenwart«, das »Präsens« (*prae(s)ens*) auffassen, wenn man *ens* oder »Seiendes« nicht mehr versteht? Dabei geht es durchaus nicht um anthropologische Neugier oder um den komparatistischen Reiz. Es geht vielmehr um die einzige Möglichkeit, die ich sehe, nicht allzu leichtgläubig auf die Weisheit der Völker zu vertrauen, sondern unsere »Selbstverständlichkeiten« (das, worin man denkt) zu erschüttern und unsere Banalitäten zu entstauben.

Was finden wir nun in China, das auf unseren Epikureismus antwortet – oder auch ihn korrigiert, ihm widerspricht oder ihn vertieft? Ein Denker am Ausgang der chinesischen Antike (Yang Zhu, 4. Jahrhundert vor unserer Zeitrechnung) ist in dieser Hinsicht lehrreich, weil er am offensten alle Abhängigkeit der »menschlichen Natur«, die so zum Streitgegenstand wird, von jedweder unterwerfenden Ordnung zerschlagen hat: sei sie nun sozial (die Achtung jener Verhaltensregeln, die die »Riten« darstellen) oder religiös (nach der alten »konfuzianischen« Idee, dass die menschliche Natur die Emanation eines »Mandats des Himmels«, *tiān-mìng*, sei). Er räumt, wie es nicht deutlicher geht, mit aller Transzendenz auf: Er gehört zu denen, für die »die menschliche Natur am Leben sein« bedeutet, und nichts weiter (vgl. Gaozi: *shēng zhī wei xìng* 生之谓性, *Menzius*, VI, A, 2). Ich bin also nur dieses Lebenspotenzial in mir; ich bin nur dieses »Kapital« oder diese Ressource an Leben und Energie (an *qì* 气). Was wir dem noch hinzufügen, wird, könnte man sagen, ideologischer Natur sein, wird nur diesen Befund wieder zudecken, der allein Bedeutung hat: Ist nicht alles, was über diese Definition hinausgeht, bereits eine Verfremdung? Und können wir uns wirklich eine noch »realistischere« Position vorstellen als diese? Zum Beweis folgende Rechnung (*Liezi*, Kapitel »Yang Zhu«): Sobald wir einmal von den hundert Jahren, die ein Menschenleben höchstens dauert, die Zeit abgezogen haben, die man in seiner Kindheit und gebrechlich im Alter unter Vormundschaft zubringt, sowie die gesamte Zeit, die man durch den Schlaf und die Leiden (Krankheiten, Kummer, Trauerfälle) einbüßt, bleiben kaum zehn Jahre. Und wenn wir davon nur die sorgenfreie Zeit zählen, in der wir uns »ungezwungen« fühlen, in der wir also »wir selbst sind« (*zì dé*, 自得), ohne äußeren Druck, dann werden wir, was übrig bleibt, kaum in Stunden bemessen können … Denn wenn wir der Sinnenfreuden »überdrüssig werden«, welche Einschränkung müssen wir nicht dafür erdulden, welche Energie wenden wir nicht dafür auf, zu Ruhm zu gelangen oder einfach, um uns Scherereien zu ersparen? Und schon haben wir die »höchste Freude« der Gegenwart sinnlos vertan (genauer »der Jahre, in denen man Freude hat«, *dāng nián zhī zhì lè* 当年之至乐): So sind wir in der Tat unfähig, uns auch nur einen Augenblick lang frei nach unserer Natur »gehen zu lassen«.

Da er sich nur strikt an die Erfahrung, direkt ans Erlebte halten wollte, hat dieser chinesische Denker nicht theoretisiert, nicht konstruiert; wir haben von ihm nur Formeln, Porträts und Anekdoten. Übrigens kostbare Formeln (wenn ich möglichst wörtlich übersetze): »tendieren zum leben, worin man (unmittelbar, gegenwärtig) ist« (*qū dāng shēng* 趋当生): »Warum sich sorgen über [das, was] nach dem Tod [kommt]?«; oder »sich erfreuen [zu] leben und seine Person frei machen«; oder »leben treffen ist schwer (*shēng zhī nán yù* 生之难遇), sterben erreichen leicht«. Es gibt hier durchaus die Idee, ans leben zu gelangen (es nicht zu verfehlen), aber ans leben, wie es uns von Anfang gegeben ist, griffbereit, folglich nicht zum Preis einer Anstrengung, sondern durch »loslassen«: *loslassen* seines einzigen Ansporns und mithin durch »Loskettung« vom Sozialen, dessen Eisen im ritualisierten China in der Tat schwer drückt. Angesichts des offiziellen, kodierten und anerkannten Lobs der großen Minister, wird ein Gegen-Lob derer entworfen, die hemmungslos und sorglos dem Alkohol und Sex frönen. Man würde ihnen den Marsch blasen wollen, bemerkt dann aber, dass sie im »Wahren« sind (dass sie *zhēn rén* 真人 sind). Denn was bedeutet es, einzig der Immanenz entsprechend zu leben, und bis zu welchem Punkt geht das überhaupt? Ein Fall wird systematisch entwickelt: Jemand (steinreich) setzt sein ganzes Bemühen und Vermögen ein, um sich jeden Wunsch zu erfüllen, wann immer er einen hat: Er schlemmt tagein, tagaus und gibt, ohne nachzuzählen. Dann, als er in die Sechziger kommt, in das Alter, in dem die Lebenskraft schwindet, öffnet er seine Truhen, trennt sich von seinen Frauen und seinem Besitz; außerdem lebt er ohne Medikamente bis ans Ende seiner Tage; es bleibt nichts mehr, um seine Beerdigung zu bezahlen. Doch als gäbe es einen Immanenzertrag (Investitionsertrag?), leisten diejenigen, die von seiner Freigiebigkeit empfangen haben, ihren Beitrag und sorgen für seine Bestattung; und selbst seine Nachkommen kehren in seine Güter zurück. Hat er nun wie ein »Narr« oder wie ein aufgeklärter Mensch (der »angelangt« ist) gelebt? Die Lehre liegt eher darin, dass er, wenn sein Verhalten bei den allermeisten auch »Entsetzen« ausgelöst hat, nichtsdestoweniger den »wirklichen Zusammenhang« (*chéng lǐ* 诚理) oder anders gesagt den Grund der Dinge zu erfassen vermochte.

Nach dem *Happy End* zu urteilen, könnte man diesen Hedonismus für glücklich halten. Doch die darauf folgende Episode widerspricht dem sogleich. Man soll nicht nach der Unsterblichkeit trachten, setzt der Denker fort, weil dies »im Gegensatz zur Vernunft steht«; aber man soll ebenso wenig länger leben wollen (diese Position ist so selten in China), weil alles immer gleich ist, »heute ähnlich wie in der Vergangenheit«: Es gibt immer nur eine ewige Wiederkehr desselben – keinen Fortschritt. Übrig bleibt als Strategie nur eine verschlungene Notlösung: »da gegeben ist, dass man geboren ist«, »es annehmend sich davon losmachen« (das heißt ohne sich das Leben zu nehmen) und »in Erwartung des Todes nach Befriedigung des Begehrens trachten«. Könnte dieser Naturalismus des lebens wirklich zu einer Schule für das Leben taugen? »Tendieren [zum] gegenwärtig leben« (*qū dāng shēng*), sagt die Formel knapp, zum leben, in dem man ist. Was bedeutet hier nun »tendieren«, wenn dieses »zu dem man strebt« (leben) gegenwärtig, uns bereits gegeben ist? Finden wir dort nicht erneut vorausgesetzt, dass wir hier eine Distanz hineinbringen müssen oder besser (innerlicher) ein Aufklaffen, um Zugang zu finden? Das heißt, muss nicht eine Äußerlichkeit gegenüber diesem Unmittelbaren ermöglicht werden, damit wir uns von ihm lösen können, um Halt an ihm zu finden, da sich sonst dieses Unmittelbare entzieht? Das chinesische Denken hat uns letztlich nicht aus dieser Verstrickung herausgeführt, faltet sie nicht einmal auseinander, sondern bestätigt sie, worin es ebenfalls seinen Wert hat. Der jedem Aufruf zum leben eigene Widerspruch liegt in der Tat darin, dass man sich nicht zu dem emporzuheben weiß, *an das* (in das) man sich bereits dadurch (ein)gebunden findet, dass man geboren, dass man am Leben ist. Daher muss man aus diesem Eingetauchtsein des lebens (der Neigung seines Lebenswunsches) hervortreten, sich außerhalb dieser Immanenz sowohl des Ich als auch der Welt stellen, um darin das Leben *befördern* zu können. Nicht dass man ein »Ziel« neu bestimmen, von Neuem *leben* einen Zweck geben müsste, dieses stabile und beruhigende »Jenseits«, mit dem es sich die Metaphysik so leicht gemacht hat; sondern was ich bereits als das Negative der »Verstimmung« inmitten des lebens aufgezeigt habe, dieses fruchtbare Negative, das sich in *Loslösung* des Subjekts entfaltet, ist erfordert und hinreichend, damit *leben* tatsächlich zutage treten, Horizont werden, in »Spannung« halten kann: damit wir so *Zugang finden* zu ihm, da leben sich nur von dieser Möglichkeit zu »ex-istieren« befördert.

4. Denn was kann »existieren« über leben hinaus bedeuten, ohne uns auf die Abstraktion des »seins« zurückzuverweisen? Indem das »Sein« durch die von ihm implizierte Verallgemeinerung (von den Seienden auf das Sein) das Einzelne vernachlässigt und durch die Bestimmtheit, die es verlangt (andernfalls entspricht es dem Nicht-Sein, wie Hegel bemerkte), die Mehrdeutigkeit überwindet, hat es das Unmittelbare des lebens unter seiner Konstruktion verdeckt. Aber leben ist umgekehrt zu unmittelbar, um außer auf rein organische, »metabolische« Weise dem Streben Halt zu bieten, oder auch nur in der »Spannung« eines Subjekts: Es besitzt keine ethische Folgerichtigkeit. Wie kann uns nun dieses dritte von unserer Moderne eingeführte (unsere Moderne begründende) Verb, »existieren«, aus dieser Sackgasse befreien, aus der wir irrtümlich unsere »Bedingung« gemacht haben? Das heißt, wie könnte es, indem es über das Seinsdenken hinausgeht, als Halt für ein Denken des lebens dienen und bei seiner Befähigung und Beförderung helfen? Es stimmt schon, dass »existieren« sich zunächst als ein Geringeres als Sein darstellte: Indem die Existenz den Status der Kreatur beschreibt, die aus ihrem Schöpfer hervorgeht und sich »außerhalb« von ihm in die Welt »stellt«, erklärt sie ihre Abhängigkeit von diesem Sein, aus dem sie ihren Ursprung hat und ihr Vermögen bezieht. Gott seinerseits »existiert« genau genommen nicht, er »ist« ewig (Leibniz). Hier aber sehen wir, dass dieses Geringere als Sein paradoxerweise sich in ein Mehr als Sein umkehrt oder genauer gesagt in ein »reines« Sein. Denn »ex-istieren« hat so die Bedeutung, dass die Kreatur aus (*ex*) der bloßen Möglichkeit des Seins (wie im göttlichen Verständnis) »heraustritt«, um tatsächlich, wirklich zu sein: im eigentlichen Sinne zu *ex-istieren*. Die Existenz dient bereits in der Sprache der Theologen und im Gegensatz zur einfachen Eventualität des Seins, diesem Zustand des »Wesens«, zur Bezeichnung dieser wirklichen Realität, die man nur feststellen kann. Dadurch schreibt sie diese unmittelbar ins Einzelne ein, in das jedes Geschöpfs, des göttlichen *fiat*, wenn es in die Welt tritt; schreibt das *Sein* in die Wirklichkeit eines *Lebenden* ein.

Existieren wäre also diese neue, zu erkundende, zu erschließende, Ressource, die sich glücklich zwischen *sein* und *leben* setzt und der Unzulänglichkeit beider entgegenwirkt – eine von den Griechen ignorierte Ressource, die das europäische Denken (in der langsamen Reifung »Europas«, die die Theologie begleitet) ausgehend von lateinischer Semantik ausgearbeitet hat und die unserer Moderne ermöglichte, sich von der Theologie zu lösen (eine analoge Entwicklung folgt im »Inneren«) und mit der Befreiung aus dieser Aporie zu beginnen: das Unmittelbare des lebens, einzeln wie es ist, zu befördern, indem sich ein Weg findet, es auf die Konsistenz des Seins zu stützen, aber ohne es von der Abstraktion verdecken zu lassen, der dieses geweiht ist. Wenn Descartes aus seinem *cogito* schließt: »ich bin, ich existiere«, *ego sum, ego existo*, was fügt da »existieren« tatsächlich dem »sein« hinzu, sodass aus diesem Geringeren als Sein (im Hinblick auf das Sein Gottes) ein *Mehr als Sein* des Subjekts wird? »Existieren« unterstreicht hier nicht nur das Verb »sein«, versichert es beiläufig seiner Ergänzung (»sein« ist bekanntlich »das kleinste aller Worte«); es löst nicht nur die missverständliche Doppelbedeutung auf, indem es die prädikative Bedeutung (die Funktion als Kopula) ausschließt und nur den absoluten und ganz eigentlich »existenziellen« Sinn bewahrt. Sondern diesen »nackten« Sinn des Seins, den es beibehält, bestätigt es auch im Hier und Jetzt (selbst wenn es sich noch um irgendein Hier und um irgendein Jetzt handeln kann) und schreibt es als Tatsache ein: Ich »bin« nicht nur, »möglicherweise« (durch mein Wesen), sondern auf außerordentlich reale, gegenwärtige, *absolute*, unmittelbar durch das Bewusstsein greifbare Weise und derart, dass ich es nicht »bezweifeln« könnte. Oder wenn wir diese lateinische Semantik der »Existenz« verlassen und es auf Deutsch sagen, dann haben wir wieder diese Gegenwärtigkeit: *Da-sein*. Ich »bin« nicht einfach, sondern ich bin »da«, will heißen *gegenwärtig*, in diesem Hier und in diesem Jetzt.

Existieren wird also zum Gegenstand einer direkten Feststellung und *konstruiert sich nicht* im Denken: Existieren bestätigt sich – verortet uns – direkt an der Erfahrung, die wir nicht »überschreiten« können. Existieren lässt sich »beschreiben«, fügt sich aber in keine Deduktion des Geistes. Kant vergewissert die verheißungsvolle Moderne dieses »Existierens«, sogar gegen Descartes, indem er diesen radikalisiert. Gegen den ontologischen Gottesbeweis, der die Existenz Gottes dadurch demonstrieren will, dass aus der Vollkommenheit seines Wesens folgt, dass ihm kein Attribut mangelt, was eben seine Existenz impliziert, zeigt der junge Kant mit logischer Strenge, dass die Existenz von was auch immer mitnichten ein Prädikat sein, und das heißt eben auch nicht unter die Bestimmungen Gottes gezählt werden kann – und bricht damit auf einen Schlag mit der (traditionellen) *intellektuellen* Auffassung des Seins, die überzeugt war, sie beherrsche zur Gänze Bestimmung und Prädikation; und befreit so die »Existenz« endgültig von ihrer atavistischen Abhängigkeit vom »Wesen« (in *Der einzig mögliche Beweisgrund zu einer Demonstration des Daseyns Gottes*). Dies hier »existiert« oder eben nicht – das ist eine Frage des Faktischen (Gegenwärtigen), man kann es nicht aus Eigenschaften oder Qualitäten folgern; dies hier lässt sich feststellen, einfach (tatsächlich), und fängt nicht mit irgendeinem Begründen an. »Nehmet ein Subjekt [...], z. E. den Julius Cäsar. Fasset alle seine erdenkliche Prädikate, selbst die der Zeit und des Orts nicht ausgenommen, in ihm zusammen, so werdet ihr bald begreifen, dass er mit allen diesen Bestimmungen existieren, oder auch nicht existieren kann«. Die Existenz, die nicht in den Bereich möglicher Bestimmungen fällt, nicht prädizierbar ist, ist eine »absolute Position« (*absolute Position des Dinges*): Dem Existierenden »wird begegnet«, es ist »da«; seine Existenz wird nicht »begriffen«. Aus der Frage des »Seins«, seiner abstrakten Identität herausgetreten, können wir uns von nun an als einzelne Subjekte mit der einzigen Gegenwärtigkeit auseinandersetzen, *da zu sein*, am Leben, »präsent« zu sein, und dennoch nicht mehr zur Haltlosigkeit des Lebenden verurteilt zu sein. Der Zustand der »Existenz« hat durch die Einzelposition, in die er versetzt, das *Absolute* (des Seins) in das Hier und das Jetzt herabsteigen lassen.

5. »Sein« ist zu abstrakt, allgemein, begrifflich, als dass wir es erfahren könnten: Es lässt sich nicht in der einzelnen Erfahrung eines Subjekts isolieren. »Leben« wiederum ist zu unmittelbar, zu sehr ins Organische und Metabolische versenkt, um wirklich ins Bewusstsein emporzutreten. Wir können aber durchaus die »Empfindung« zu ex-istieren haben, und zwar anhand dessen, was dieses *ex* an Zutage-Tretendem

oder Zum-Vorschein-Kommendem enthüllt. Plötzlich nehme ich mich wahr als »da seiend«, einfach (rein) da, will heißen in einem Hier und Jetzt, das nicht mehr nach Überschreitung ruft. Dieses »empfinden« ist nicht so sehr affektiv als vielmehr Offenbarung von etwas Grundlegenderem: Dass ich da bin, in diesem Hier und in diesem Jetzt lebend – diese bloße *Tatsache* macht sich bemerkbar, löst sich von allen anderen und kann zeitweilig von der Aufmerksamkeit fixiert werden. Jede Vermittlung und Konstruktion des Denkens verschwindet plötzlich. Diese Empfindung, zu existieren, ist der plötzliche *Aufschluss* des Bewusstseins, dass ich »lebe«, aber unter Verankerung im »Sein«. Es kann mehr oder weniger häufig erfahren werden, taucht aber jedes Mal neu, noch nicht da gewesen und sogar unerhört in diesem Unmittelbaren auf, das es zutage treten lässt; es kommt hier nicht zu einer Gewöhnung. Es kann jederzeit zutage treten, bewahrt aber das Gepräge des Moments und kann in seiner Heraufkunft gefördert werden. Denn wenn das cartesische *cogito* systematisch (universell) reproduzierbar ist in der Evidenz, die die Vernunft daran aufzeigt, nimmt ein solcher deintellektualisierter Zugang zum »Existieren« hingegen qualitativ und sogar stufenweise Gestalt an: Er rührt nicht aus der entschlossenen Verfolgung des Zweifels her, sondern aus einer *Klärung* des Denkens und wie aus seinem Sich-Herausziehen.

In Gegenüberstellung zu Kant, der die Nichtbeweisbarkeit und Nichtprädizierbarkeit der Existenz aufgezeigt hat, indem er das Absolute seiner »Position« hervorhob, gibt es diesbezüglich keine berühmtere Passage als die, in der Rousseau *deskriptiv* (sein Tag am Bielersee, Fünfter Spaziergang) die subjektiven Bedingungen eines solchen *Herausziehens* etabliert, indem er genau diese Empfindung zu existieren in seiner Beschreibung hervortreten lässt. Bei Kant also in der Jugend und auf der Höhe des Vernunftvermögens die theoretische Kühnheit zur Einführung der entscheidenden begrifflichen Unterscheidung; bei Rousseau hingegen Klärung der Erfahrung, am Lebensabend ins Gedächtnis gerufen, gesiebt durch die Erinnerung und ins Vertraute gebracht: Noch einmal müssen wir *zwischen* denken und diese beiden darin miteinander verbinden. Denn bei Rousseau, noch vor Proust, ist die Vergegenwärtigung die vermittelnde Distanz, die es erlaubt, dieses Unmittelbare einzufassen und herauszuheben – Zugang zu ihm zu verschaffen. Rousseau macht sich übrigens die Mühe, mittels zeitlichen Abstands durch Ablösung vom Augenblick die für diese Heraufkunft günstigen Umstände zu notieren: Eine abgelegene Insel sowie der erzwungene Rückzug (nach der Steinigung in Môtiers), die die gewohnten Tätigkeiten und Abläufe seines Lebens unterbrechen. Von da aus, unter der Neutralität des wieder abstrakt gewordenen Begriffs (erst sagt er »Existenz der Welt«, dann »meine Existenz«), kann, wie man eine Quelle zutage treten und dann sich ihren Weg bahnen sieht, dasjenige zutage treten, was die nackte, freigelegte, ungezügelte »Empfindung« zu »existieren« wird. Dieser Ausdruck ist also der entscheidende Ausdruck, der durch seinen Begriff einen neuen Weg für das Denken eröffnet.

So ist in der Tat »die Empfindung der Existenz bar jeder anderen Neigung«, sie ist, in anderen Worten nicht mehr gedacht (als Empfindung) und nicht mehr angeregt (nicht in Reaktion geschehend), sondern in ihrem reinen Zustand erfahren oder besser erprobt: *rein*, weil sie von allem, was sie behinderte, gereinigt und blank geputzt ist, und zwar so, dass sie es diesseits dieses Empirischen wieder hervorkommen lässt. Denn in ihr wird »das Bedürfnis, die Vergangenheit in Erinnerung zu bringen« oder »in die Zukunft zu springen«, resorbiert; der Gegensatz zwischen dem verschwindenden gegenwärtigen Augenblick und dem Fluss der Zeit hebt sich auf (letztere »dauert«, aber »ohne ihre Dauer anzuzeigen«); es verschwinden selbst die Unterscheidung und der Gegensatz der Affekte (»ohne jede weitere Empfindung von Entbehrung oder Genuss, Behagen oder Leid, Begehren oder Furcht«). Diese bloße Empfindung zu existieren löst, indem sie sich entfaltet, alles auf, was nicht sie ist, und genügt, das Bewusstsein zu füllen, es zu erfüllen und zu befriedigen, aber ohne es zu überfüllen – da dieses Füllen in der Tat mit einer inneren Aussparung einhergeht. Existieren lässt das *Selbst* in beiden Wortbedeutungen erfahren: als Vollständigkeit einer Identität (wie die Dinge »selbst«, »an sich« sind) und als Ipseität eines Subjekts oder eines »sich selbst«, so wir diese alten Werkzeuge des Denkens noch einmal ins Spiel bringen können: eines Sich-Selbst, das, indem es sich auf vertrauteste Weise in der Welt erfährt, aber in einer Welt, die keine Einhegung mehr erleidet, aus dem Ich heraustritt, also im eigentlichen Sinne »ex-istiert«, und sich damit letztendlich sich selbst offenbart –

beide Bedeutungen kommen hier also zusammen, ohne dass es weiterer Vermittlung bedürfte: Der Gegensatz zwischen dem Mittelbaren und dem Unmittelbaren verschwindet endlich. Die Empfindung zu existieren, wird also aus einem temporären Aufschluss von Übereinstimmung inmitten des durch Verstimmung des Subjekts existierenden Bewusstseins geboren. Sodass die alte theologische Bedeutung von Existenz, die die Abhängigkeit im Hinblick auf den Schöpfer ausdrückte, sich in eine Bekräftigung dieser Selbstgenügsamkeit des Subjekts verkehrt: »Während dieser Zustand andauert, genügt man wie Gott sich selbst.«

Zur gleichen Zeit, wie sie ins Absolute des *seins* hievt, entfaltet sich diese Empfindung, zu existieren, indem sie aus dem *leben* hervortritt, natürlicherweise auf dem Terrain des Ungetrenntseins und der Mehrdeutigkeit. Das Erlernen der Beschreibung des Einzelnen geht ihr voraus und wird von ihr präzisiert. Sie entwickelt sich in der Tat bis zu einem Punkt, an dem sich vielerlei Übergänge ergeben, die die identitären Gräben, auf die die Vernunft atavistisch vertraut, vergessen machen, und zwar indem sie aus diesem *Zwischen* des Ungetrenntseins Nutzen schlägt, das plötzlich sich öffnet und befreit. Rousseau genießt die Besuche seiner Nächsten, aber ohne, wie er notiert, sich in Beschlag nehmen zu lassen: Er hält sich im Dazwischen des Alleinseins und der Gesellschaft und kann ohne Bruch zwischen beiden hin- und herwechseln. Ebenso hält er sich auf der Schwelle von Beschäftigung und Untätigkeit; und vornehmlich entsteht diese Empfindung zu existieren aus der Ungeschiedenheit von Sinnesempfindung und Träumerei: »Ich konnte nicht genau bestimmen, wo Fiktion und Wirklichkeit sich trennten«. Der Gegensatz von Sein und Nichtsein selbst verschwimmt hier. Und zunächst gibt es diese gesteigerte Porosität zwischen mir und der Welt, sodass ihre Wahrnehmung sich gleichermaßen, und wie gleichgültig, in das eine *wie auch* das andere aufnehmen lässt: in der regelmäßigen, aber anregenden Schaukelbewegung, die das Heranströmen und den Rückfluss sowohl des Wassers wie auch dessen vernehmen lässt, was sich von der »Seele« kommend erlebt, nämlich der ebenfalls überfluteten inneren Regung, die nicht mehr tut, als dem Subjekt zu *lauschen*.

Was nun die Beschreibung des Individuellen betrifft, da die Existenz nur aus Einzelnen besteht, schult sich Rousseau – die Flora direkt vor der Nase – in seiner Begeisterung für die Botanik. Denn die Pflanzenwelt (die er aufsucht wie auch diejenige, die er arrangiert) bildet ein Anti-Buch (Rousseau besteht auf dieser Ersetzung der Bücher durch die Pflanzen, die nicht nur bukolisches Ornament ist: Er hat bewusst das ganze »Antiquariat« im Koffer gelassen). Denn es geht nicht nur darum, in einer großen und einigermaßen hochtrabenden Geste die Kultur mit der Natur zu vertauschen, auch wenn seine Haltung dies begünstigt. Eine Flora liest sich in der Tat nicht, man bezieht sich darauf wie auf ein Wörterbuch, das bis zum Äußersten ins Einzelne differenzierte Wörterbuch der Existenz. Darin gibt es keinen sich ausdrückenden Sinn (keine Botschaft), nur Feststellung. Die Beschreibung der Besonderheit wird hier bis zur letzten Einzigartigkeit getrieben. Und wie der Schöpfer jedem Geschöpf, das er einzeln existieren lässt, die gleiche Aufmerksamkeit angedeihen lässt, »unternehme ich es, eine *Flora petrinsularis* zu machen und alle Pflanzen der Insel zu beschreiben, ohne eine einzige auszulassen [...] Ich will nicht ein Häärchen Kraut, nicht ein Atom Gewächs lassen, das nicht hinlänglich beschrieben wäre«. Was kann man in der Tat, um sich nicht von seiner Existenz zu lösen, im Hinblick auf die Existenz unternehmen, wenn nicht sie in dem »beschreiben«, was allein und also absolut sie in jedem Fall existieren lässt?

Botanisieren (was sich nicht auf Spazierengehen beschränkt) ist nicht nur das Gegenteil (das Antidot, die Zerstreuung) des Lesens und Schreibens (Rousseau leiht sich nur ungern das Schreibzeug seines Gastgebers). Es ist ein Zeitvertreib, gewiss, aber einer, der zur Einführung dient. Einführung in was? In das Einzelne des Existierenden, aber mehr noch: Botanisieren mündet in eine »Ekstase«, und diese Ekstase lässt die Empfindung zu existieren hervortreten und bringt sie gleichzeitig an ihre Grenze. Denn Ekstase benennt, diesmal auf Griechisch, dieses Vermögen, »sich außerhalb zu stellen« (*ék-stasis*), das das Lateinische mit *existere* bezeichnet. Es gibt hier eine Fügung, die beide bestätigt: Die Ekstase lässt in einen außerordentlichen, in jedem Fall privilegierten Modus eintreten, den existieren als Bedingung impliziert. Außerdem sind diese beiden in Beziehung auf Gott geprägten Begriffe nun allein der Erfahrung des Subjekts gewidmet. Denn wie existieren von nun an nicht mehr theologisch ist, bezieht sich Ekstase fortan nicht mehr auf Mystisches, sondern hält sich im Gegenteil strikt an die Feststellung allein, indem sie vom wirklichen Einzelnen nicht ablässt. Bezüglich der gesammelten Pflanzen: »die Ekstasen, die ich bei jeder gemachten Beobachtung erlebte«. Daher enthüllt sich existieren selbst als im eigentlichen Sinne ekstatisch und kulminiert darin (diese »süßen Ekstasen«, »meine Ekstasen«, sagt Rousseau am Ende des Spaziergangs). Zu beschreiben, wie sich diese Empfindung zu *existieren* in »Ekstase« vollendet, und das ohne jegliche Hyperbolik aus Orakelsprüchen oder Eingebungen, akzentuiert nur, dass durch »Verlassen des Ich«, sprich durch Herausragen aus seiner Immanenz, aber ohne mit ihr zu brechen, leben sich einen Zugang zum Absoluten öffnet – das zu bezeichnen »sein« sich in der Metaphysik als wertvoll, aber zu abstrakt erwiesen hat.

6. Dass im Sein gebaut zu haben, wie es die Griechen taten, das Denken des lebens zuschüttet und ein Abwenden davon zur Folge hat, darf in der Tat unter dem so oft ausgerufenen Ruin der Metaphysik nicht vergessen machen: welche Stütze die vom Seinsdenken getragene Berufung des Absoluten dem Denken des lebens bieten kann und dass »existieren«, gerade indem es sich vom »sein« löst, so entscheidend in den immerwährenden Metabolismus des Lebens hineinführt. Denn das Denken des seins stellt ebenfalls eine Ressource dar, nicht nur, um die Suche nach einem »wahren Leben« in einem Anderswo zu veranlassen, sondern um dem Hier-selbst des Lebens eine Eigenkonsistenz zu verleihen, indem nämlich das Leben nur in der Gegenwart »ist«, nur in diesem Hier und in diesem Jetzt »ist«. Ich »lebe« nicht nur, sondern ich »bin« – *oder vielmehr* ich *existiere.* Ich »lebe« nicht nur, indem ich mich ständig verändere, unablässig meine Vitalität auflöse und wiederherstelle und dies bis zur Erschöpfung. Sondern ich »bin«, ohne weiteres Prädikat (»absolut«) in diesem Hier und in diesem Jetzt, die als solche vollständig sind: was eben »existieren« bedeutet. Nicht, dass mir nichts fehlte (dieses so stumpfsinnige ich bin »glücklich«), sondern es fehlt nichts. Es ist mir gelungen, aus der Versandung des Ich als ich selbst so weit herauszutreten (»Ekstase«), dass ich es »empfinden« wie auch »beschreiben« kann. Dass Rousseau diesen Punkt äußerster Angemessenheit, aber direkt am Erlebten (ohne jeden Übertritt) ergriffen und festgehalten hat, diesen Punkt der Übereinstimmung, die plötzlich aus der Verstimmung zutage tritt, die die des Lebenden ist, wenigstens vorübergehend und wie ein Gefühl von Absolutem, und dies ohne Überschreitung oder Übertreibung der Sprache, macht die Größe dieser Passage aus und wird legitimiert durch das Verb *existieren*.

Andernfalls, also ohne diese Festigkeit (von »sein«), die ihm allein die Existenz verleiht, läuft das Denken des lebens Gefahr, hinfällig zu werden. Sich selbst überlassen und sich zum Zweck nehmend, aber ohne ausreichend Äußerlichkeit sich gegenüber, um sich als möglichen Zweck zu setzen, kann es nur im Trivialen versinken, das ich bereits kritisiert habe: Das um seiner selbst willen gefeierte Leben findet Kompensation für seine theoretische Leere nur in der Hervorhebung der guten Gefühle, indem es sich in Ermahnungen ergeht (von der simplistischen Art, auf die ich bereits hingedeutet habe: »Entzückt euch!«, »Aber das Leben ist so schön …«). Der Glücksmarkt läuft heute ausgezeichnet, und das bei geringem Aufwand (vgl. die so stumpfsinnige »Lebensfreude« etc.). Selbst das »Ja« des nietzscheanischen Lebens, das *Ja sagen*, geht diesem Pathos und Deklamatorischen nicht aus dem Weg (die Schwäche des *Zarathustra*). Oder wiederum das Leben mündet, indem es sich zum Zweck macht, im Willen zur Macht, dessen Folgen bekannt sind. Es bedarf der poetischen Kraft Goethes, der gegen die romantische Nostalgie das momentane Wohlbefinden feiert (»Die Gegenwart ist die einzige Göttin, die ich anbete …«), um durch Schaffen einer Sprache diesen Banalitäten zu entgehen. Beziehungsweise Goethe nimmt selbst die notwendige Unterscheidung vor: zwischen der »Freude des Daseins«, die uns privilegierte Momente der Existenz verschafft (das Dasein, vergessen wir das nicht, »hat seine Freuden« …), und der Freude, die man »an« der Existenz selbst hat (»Freude am Dasein«), das heißt, wie Rousseau es betreibt, am Bewusstsein oder besser (vertrauter) an der »Empfindung« zu existieren.

Ich lebe nicht einfach, sondern ich »existiere« – daher war gerechtfertigt, dass Heidegger die »Seinsfrage« wieder aus dem »Vergessen« holte und erneut dem Denken vorlegte, um die Existenz zu denken; und sie so vor allen Reduktionismen, die sie bedrohen, zu bewahren: dem Biologismus (der sie auf das Vitale reduziert), aber ebenso sehr dem Psychologismus und dem Subjektivismus (der genau das Gegenteil der Beförderung des Subjekts darstellt). Was den Menschen definiert, ist nicht mehr – aus einem Blickwinkel, der lediglich anthropologisch wäre – seine »Vernunftbegabung«, wie es die Griechen wollten, und auch nicht mehr, gemäß seiner theologischen Bestimmung, »nach dem Bild Gottes« geschaffen zu sein, sondern sein »Wesen« liegt in seiner »Existenz« (»Das Wesen des Daseins liegt in seiner Existenz«). Das Sein seines »Daseins« ist, was »ex-istiert«, was nur verständlich ist, wenn man diesem *ex* des Herausragens und des Außerhalb all seine Kraft zurückgibt. Daher wird auch Heidegger logisch dazu geführt, die »Existenz« als »Ekstase« zu denken (im *Brief über den Humanismus*). Das heißt, dass das »Da« des Daseins des Menschen als Ex-istierenden daher kommt, dass er sich »außerhalb stellt«. Im Unterschied zu anderen Manifestationen des Lebens, den Pflanzen und den Tieren, die in ihrer *Umgebung* gefangen bleiben, ist das Eigene des menschlichen *Ex-istenzwesens*, dass es nicht nur in der Welt steht, indem es darin zum Vorschein kommt, sondern dies auf »ekstatische« Weise tut, will heißen, indem es daraus hervortritt und sich außerhalb ihrer stellt.

Innen, aber *außerhalb* stehen (das *ekstatische Innestehen*, sagt Heidegger auf so paradoxe, doch umso eindrücklichere Weise). Zumindest müsste man die Formel in diesem Sinn und in diesem Widerspruch festhalten: in diesem kühnen, befördernden Widerspruch, zu dem sich die Menschheit emporgehievt hat; und damit in diese fruchtbare Spannung, in die wieder fallen zu lassen wir uns hüten müssen. Denn wieso sollten wir dieses »Außerhalb« (des dem »Ex-istierenden« eigenen sich »außerhalb stellen«) wieder einem Ort zuweisen – einem »in« –, und wäre es die »Wahrheit des Seins« (… *in der Wahrheit des Seins*, setzt Heidegger in der Tat fort)? Wieso sollten wir die Kraft dieses »Außerhalb«, wie es Heidegger sogleich tat, wieder in eine ontologische Struktur zusammenfalten, die uns beruhigt, indem sie die Unterbringung dieses Ununterbringbaren besorgt? Dieses »Außerhalb«, dem sich die Ex-istenz aussetzt, indem sie sich vom leben ablöst und es befördert, ist als *Außerhalb*, das durch nichts integriert wird, beizubehalten, das heißt als Zugang zu Äußerlichkeit, die es kennzeichnet. Andernfalls verliert man das Vermögen hervorzutreten und führt diese ekstatische Macht in Richtung einer Offenbarung und ihrer mystischen, orakelnden Sprache, zu der sich Heidegger tatsächlich von da zurückwendet (die Ekstase wird zur »Lichtung« des Seins usw.) – vor der Rousseau für seinen Teil sich sorgsam gehütet hat.

Denn daraus, dass das »Da« des »Daseins«, das den Menschen definiert, sich als ein »sich außerhalb stellen« erweist, folgen zwei Hauptmerkmale (am Anfang von *Sein und Zeit*): einesteils, dass der Existierende »zu sein« hat, statt durch irgendeine »Natur« definiert zu werden; andernteils, dass er »auf der Welt« ist, »offen« für sie, und nicht einfach in der Welt. Dass dem Existierenden nicht sofort und endgültig ein Wesen gegeben wird, sondern er »zu sein hat«, bedeutet, dass die Existenz (das dem Menschen Eigene) wesentlich »Möglichkeit« darstellt, Möglichkeit, die hier nicht mehr der Gegenwärtigkeit (dem Sinn von Existenz selbst), sondern der Einhegung der Bestimmung entgegengesetzt ist. Im Unterschied zu allem, was nicht diesen Status des Existierenden hat, sondern einfach »vorhanden« und mit seinen Eigenschaften identisch ist, besteht das Eigentümliche der Existenz darin, dass sie sich nicht in irgendeine sie beschränkende Definition hineinzwängen lässt: Das »sich außerhalb stellen«, was Existenz ausdrückt, bedeutet zunächst einmal außerhalb der die »Sache« charakterisierenden und sie in ihr Wesen einsperrenden Bestimmung. Daher ist die Existenz ganz prinzipiell auf eine Zukunft hin offen; ist reich an dieser unerhörten Möglichkeit, insbesondere derjenigen, die – und darin liegt seine Berufung – der Romancier erkundet (in dem Sinne, wie der junge Leuwen unter der Feder Stendhals »eine schöne Möglichkeit« ist). Aber dass man zu sein hat (sein »Da« zu sein hat), bedeutet zugleich auch, dass man für dieses Sein einstehen muss, das jedes Mal das eigene ist, und dass man sich aus seinen Möglichkeiten auswählen, »sich finden« oder »sich verlieren« kann. Daher geht die Existenz dem Wesen voraus, der Mensch ist, »was sich macht«, wird Sartre sagen. Es bedurfte in der Tat der Überwindung dieser entscheidenden Etappe (ist dies die Letzte?), damit der Mensch, indem er sich als existierend (als einziges »Ex-istierendes«) anerkennt und sich nicht mehr durch irgendeine Wesensdefinition selbst begrenzt – einschränkt –, indem er sich also letztlich von jeder ideologischen Unterordnung (oder welche wäre da noch?) frei macht, sich seiner Initiative vergewissern und sich wirklich zum Subjekt befähigen kann.

Was bedeutet andererseits, dass der Existierende »auf der Welt« und nicht einfach »in der Welt« ist (ein *In-sein* und nicht nur ein *sein in* hat)? Das In-der-Welt-Sein, ob durch Einschluss oder Anfügung (im räumlichen Sinne verstanden), bleibt im Lateralen, man kann ihm nicht »begegnen«. »Auf der Welt« sein, charakterisiert durch das »Dasein« des Existierenden in seinem »Da«, ist hingegen eine einheitliche, untrennbare Struktur, sagt Heidegger, weil es eine Gleichursprünglichkeit beider – des Ich und der Welt – zum Vorschein bringt: Dies charakterisiert den Existierenden wesentlich als »Erschlossenheit«, seine einzige mögliche Charakterisierung; von der alles bis hin zu seinem Wissensvermögen abhängig ist, dessen ursprüngliches Fundament wir andernfalls nicht verstehen könnten. Dieses »sein auf« ist nicht mehr ein »in einem anderen« Sein; sein »Dasein« ist keine Einfriedung, sondern erstreckt sich von hier auf ein Dahinten und versteht sich immer schon von diesem Dahinten her. Außer es lässt sein »Da« durch Alltäglichkeit sich auf ein »in sein« reduzieren und zurückfallen: Rousseau ist am Bielersee wirklich »auf der Welt«, nicht nur einfach in der Welt. Doch noch einmal, warum sollte er, wie Heidegger es tat, diese »Aufgeschlossenheit« wieder ideologisch sich schließen lassen, indem er dieses »sein auf« sodann als »bei« deutete? Warum sollte »bin« verstanden werden als ein ich bin »bei«, will sagen als »wohnen«, »verweilen«, »gewohnt sein an«, das die Welt aus diesem »auf der Welt sein« zu einem vertrauten (einheimischen und nicht »fremden«, *unheimlichen*, und folglich auch – in logischer Ableitung – nationalistischen) Bei-sich zurückträgt?

Liegt darin nicht übrigens auch der unabänderliche Makel von Heideggers berühmter Analyse der Angst? Während die Furcht sich vor etwas »in der Welt« fürchtet, ängstigt sich die Angst vor der Welt als solcher. In der Angst fühlt man sich »auf der Welt«, aber fremd auf der Welt: »nicht bei sich«, »nicht zu Hause«. In der Angst nimmt das »sein auf« den existenziellen Modus eines ursprünglichen »nicht zu Hause« an. Das Auf-der-Welt-Sein enthüllt sich, in größtmöglicher Entfernung von Rousseaus Beschreibung, als ein nicht nur einwilligendes, sondern »vereinzeltes«, das heißt »rein« »geworfenes« und sich überlassenes »sein können«. Die Vereinzelung des »nicht zu Hause« auf der Welt als diesen Ursprung zu bestimmen, aus dem sich die

Angst erklärt, heißt, aus der Angst den Indikator einer Verfassung zu machen, der man anhand der ideologischen Dramatik, die sie wieder einführt, unschwer ansieht, wie sie allem Abstreiten zum Trotz zur großen Erzählung der Theologie zurückführt: Der Existierende enthüllt sich in seinem »Dasein« als vom Vater verlassen in eine »unheimliche« Welt »geworfen«. Daher findet sich dieses durch den Existierenden aufgeschlossene Mögliche – ein trotzdem Abenteuer verheißendes Mögliches, weil ohne festes Wesen, das keine Natur festlegt und dem nichts vorherbestimmt ist – von Heidegger wieder in ein »geworfen« eingeschlossen, das es infolgedessen dazu verurteilt, sich »zu entwerfen« (der Existierende ist ein »geworfener Entwurf«). Doch was kann das noch für ein »Wurf« sein, dessen Entwurf von einer Verlassenheit abhängt?

Denn *hin zu* was kann dieser Existierende »entworfen« sein? Dieses »zu« ist nicht mehr das *offene* »zu« des »zu sein vermögen« (sein »Da« sein können), sondern wird zum »hin zu« der *Bestimmung*. Sodass sich sein Sein-Können, immer in Erwartung seiner Realisierung, sich letztlich für den Existierenden als ein »zum Tode« sein Können bestimmt, in das er immer *schon* »geworfen« ist – statt, wie man auch vorbringen könne, seinen Tod ausschließlich als *Resorption* ins Auge zu fassen und durch sein offen Mögliches zu entdramatisieren. Sodass er in dem »Da« seines Daseins nicht sich selbst gegenwärtig sein kann, sondern »je schon vorweg« ist; und dass das »sich außerhalb stellen« des Ex-istierenden demnach unweigerlich als das »noch nicht« eines »über sich hinaus« verstanden wird, das von zeitlicher Struktur her zu denken wäre. Dass sich der Existierende immer vor sich selbst vorweg entwirft, versteht sich daher nicht mehr in aktiver und zukunftsorientierter Weise, da der Mensch sich zwar selbst mittels seines Projekts erschafft, dies aber in Form einer unmöglichen Gleichzeitigkeit des Subjekts tut. Der Existierende kann nicht mehr gleichzeitig mit sich selbst sein und findet sich deshalb zum »Vorgreifen« verurteilt und von daher der Möglichkeit beraubt, in sein Vermögen, im Hier und Jetzt zu existieren, zu gelangen, indem er von seiner Verstimmung ausgehend mit dem *derart* in Übereinstimmung käme. Diese Verstimmung hat Rousseau in seiner »ekstatischen« Vergegenwärtigung vom Bielersee beschrieben: als einen Zustand, den man *Ansprechbarkeit* nennen könnte, weil er Aufgeschlossenheit aufrechterhält und jenes

Vorgreifen sofort unterbindet. Diese Ansprechbarkeit beförderte schon Montaigne in seinem »leben im Hinblick«, das ein solches Vorgreifen durch seine Quasi-Tautologie geschickt abwehrte (da der folgende Kernsatz das Zeitliche nicht überschreitet): »Wenn ich tanze, tanze ich, wenn ich schlafe, schlafe ich«. Denn die Zeitlichkeit löst sich hier dadurch auf, dass sie bloß eine *Variation* von Fällen darstellt, die sich das Subjekt in gleicher Weise wie so viele Ressourcen – oder Taschen – der Existenz aneignet, und ohne sie noch auf die Dauer zu beziehen. Bei Heidegger hingegen behindert letztlich die zeitliche Struktur der Existenz diese in ihrem Vermögen hervorzutreten, mit dem sie sich von Bedingungen, von Festlegung oder sogar Bestimmung frei macht und die Möglichkeiten freisetzt.

Daher wäre eine solche Auffassung der »Existenz« ohne Ethik. Das Denken des lebens würde sich in seiner Immanenz abkapseln und wäre unfähig, dieses leben in konsistentem Trachten zu befördern; aber führt nicht das Seinsdenken, sobald es die Existenz von Neuem in sich einschließt, notwendigerweise wieder zur religiösen Dramatisierung? Selbst wenn der Existierende als Sein-Können, da er »zu sein« hat, zuerst so dargestellt würde, als ob er zwischen seinen verschiedenen Weisen, »sein zu können«, wählen müsste, so würde gleichwohl folgen, dass Heidegger versäumt, sich in seinen Analysen von dessen »Verfallen« auf ein negatives Urteil zu beschränken: des Verfallens, das in Modi stürzen lässt, die sich für das Auf-der-Welt-Sein nicht eignen – die alltäglichen Modi des »Geredes« oder der »Neugier« oder der »Äquivozität« etc., durch die der Existierende sich in Beschlag nehmen lässt und sein Vermögen, zu existieren, einbüßt. Denn der Existierende findet sich von sich aus, in sich selbst »stürzend«, sofort immer direkt auf diese Welt zurückgefallen, die ihn »beschäftigt«. Das (Ver-)Fallen in diese Welt, in der er »sich verheddert« und »sich verfängt«, stellt durchaus eine »Flucht« dar, und in dieser »Entfremdung« versteckt sich seine Fähigkeit, das Eigenste zu sein – aber der Existierende »wählt« sich hier nicht mehr. Daher war »Heideggers Denken« zunehmend versucht, diesen begrifflichen Zugriff zugunsten eines mystischen Orakelns aufzugeben; und blieb nicht nur ohne Ethik, sondern auch ohne Politik. Beziehungsweise die einzige Politik, die blieb, trieb die Entfremdung auf die Spitze.

Oder ist die Moral, zu der diese als Theorieslogan hochgehaltene Konzeption der Existenz (der »Existenzialismus«) führt, nicht zu rudimentär angesichts des gepredigten Engagements? Weil er sich in die Welt geworfen findet, findet sich der Mensch zugleich auch auf eine Zukunft hin geworfen und ist wesentlich »Projekt«, so setzt Sartre erneut an, achtet nun aber darauf, dieses »auf … hin« des »Projekts« aktiv (ethisch) offen zu halten: Nichts daran ist vorab. Und als *Projekt*, das heißt sich außerhalb seiner selbst versetzend, »existiert« der Mensch – genau daraus entspringen Wahl und Verantwortung (»sich wählend wählt er alle Menschen«, wird es in *Ist der Existenzialismus ein Humanismus* heißen). Doch auf welcher Grundlage kann dieser Begriff des »Projekts« moralisch universell gesetzt werden – in dem Sinne, dass ich all die Projekte der anderen verstünde (»eines Chinesen, Indianers oder Schwarzen«)? Denn lässt sich etwa darüber hinwegsehen, dass dieser Sartre'sche Projektbegriff als »Konfrontation der Grenzen« in einer »gegebenen Situation« nichtsdestoweniger eine mehr dem Westen eigene agonistische Theatralik voraussetzt? Und genügt es zudem im Hinblick auf »Werte«, dass das Projekt und seine Verpflichtung mit »Aufrichtigkeit« (oder was fügt hier »Klarheit« hinzu?) gewählt werden? Am Ende versteht man wieder nicht, wieso daraus, dass »Gott nicht existiert«, folgt, dass der Mensch »verlassen« sein soll (inwiefern ist Sartre hier noch abhängig von der theologischen Bühne, die er aufzugeben behauptet?); noch auch, ob die Freiheit dem Menschen durch sein »Verlassensein« aufgezwungen ist, was ihre Gleichsetzung mit der Kontingenz rechtfertigt (was die Philosophie hinreichend kritisiert hat); oder ihre Setzung als von Anfang »gegebenes« Absolutes, weil ja durch die Verantwortung postuliert, die dem Subjekt zukommt. Denn wenn man nicht dazu bereit ist, aus der Freiheit einen metaphysischen Glaubensartikel zu machen, wie Sartre es auf dogmatische Weise getan hat, dann zeigt sich die Verkettung vielmehr in umgekehrter Reihenfolge. In dem Maße (insoweit), als das Subjekt aus der Welt (seiner Bedingtheit) herausragt, will heißen sich erfolgreich aus seinem Eingetauchtsein in die Welt herauszieht, in anderen Worten sich »ex-istierend« hält, gelangt es (nicht zu *der* Freiheit, sondern) zu Freiheit, statt dass diese ihm willkürlich verliehen würde. Das heißt, es kann sich einen Spielraum für Initiative eröffnen, der es wirklich als Subjekt setzt.

7. Was gewinnen wir nun, wenn *existieren* zwischen »sein« und »leben« tritt, die sich gegenseitig entgehen? Was führt *existieren* in ihren Antagonismus ein, das nicht nur ihren Gegensatz suspendiert oder auflöst, sondern ihn durchkreuzt, indem es beide Entgegengesetzten füreinander öffnet, Risse in der Einfriedung beider hervorruft und sie in der Folge freilässt, ihre Sterilität vertreibt – eine Fruchtbarkeit darin freisetzt? Beziehungsweise welches *Neue* entfaltet sich hier, das nicht Kompromiss wäre, aber aufbewahrte, dass beide sich zu strikt widersprechen und folglich voneinander unverstanden bleiben; das auch nicht mehr Hoffnung wäre, sondern Erfahrung für das Subjekt, sobald sich *zwischen* dem sein und dem leben sein *Vermögen zu existieren* befördert? Zwischen der *Abstraktion* des Seins einerseits, die zur »Stabilität« des Ewigen und des Absoluten erhebt, wie es die Griechen in ihrer Metaphysik errichtet haben, und zu der das Denken als seine Berufung streben kann, indem es aber das Leben verleugnet; und der *Einfügung* in das Leben andererseits, in dem uns der Metabolismus hält, der sich langweilig immer von Bedürfnis zu Befriedigung erneuert, woher auch seine individuelle Erschöpfung und extreme Zerbrechlichkeit rührt. Beweis dafür, dass das Leben, um zu leben, alles tut, um zu vergessen (was aber das erste Argument der Stoiker und Epikureer war): dass sterben hier immer schon am Werk ist und ich jeden Augenblick in den Tod abgleiten kann. Welche Handhabe über das Leben, in diesem ständigen Wiederaufwärmen des Lebens, in unserem so langweiligen »so ist das Leben …«, erhaschen wir durch dieses bloße »existieren«, durch das, was es vom sein ausgehend, nicht eigentlich durch Vermittlung, sondern durch beiderseitige Entgrenzung und folglich durch Reflexion des einen im anderen bewirkt? Aber dies nun ohne jede Bekehrung, ohne das Aufschieben oder die Bequemlichkeit eines »Jenseits« des Seins, sondern im Hier und Jetzt: Welche Möglichkeit enthüllt sich hier, die *alles ändern* kann hinsichtlich dessen, was wir üblicherweise vom Leben zu wissen glauben und in dem sich unser Leben einschließen lässt?

Ich lebe nicht nur, sondern ich *existiere*. Beziehungsweise ich kann mein Leben in diesen *Anhaftungen* sich verfahren, in seinem Fortgang sich *versanden* lassen, es nicht herausholen: nicht ex-istieren. Existieren ist dieses wertvolle Verb, weil es sich von sich aus *intrinsisch be-*

stimmt: weil es also davon entbindet, auf die so mühsamen Vorschriften der Moral und aller Verhaltenskodizes rekurrieren zu müssen; weil es nicht einmal mehr an irgendein »Fundament« einer solchen Moral appelliert, ein immer hypothetisches Fundament (in der »Vernunft« oder in den »Gefühlen« oder im »Mitleid« usw.), und ebenso wenig auf Werte vertraut – sondern an sich selbst von sich selbst sagt, worin seine Berufung besteht. *Ex-istierend* leben genügt, um die ethische Forderung zum Ausdruck zu bringen. Ins Stumpfsinnige des anhaftenden, versandenden, wiederholend-verkümmernden Lebens eingetaucht, findet sich *leben* (als Verb, als Aktivum) dazu aufgerufen, daraus kraft dessen hervorzutreten, was in ihm selbst zum *Verstimmen* neigt: folglich sich *außerhalb* seiner Bedingtheit und seiner Ausbreitung zu stellen und sich so in jedem Augenblick als (angebotene) *offene Möglichkeit* wiederzuentdecken, die durch ihren *Aufschwung* ihrer Integration-Resorption (in ein »am-Platz« oder *Eingerichtetes*) widersteht – woraus dann Freiheit für das Subjekt entspringt. Folglich auch an Absolutes zu »rühren«, wie Platon im Hinblick auf das »sein« kühn sagte, aber dieses Mal, ohne sich von seinem Am-Leben-Sein zu trennen.

Darin liegt der Beitrag Kierkegaards: durch das Verb »existieren« diese das Leben des Subjekts kennzeichnende Dimension in die Philosophie eingeführt zu haben. Statt zur These aufgebaut zu werden (zu einem »ismus«: dem Existentialismus), bleibt »existieren« hier in diesem Vermögen, das es eröffnet, erhalten, indem es sich als das entscheidende Verb einschreibt, um das sich alles dreht. Existieren wird hier nicht mehr im banalen Sinn aufgefasst (»Existieren wir nicht alle?«), sondern in diesem nachdrücklichen Sinne: »wahrhaft existieren«. »Wahrhaft existieren, das heißt seine Existenz, die man sozusagen vom Blickpunkt der Ewigkeit aus überragt, mit Bewusstsein erfüllen, indem man gerade in ihr bleibt und zugleich im Werden« (*Abschließende unwissenschaftliche Nachschrift zu den Philosophischen Brocken*, Kapitel 3, § 1). Existieren bedeutet, während man ganz »in« (im Werden) bleibt, sich nicht in dieses *in* einsperren zu lassen; daher wird existieren zu jedem Zeitpunkt gefährlich, abenteuerlich, da sich dort alles jedes Mal im Ausgang von diesem Unermesslichen abspielt (das hier durch »Blickpunkt der Ewigkeit« bezeichnet ist). In der Tat ein sonderbares Schicksal, das dieses Verb in der europäischen Moderne erfährt: Geprägt in der Theologie, um das geringere Sein der »außerhalb« ihres Schöpfers »stehenden« Kreatur zu benennen, hat es sich zu Mehr-als-Sein oder besser, wie bei Descartes, zu reinem Sein verkehrt, um den Absolutheitsstatus des Subjekts auszudrücken. Und dann verkehrt es sich erneut, dieses Mal jedoch innerhalb des christlichen Denkens (aber immer gegen die Theologie), um nun in Ablösung vom Sein, von Descartes' *ego sum, ego existo* das zu benennen, was in diesem Leben des *sich zur Existenz befördernden* Subjekts an eigentlich Entscheidendem und jedes Mal Schicksalhaftem entsteht, weil es permanent in Berührung mit Absolutem bringt.

Kierkegaards ganzes Bemühen wird fortan sein, zwischen »existieren« und »sein«, die Descartes, das eine mit dem anderen erklärend, noch beisammenhielt, einen Graben auszuheben, die Klinge zwischen sie fahren zu lassen und sie in Antonyme zu verkehren. Was das Sein tatsächlich definiert, ist, dass es abstrakt ist, da es seit Parmenides mit dem Denken identifiziert wird – dessen letzter Repräsentant der von Kierkegaard erbittert bekämpfte Hegel ist. Nun drückt existieren exakt das aus, was sich im Sein dieser Abstraktion des *gedachten Seins* verweigert und das überaus singuläre – sich unter keine Kategorie einordnen lassende – Leben des Subjekts ist (und das »Subjekt« macht). Existieren bezeichnet, was vom Sein nicht vom Sein ist, weil es sich nicht zu »Sein« abstrahieren lässt. Das Seinsdenken in seiner Abstraktion, das heißt im Grunde genommen in seiner achtlosen Ablenkung, hat, sagt der rebellierende Kierkegaard, die Existenz »fallen gelassen«. Denn das Sein wird unter dem Gesichtspunkt des Ewigen (*sub specie aeterni*) gedacht, während die Existenz sich in der Zeitlichkeit des Werdens, im Hier und Jetzt entfaltet. Von daher hat das Seinsdenken die Schwierigkeit, die der Existenz eigen ist, einfach dadurch übersprungen, dass es letztere *gedacht* hat; im Glauben, sie zu klären, hat sie sie von Anfang an von sich fortgeschoben. Daher haben die Philosophen, während sie sich in der Abstraktion des Seins betätigten, vergessen, dass *sie selbst* »existierten«: dass sie nur »Professoren« waren …

Die Existenz widersteht der Abstraktion des Seins, weil sie ganz grundsätzlich ihr Gegenteil darstellt: Eben weil sie überaus *singulär* ist, sich mit keiner Verallgemeinerung überdeckt, gewinnt sie ihre

Gegenwärtigkeit und wird mithin wirklich. Ich existiere beziehungsweise ich existiere nur als Individuum, als »Einzelner« (*den Enkelte*): »Ich existiere« bedeutet »ich bin«, aber insofern ich hinsichtlich des Seins absolut einzig bin. Daher wird die Existenz nicht »gedacht«; beziehungsweise die in der Allgemeinheit des Begriffs agierende Abstraktion des Seins »verflüchtigt« die Existenz. Aus dem Blickwinkel der Existenz hat die Menschheit, in Hegel'schem Sinne als Kollektiv verstanden (die Menschheit in der Geschichte), überhaupt keine Bedeutung. Denn das Sein der Abstraktion, das der Allgemeinheit, hat Geltung nur als »Möglichkeit« in dem mageren Sinn von Eventualität und nicht in ihrem »offenen«, aktiven, fruchtbaren Sinn, ihrem bahnenden, eröffnenden Sinn von Existenz: Von den anderen, selbst von meinen Nächsten, habe ich immer nur ein mögliches Wissen, weil es immer ein Stück weit abgeleitet und erwogen ist. Nur von meiner eigenen Existenz kann ich direktes beziehungsweise »intimes« Wissen haben – oder ließe sich eine zweisame »Vertrautheit« vorstellen, bei der der Andere nicht Gott wäre? Jedenfalls ein Wissen, an dem ich absolut nicht zweifeln kann und das sich den Anderen immer nur über Umwege mitteilen wird: Wir werden niemals anders als nur indirekt von Existenz zu Existenz kommunizieren. Während das Wissen des Seins, das der Allgemeinheit, sich darauf beruft, »interesselos« zu sein (das Verdienst der Theorie und Philosophie), wird das Wissen, das den Einzelnen in seinem Eigenen, persönlich, das heißt als »Existierenden« betrifft, das Subjekt aufs Höchste interessieren. Existierend bin ich aufs Äußerste – leidenschaftlich – an meiner Existenz interessiert. Nicht aus Egoismus (Moral) oder Solipsismus (Theorie), sondern weil dies ist, worin allein »ich« mich immer einbegriffen finde, für das ich unablässig *Widerstand leisten* muss, um mich seiner Möglichkeit nicht zu verschließen, und das ebenfalls immer auf der Schwelle zum *Umkippen* steht, weshalb also in jedem Augenblick alles – ob ich »existiere« oder nicht – allein in meiner Verantwortung liegt.

Nun *löst* auf der einen Seite die Abstraktion des Seins den Widerspruch auf; sogar genau dafür haben die Griechen das Sein abstrahiert: um die das Leben zerreißenden Widersprüche daraus zu entfernen. Auf der anderen Seite hört der Metabolismus nicht auf, das Leben von einem Gegensatz zum anderen übergehen zu lassen: Er lässt also die sich widersprechenden Elemente *alternieren*, wodurch er ihre Regulation erreicht. Das »Bestreben« jedes Lebewesens ist in der Tat, wie Platon sagt, »stets auf einen Zustand des Leibes [auszugehen], der dem gegenwärtigen entgegengesetzt ist« (*Philebos*, 35c): Wenn er Hunger hat, von da zum Stillen seines Hungers zu kommen, dann zum Hunger zurückzukehren. Durch Streben zu seinem Gegenteil, das selbst die Rückkehr von dem ihm Entgegengesetzten impliziert, erneuert und erhält sich das Leben. Die *Existenz* nun zeichnet sich dort ab oder tritt vielmehr dort zutage, wo die Gegensätze sich treffen, zwischen sein und leben, auf der Spitze ihres Widerspruchs, und gerade nicht dort, wo sich der Gegensatz zerstreut oder in einem Kreislauf verteilt. Sie knüpft sich in dem durch ihren Abweg geöffneten *Zwischen* und entfaltet sich dort: Der Widerspruch lässt sich also nicht wie in der Abstraktion beseitigen noch sich wie im Leben auseinanderfalten, vielmehr ruft er durch sich selbst die »Existenz« in ihrem Vermögen hervor, lässt sie aufsteigen und regt sie an. Während die Abstraktion des seins das »Sein« im Ewigen, Absoluten, Identischen verortet, worin jeder Widerspruch verschwindet, wohingegen der Metabolismus des Lebens sich lediglich im Zeitlichen, Relativen und Veränderlichen abspielt, kommt die *Existenz* daher – kann ich dadurch »ex-istieren« –, dass sie sich ständig an der Schnittstelle beider entscheidet (sich wählt): der Schnittstelle des Ewigen und des Zeitlichen oder des Relativen und des Absoluten oder des Endlichen und des Unendlichen.

Existenz ist »Synthese« des Endlichen und des Unendlichen, wird Kierkegaard in Ermangelung besserer Worte sagen; oder des Tragischen und des Komischen oder des Positiven und des Negativen: nicht durch Aufhebung des Gegensatzes wie bei Hegel, sondern durch unauflösbare Koexistenz dieser Gegensätze. Weil sie sich nun wirklich weder auf die eine noch auf die andere Seite stellt, weder im Ewigen noch im Zeitlichen, weder im Absoluten noch im Relativen, weder im Endlichen noch im Unendlichen vollständig erscheint, kann die Existenz sich wirklich »außerhalb stellen«, außerhalb des einen wie auch des anderen, kann herausragen, sich eine aktive, rege »Möglichkeit« eröffnen und sich erfinden. Daraus, dass die Existenz in dieser doppelten Dimension erfasst wird, dass sie weder ausschließlich dem einen noch dem anderen angehört, kommt ihre eigene *Qualität*, die ihr erlaubt, sich zu befördern und kontinuierlich ihre Möglichkeit aufkommen zu lassen. Parallel zu ihrer *Singularität* entdecken wir daher in ihr auch erneut, diesmal jedoch geklärt und gerechtfertigt, die grundlegende *Mehrdeutigkeit* des Lebens, die das Leben normalerweise lediglich im Vorbeigehen und nur angelegentlich sichtbar werden lässt. Weil sie sich im Widersprüchlichen hält, unablässig von dieser grundlegenden Mehrdeutigkeit ausgeht, keinen Aspekt ihres Gegenteils abtrennen lässt, werden wir sie logisch als *paradox* kennzeichnen; wie wir auch auf ethischer Ebene ihren im eigentlichen Sinn *wesentlichen* Charakter ableiten werden, das heißt, dass sie das Subjekt ständig vor eine »Weggabelung« stellt: dass es darin in jedem Augenblick des Lebens – statt um eine moralische Wahl, die immer ein wenig künstlich ist, weil sie die Gegensätze (zwischen dem Guten / dem Bösen etc.) isoliert – um die Existenzmöglichkeit selbst in ihrem Erfordernis geht, die wir nämlich nutzen oder nicht, und davor noch uns überhaupt vergegenwärtigen oder nicht, und dies, um das Leben seiner *Trägheit* zu entreißen, seine *Versandung* zu überwinden.

In der Dialektik des Seins (des Abstrakten) löst sich der Widerspruch dadurch, dass sie sich damit begnügt, das eine zu beseitigen, um es im anderen zu bewahren (*Aufhebung*), und Hegel hat also recht (er hat aber nicht recht, wenn er behauptet, auf diese Weise die »Existenz« abstrahiert zu haben): Die Geschichte des Seins (der Vernunft) hat keine Wahl, weshalb das Hegel'sche Denken auch ohne Subjektethik bleibt. Im Metabolismus des Lebens ist im Vergleich der Übergang von einem Zustand in sein Gegenteil ein vollständig immanentes, organisches Streben, das ebenfalls keine Wahl lässt. Sprechen wir hingegen über die Existenz, folgt aus der Tatsache, dass sie auf die Ungetrenntheit der Gegensätze zurückführt und von einer grundlegenden Mehrdeutigkeit ausgeht, dass sie unaufhörlich *Entscheidungen treffen* muss: Die Existenz in sich selbst ist *polarisierend*. *Entweder* ich lasse mich im Endlichen einfrieden und versande darin; *oder* ich hieve mich heraus, öffne mich dem Unendlichen und kann wirklich ex-istieren (oder auch in der religiösen Fassung, die hier aber nicht mehr nötig ist: *Entweder* ich halte mich ans Zeitliche, sagt der Kierkegaard'sche Christ, *oder* ich wette auf die Ewigkeit). Entweder ich sperre mich in meine Zugehörigkeit zur Welt (in den »Sturzbach« der Alltäglichkeit), indem ich mich dieser Reduktion der Möglichkeiten ergebe; oder ich »stelle mich außerhalb« dieser vollständigen Integration in die Welt der Beschäftigung und Geschäftigkeit, wehre mich dagegen, eröffne mein Leben und befördere es zu »Existenz«. Weil die Existenz einem »entweder … oder« gleichkommt, da sie ständig von ihrer grundlegenden Mehrdeutigkeit her entscheiden muss, was nur im Einzelnen möglich ist, folgt, dass die Existenzen sich in Sphären entfalten, die nicht direkt miteinander kommunizieren können, sodass man, bei Kierkegaard, nur durch einen »Sprung« von der einen zur anderen gelangt; und dass ein Problem, das sich in der »ästhetischen« Sphäre stellt, wie beispielsweise das der so verspotteten Fadheit der Ewigkeit, die noch langweiliger sei als unsere Sonntage, sich nicht mehr in der Sphäre der »ethischen« Existenz stellen muss, die von dieser Darstellungsfrage befreit und allein mit der inneren Verwandlung beschäftigt ist.

Hier gibt es keine dramatische oder lyrische (romantische) Montage, sondern die Konsequenz dieses *Inkommensurablen*, das im Leben die Existenz zutage treten lässt. Wenn die Existenz »polarisiert«, dann weil ich praktisch dasselbe Leben wie die anderen um mich herum haben kann und meine Existenz dennoch so unterschiedlich ist: Mein Leben ist vergleichbar, »gewöhnlich«, nicht nur wegen seiner Biologie, sondern auch durch den ausgeübten Beruf, die Beschäftigungen, denen man nachgeht, die Art und das Tempo des Lebens; meine Existenz unterscheidet sich darin radikal, ist in diesem Punkt einzigartig, dass sie in dieser Spannung der Gegensätze steht und sich darin kontinuierlich aufs Spiel setzt: dass sie im Endlichen auf der Suche nach einem Unendlichen bleibt; oder dass sie im Relativen (des Lebens) besorgt um das Absolute (des Seins) bleibt. Dieser »polarisierende« Charakter, den man so bequem durch Zurückstutzen ins Psychologische von außen interpretieren wird (eine »polarisierende Persönlichkeit« sagt man, um es von sich abzuwälzen), wird an jener Dissidenz festhalten, die in der Gewöhnlichkeit des Lebens unausbleiblich ein solches Vermögen zu ex-istieren öffnet, sobald man sie sich zu eigen macht. Daraus resultiert zwangsläufig, dass ich mich, wenn ich existiere, von den anderen separiere (leben diese ohne zu existieren?); und dass ich, wenn ich auch dieselben Worte wie die anderen gebrauche, dennoch nicht mehr dieselbe Sprache wie sie sprechen werde und infolgedessen die Verwechslung permanent wird. Der ganze Rest – die Bestimmungen des moralischen Lebens – kommt erst danach, immer nur als Konsequenz. *Entweder* hält sich das Leben an die Banalitäten des Lebens, *oder* es tritt daraus hervor, indem es dieses Mittel des Existierens ins Werk setzt – das, was auf einen Schlag alles ändert. Und das ist tatsächlich das große Verdienst des Christentums gewesen, zu »verkünden«, dass sich das Leben radikal ändern konnte (und selbst der Tod besiegt werden kann), und zwar nicht erst später, worin sein Messianismus mit jedem Messianismus bricht, sondern hier und jetzt, in diesem Augenblick und allein durch die Entscheidung des Subjekts (wodurch es tatsächlich das Denken des *Subjekts* hat zum Vorschein kommen lassen), und dass genau das das »Wunder« und das einzige Wunder war. Aber bedarf es des Religiösen (des Glaubens), um es zu wollen und sich darin zu bestärken? – oder sogar etwas, das vom Bezug darauf abkommen lässt?

Denn wenn es gerechtfertigt ist, den Abstand der Existenz zu vergrößern, diesmal nicht mehr den zum Sein, sondern zum Leben, ist es dann nicht abermals zu bequem, wieder ein Ziel auszurufen, wie es Kierkegaard getan hat (das »absolute Telos«): ein höchstes Gut als Schlussstein, der alles zusammenhält (er nennt dies, ob dogmatisch oder symbolisch, das »ewige Leben«)? Denn er verwandelt das der Existenz eigene Spannungsvermögen, das seiner Mehrdeutigkeit entspringende Vermögen zum *Aufschwung*, in eine einzige – eindeutige – Spannung, die nun auf das Ende hin gerichtet ist und erneut *durch* die Verdopplung, die daher unvermeidlich wieder hereinkommt, zur »Überschreitung« aufruft. Auch wenn Kierkegaard darauf bedacht ist, die Rechtfertigung anzufügen, dass das »Risiko« bezüglich dieses höchsten Ziels, das durch nichts garantiert ist, gerade der Vorzug des religiösen Lebens sei, und zwar durch seine Unsicherheit selbst, ist man prompt abermals in die Bequemlichkeiten des Seinsdenkens gerutscht, in die Spurrille des »Jenseits« und der Transzendenz und wiederholt, wenn auch ungewollt, das Spiel der Metaphysik und ihres Platonismus. Man wird erneut sagen, der Existierende »ist ein Fremder in der Welt«, er »lebt in der endlichen Welt, aber ohne sein Leben in sie zu legen« usw. (*Abschließende unwissenschaftliche Nachschrift zu den Philosophischen Brocken*, Kapitel 4, 2, A, § 1). Der Existierende ist nicht mehr aktiv existierend, sondern wird wieder »Sünder«, aus dem wahren Leben Vertriebener. Nachdem er uns das der Existenz eigene Mittel zu enthüllen wusste, lässt uns Kierkegaard unglücklicherweise die Phänomenalität der Erfahrung in einer Weise aufgeben, dass sie auf nichts anderes verweist. Warum nun aber sich nicht an dieses einzige der Existenz innewohnende Vermögen als einzig mögliches Absolutes halten?

Denn wenn Kierkegaard recht damit hat, die »Vermittlung« als zu einfach zugestandene Versöhnung zwischen den Gegensätzen zu kritisieren, heißt das dann nicht letztlich, ebenso von der Forderung, die die Existenz stellt, Abstand zu nehmen und das Unendliche durch Ausschluss des Endlichen oder zumindest durch Trennung von ihm zu denken – also das aufzugeben, was der Existenz, indem sie die Gegensätze nicht isoliert, eigentümlich zukommt, und damit das Spiel der Metaphysik zu wiederholen? Denn die Bestimmung der Existenz – was sie aufsteigen, herausragen, sich »außerhalb stellen« lässt – besteht darin, Unendliches *inmitten des Endlichen selbst* auszufalten: insbesondere sich das Spirituelle nicht im Gegensatz oder nur parallel zum Sexuellen zu denken (oder offensiver, biografisch ausgedrückt: Regine nicht abzuweisen); sondern das Spirituelle ausgehend von der Kluft des Sexuellen selbst und des Übermaßes der Begegnung her zu entdecken (freizulegen): folglich nicht getrennt vom Phänomenalen, sondern inmitten seiner unmöglichen Angemessenheit. Das heißt nicht mehr in irgendeinem *Jenseits*, das den Riss wieder kittet, sondern in dem durch diesen phänomenalen Riss geöffneten *Zwischen*, inmitten des Phänomenalen und wo ein Subjekt ausgehend von dieser Nicht-Stimmigkeit des Lebens wirklich ex-istieren und seine Freiheit betätigen kann. Dieses »Spirituelle«, wenn wir diese Kategorie gültig erhalten wollen, ist aktiver dadurch, dass es nicht von dieser Welt ist, aber in dieser Welt, die das einzig Wirkliche ist: dadurch, dass es einen Abstand von der Totalisierung und Einschließung dieser Welt gewinnen lässt, ohne doch einer anderen Welt anzugehören. Denn wenn es sich erneut zuweisen lässt, verliert es dieses *außen*, durch das es ex-istiert.

Mit »sein« und mit »leben«, für sich genommen, kann die Philosophie letztlich nichts anfangen, da beide nur durch das ihnen Entgegengesetzte Sinn ergeben: das Sein durch das Nicht-Sein und das Leben durch den Tod. In sich selbst drücken diese Begriffe nichts aus; in anderen Worten, nichts passiert in ihnen – außer dass man gewahr wird, dass die Unterscheidung, die sie von ihrem Gegenteil abgrenzt, doch nicht so scharf ist; oder dass sie nicht ohne Willkür ist: dass das Sein in gewisser Hinsicht nicht ist, wie der *Timaios* aufgedeckt hat; oder dass der Tod bereits im Leben zu Werke geht, das sich nach Kräften müht, sich ihm zu widersetzen. Diese Begriffe sind im Grunde nur dadurch von Interesse, dass sie die Unmöglichkeit ihrer Trennung oder zumindest eine Abhängigkeit von ihrem Gegensatz erkennen lassen und damit Mehrdeutigkeit zutage fördern: Sie sind dann vielleicht unter ihrer allzu großen Selbstverständlichkeit doch nicht absolut stichhaltig. »Existieren« hingegen veranlasst dazu, sich begrifflich in sich selbst auszudrücken und mithin zu denken; und lässt sogar neue Möglichkeiten im Denken zum Vorschein kommen.

Denn *existieren* holt von sich aus entgegengesetzte Bedeutungen hervor; oder genauer gesagt, es spaltet die scheinbare Eindeutigkeit der Begriffe, an denen es kraft seines inneren Vermögens einen Sinn entdecken lässt, der ihrem gewöhnlichen Sinn entgegengesetzt ist; und den es sogar bis ins Unendliche treibt. Dies gilt bereits für das »Mögliche«. Es enthüllt den offensichtlichen Sinn in seiner ganzen Armut – was nur eventuell (nur möglich) ist –, setzt sich diesem entgegen und definiert sich sogar gegen ihn: »existieren« heißt schon von seiner ersten (theologischen) Bedeutung an, aus diesem Möglichen, das nur hypothetisch ist, herauszukommen, um ins wirkliche, feststellbare Sein zu gelangen. Gleichzeitig lässt *existieren* in Umkehrung des Begriffs ein aktives, zukunftsorientiertes Mögliches erkennen, das diesem abstrakten Möglichen der bloßen Eventualität entgegengesetzt ist: nicht mehr privativ (durch Mangel an Sein), sondern erfinderisch, energisch, gehaltvoll, keine Inkonsistenz (Inexistenz), sondern eine unbegrenzte, ja unerschöpfliche Entfaltung. »Möglich« bezeichnet hier als positiv, was sich nicht durch ein Wesen eingrenzen, in Bestimmungen einschließen lässt – ein unerhörtes, gewagtes, »abenteuerliches« Mögliches, das es zu erkunden, zu erschließen gilt. Ex-istieren heißt infolgedessen nicht nur, aus der reinen Eventualität eines noch nicht geschehenen »Möglichen« herauszukommen, sondern noch wesentlicher, aus der von Anfang an aufgezwungenen Eingrenzung, der Eingrenzung durch das Konventionelle und gern Wiederholte sowie aus dem dadurch bewirkten Verlust an »Möglichem« herauszukommen, dessen Fruchtbarkeit man sich nicht einmal vorstellt. Denn man *könnte in seinem Leben* über diese Grenzen, die man im Vorhinein dem Leben setzt, hinausgehen und sich weiter vorwagen, wenn man sich das Unglaubliche traut; und sich dafür von diesem »Am-Platze« freimachen, vom Vernieteten und Eingerichteten, die sich als unser Wesen ausgeben (das gewöhnliche »so ist das Leben« stutzt das Leben): Das heißt wieder ein *Mögliches* zu öffnen, das über diese Grenzen, die wir zu gewissenhaft beachten, um sie für suspekt zu halten, hinausgeht und sie umstößt, sich außerhalb ihres Anhaftens und ihrer Beschränkung stellt, und es heißt auch, eine Freiheit geltend zu machen.

Existieren ist machtvoll (fruchtbar) in dem Sinne, dass es einen schwachen Sinn in einen starken verkehrt, einen armen Begriff in einen reichen verwandelt. Das gilt ebenso für das »außerhalb«. Weil existieren polarisiert, weil es sofort auf Trennung zwischen dem, was existiert, und dem, was nicht existiert, drängt, weil wir es infolgedessen nur feststellen und beschreiben können und weil es sich dem Hypothetischen der Deduktion wie auch der Konstruktion verweigert, vertreibt es das inkonsistente Außerhalb der Illusion oder sogar nur der Abstraktion oder der Erklärung, die von der Sache selbst – dem »Phänomen« – ablenkt und dem Denken zu leicht als Alibi dient. Denn gleichzeitig lässt es durch seine Anforderung des »sich außerhalb stellen« sowohl im Ich als auch in der Welt ein Außerhalb entdecken, das von der Einkapselung, von der Versandung im Eingerahmten und Beschränkten sowie vom davon ausgehenden sich Ein-richten befreit. Ein Außerhalb, zu dem man sich hinaufhievt, das Zugang verschafft: unendliches Außerhalb des *Überbordens*, das aufschließt und begegnen lässt. Ex-istieren heißt das eine verjagen, nämlich jenes Außerhalb des wirren Geredes, das jedenfalls nicht mehr sachdienlich ist und aus dem Wirklichen heraustreten lässt, um das andere zu entwickeln, das Außerhalb der Ausweitung und der Entdeckung: unbekanntes Außerhalb dessen, was sich nicht mehr eingrenzen oder einsperren lässt und allen erlaubt, hervorzutreten.

Desgleichen lernen wir, indem wir das *existieren* denken, diese Hauptunterscheidung zu treffen, die erlaubt, allgemeiner die Arbeit der Philosophie etwa in ihrer Geschichte neu zu bewerten: das vom existieren beförderte Metaphysische von »der« Metaphysik zu scheiden, mit der existieren brechen lässt. Existieren ist diskriminierend in dem Sinne, dass es *das* Metaphysische als der Existenz eigene Dimension entfaltet, insofern es dazu anhält (lehrt), sich »außerhalb« (des der Welt Immanenten und des Bedingten) »zu stellen«; während es gleichzeitig *die* Metaphysik als abstrakte und verdächtig werdende Konstruktion des Denkens zurückweist. Existieren verschafft dem Metaphysischen tatsächlich durch den Status des *Außerweltlichen*, das es zutage treten lässt, Geltung und Glaubwürdigkeit: das *Außerhalb* der Aufschließung und Deinklusion, das *Außerhalb* des *Überbordens*. Dadurch scheidet es sich streng vom *leben*, da leben nur als in der Welt bleibend oder sagen wir durch »Im-manenz« verstanden wird; während existieren daraus hervortreten lässt (außerhalb der Bedingungen des »warum existiere ich«?). Existieren bedeutet also, dieses Metaphysische eines Außerweltlichen zutage treten zu lassen – das in der Welt weder zum Vorschein kommt noch sich einschließt –, aber dies in der Welt, im Hier und im Jetzt (oder auch das Spirituelle im Sexuellen oder das Unendliche im Phänomenalen etc.). Und es bedeutet, in der zur Existenz werdenden Erfahrung dessen trennende und hineinbrechende Wirkung auf sich zu nehmen: »Es war wie eine Erscheinung …«

Zugleich lässt existieren verstehen, wie *die* Metaphysik als Diskurs und Konstruktion des Denkens *das* Metaphysische als der Existenz eigene Erfahrung (Forderung) zugedeckt hat. Der Irrtum der Metaphysik liegt in der Tat kurz gesagt darin, dieses von der Existenz hervorgebrachte (oder sie hervortreten lassende) *Außerhalb* wieder in einem *in* untergebracht zu haben; und es darin verloren zu haben. Dieses verlagerte *Außerhalb* (des Sich-außerhalb-Stellens) hat seine Kraft der Äußerlichkeit eingebüßt; und die Topologie, die es errichtet, kann, da sie einer Konstruktion angehört, nur noch ideologisch sein. Selbst es nur in einem »Anderswo« (»das wahre Leben spielt woanders«) zu situieren, kommt schon einem Abschwören gleich. Denn projiziert man wie Platon dieses Außerhalb in ein ideelles oder religiöses »Dahinten« oder reintegriert es auch nur wie Heidegger in die »Wahrheit des Seins«, hat man sein Vermögen zur Ex-istenz als Aufschwung und Emportreten eingebüßt. Sobald das »außerhalb« des Sich-außerhalb-Stellens der Ex-istenz erneut zu einem »in« wird, das sich wieder zugewiesen sieht, hat *die* Metaphysik *das* Metaphysische verraten. Dieses Außerhalb ist ein Außer-Örtliches und darf sich nicht auf einen Ort zurückstutzen lassen – darum habe ich es hier unterwegs unablässig neu umrissen und aus der Spur gedrängt. Wenn man dieses *Außerhalb* des Emportretens wieder in ein *in* einschreibt, wird dieses zum Ziel und folglich Flucht – was man historisch der Metaphysik tatsächlich immer wieder vorgehalten hat.

Dieses *Außerhalb*, durch das die Ex-istenz hervortreten kann und das wir nicht mehr in irgendein »in« zurückfallen lassen werden, treibt umso weniger dazu, sich vom Phänomenalen und von der Erfahrung zu lösen – eine Ablösung, die man der Metaphysik seither so oft vorgeworfen hat –, als es sich im elementarsten, konkretesten (am tiefsten verankerten) Zustand direkt am Erlebten erprobt: in dem der Sinnesempfindung zunächst. Da gibt es diesen Lichtstrahl, der vor mir durch die Baumreihe bricht, als der Zug im Wald zum Halten kommt: Ich bin überrascht von diesem Ansturm und dieser Überfülle des so einfachen und zugleich unerhört Schönen in diesem Hier und Jetzt, das ich einzigartig weiß. Und dennoch weiß ich bald schon nichts mehr damit anzufangen; selbst das darauf gesetzte »schön« besagt nichts: Ich will mich damit befassen, finde mich aber festgefahren, paralysiert und wie abgestumpft, eingemauert in meiner Wahrnehmung – oder handelt es sich vielleicht schon um dieses Wahrgenommene selbst, das sich in sich festgefahren und eingemauert findet? In jedem Fall bekennt sich diese Empfindung als nicht so sehr zerbrechlich wie steril, in ihre Lage versenkt, wie von ihrer Zugehörigkeit zum Augenblick absorbiert, bald so »langweilig« zu »beobachten« wie zu »beschreiben« (Proust am Ende der *Verlorenen Zeit*). Nur wenn diese Empfindung einer anderen außerhalb ihrer begegnet, die durch sie hindurch plötzlich aus meiner Vergangenheit wieder auftaucht – wie wenn, während ich bei Tisch meine Serviette auffalte, plötzlich in der Steife des Tuches die Empfindung der gestärkten Badetücher von Balbec und der ganze bläuliche Horizont der Meeresküste an einem Sommerabend wieder aufsteigt –, nur wenn diese aktuelle Empfindung, indem sie sich also erfolgreich von selbst aufschließt, sich nach *außerhalb* hievt, außerhalb ihrer trägen Zurückhaltung, in diesem gleichermaßen einzigartigen wie auch definitiven Blitz sich verdichtet: gelangt sie am Ende zur Existenz. In ihr wird plötzlich das Absolute des Seins erreicht (die Furcht vor dem Tod, sagt Proust, wird zerstreut). An die Pforte, die man seit so vielen Jahren gesucht hat, »pocht man, ohne es zu wissen«, und »da öffnet sie sich«.

Durch diesen Zugang zur Existenz der Empfindung (seit der Empfindung) zeigt sich leben radikal verwandelt. Proust ist sich bewusst, dass es sich dabei in dem, was zu Beginn nur »Augenwischerei« und »Ausflucht« ist, um eine noch zu entwickelnde Strategie handelt, die ebenso ethisch wie ästhetisch ist: »während ich jetzt eine unbändige Lust zu leben verspürte …«. Denn nur durch *Ablösen* von der gegenwärtigen Wahrnehmung, ausgehend von der vergangenen Empfindung, die sie plötzlich von weiter weg her aufdeckt und sie zugleich zerteilt und zutage treten lässt, kann die gegenwärtige Empfindung, aufklaffend (zuvor war sie in einem »Gefäß« »eingeschlossen«), ihre innere Fülle offenbaren; oder finden wir uns, über das fruchtbare Außerhalb des *anderen* mit ihr konfrontiert und so Distanz gewinnend, nicht mehr in ihr festgefahren, nicht mehr durch Mangel an Abstand und Perspektive gehemmt und wie in die Augenblicklichkeit eingemauert – sondern können uns ihr *entgegenstrecken*, die »Vorstellung« dazwischentreten lassen, wie uns Proust sagt, und uns also auch in sie in-vestieren und sie endlos entwickeln. Was auf sprachlicher Ebene die Metapher bestätigt, auf der so viele Seiten Prousts ruhen: Sie besteht darin, die Qualität einer Sache durch Übertragung auf eine andere ersichtlich zu machen, und nicht nur durch Nebeneinanderstellung, wie es der Vergleich tut, das heißt, indem sie die Sache durch Verschiebung in anderes von sich selbst aus ihrer Undurchsichtigkeit herausholt, sodass man sie von diesem Außerhalb ihrer selbst hervortreten sieht. Man erlebt die Schönheit einer Sache, resümiert Proust, nämlich erst in einer anderen. Weit entfernt, nur eine rhetorische Figur zu sein, liefert die Metapher Schlüssel und Erklärung, die so verzweifelt gesuchte »Zauberformel«: Sie ist die Vermittlung, die, weil sie uns durch den vollzogenen Transport (*metaphorá*) *außerhalb* der Sache wirft, Zugang zu diesem Unmittelbaren der Sache verschafft, das uns sonst entschlüpft und nicht ex-istieren kann. Dadurch steht sie exemplarisch für den anderen Weg (den der Literatur) gegenüber der Abstraktion des Begriffs: Sie bleibt durchaus im Sinnlichen und löst sich nicht davon ab, sondern hebt dieses Sinnliche durch ein dem Sinnlichen innewohnendes Außerhalb hervor, das es hervortreten lässt.

Die gegenwärtige Empfindung, im Augenblick durch die Vermittlung der fernen und jäh aus der Vergangenheit wieder auftauchenden Empfindung aufgeschlossen, öffnet für eine Entfaltung des Phänomenalen, Sensorischen – eines affektiven, nicht vagen, illusorischen Phänomenalen, dem man gleichwohl sofort seine Konsistenz und Festigkeit ansieht – Absolutes offenbart sich ihm ebenso wie Unendliches. Was sich so in (von) der geringsten Empfindung erkennen lässt, ist durchaus von *metaphysischem Gehalt* – oder kennen wir noch eine andere Bezeichnung dafür? Doch hier verliert Proust es unglücklicherweise wieder, indem er es zudeckt, sobald er mit den in der Metaphysik gebräuchlichen Begriffen darüber berichten will. Nicht so sehr die Sprache der Offenbarung und »Verzauberung«, derer er sich bedient, ist hierfür verantwortlich und wird suspekt (man muss durchaus sagen, dass dieses Unerhörte, das schlagartig alles ändert, als »Wunder« gelten kann), als vielmehr die Tatsache, dass Proust nicht mehr *beschreibt*, sondern sich ans *Konstruieren* macht. Weil das unmittelbare Zusammentreffen der vergangenen und aktuellen Empfindung vermeintlich ein »gemeinsames« Wesentliches liefert, ist man wieder in die Sprache der abstrakten Identität zurückgekippt und verliert die angebotene Gegenwart. Dieses fruchtbare *Außerhalb*, das die Impression aus ihrem versandeten Zustand löst, soll hier ein »beständiges« und »verborgenes« »Wesen« offenbaren; dieses hervortreten lassende Außerhalb kann infolgedessen zugewiesen – anders untergebracht – und ein »Außerhalb der Zeit« werden, das man auch Ewigkeit nennt. Daraufhin verwandeln sich diese Empfindungen in »Zeichen«, »unter« denen man suchen muss, die Arbeit liegt nun in der Entzifferung: Man hat sich zugunsten der »Interpretation« von der Empfindung selbst losgesagt, indem man das »Ideelle« von der Wahrheit abtrennt.

Wieso nun nicht sich an das bloße Hervortreten der Empfindung halten, die von diesem Außerhalb, das die wieder aufgetauchte, sie plötzlich enthüllende Vergangenheit ist, zur Ex-istenz gelangt (gelangen lässt), statt ein ideelles »Jenseits« (so dieses »Außerzeitliche« Prousts) von ihr zu suchen, das unweigerlich unseren Auszug aus ihr zur Folge hat? In der Tat ist existieren nicht nur dadurch ethisch, dass es durch sich selbst *befördert* (das Leben zur Existenz befördert), sondern auch dadurch, dass es ständig *polarisiert*: ob wir uns in dieses Außerhalb, das hervortreten (existieren) lässt, stellen oder ob wir dieses Außerhalb auf ein »in« zurückstutzen, sei es nun das Außerhalb des Anderswo oder das des Außerzeitlichen. Das heißt, dass wir es also sich in eine Zugehörigkeit verkehren, sich in Bestimmtheit und Eigenschaft einschließen lassen; und dass die dem leben eigene Verstimmung, die die Existenz in ihrem Loslösen entwickelt, infolgedessen verloren ist. Denn unter diesem »sich außerhalb stellen«, was existieren bedeutet, muss man letztlich beides verstehen: nicht nur das fruchtbare Außerhalb, das aufschließt und begegnen-hervortreten lässt, sondern auch das *sich stellen*, das entschlossen und entschieden ist. Wenn »existieren« bedeutet, sich in den Aufschwung dieses *Außerhalb* zu stellen, dann weil man dieses Außerhalb wachsam erhalten muss, um nicht in ein *in* zu kippen, das es ausbreitet, weil man allem widerstehen muss, was es wieder aneignet und, indem man es wieder einrichtet, infolgedessen der Versandung ausliefert.

Denn man kann dieses Vermögen zu existieren ebenso gut verfehlen. Man kann gelebt haben, ohne existiert zu haben: ohne angefangen zu haben zu existieren oder nur so wenig … Nicht existiert zu haben, bedeutet, faktisch nicht aus seiner Zugehörigkeit zum Inneren der Welt hervorgetreten zu sein, aus den Anhaftungen, in denen sein Leben (sein Denken) befangen bleibt, nur unter diesem schmalen Horizont gelebt zu haben, in anderen Worten nicht einmal die Möglichkeit anderer Möglichkeiten in Betracht gezogen zu haben: sich nicht einmal kundig gemacht zu haben, wie das »Leben« radikal verschieden sein kann von dem, was man ständig davon erzählt. Von daher erhält der alte Begriff der Bestimmung überraschend seinen Sinn zurück. Sobald ich existierend lebe, mein Leben sich dem Metaphysischen öffnet, das heißt der Möglichkeit eines unerkundeten Möglichen, nimmt es die Gestalt von *Bestimmung* an und wird dadurch einzigartig, dass es, indem es »sich außerhalb stellt«, sich nun auseinandersetzen muss; und in diesem Ausreißen aus der Einfriedung und Bedingung der

Welt, aber in der Welt, in diesem Einbruch des Unendlichen inmitten des Endlichen selbst, hat es sich über die Grenzen befördert, die es zu überwinden wusste. Bestimmung auch, weil ich das, was ich existierend lebe, nicht noch einmal und auch nicht länger zu leben brauche – weil ich kein Bedürfnis habe, es zu wiederholen, was immer etwas Zwanghaftes hat, noch auch nur, es zu verlängern. Der *amor fati* besteht nicht nach der Nietzsche'schen Art der Lebensbejahung darin, eine ewige Wiederkehr dessen, was ich lebe, auf mich zu nehmen, sondern es so zu leben, dass es nichts gibt, was mehr zu wollen oder hinzuzufügen wäre, weil nichts es mehr ermessen kann. Denn dieses Mal ist durchaus das einzige Mal (dieses Leben ist das einzige Leben, dieser Moment der einzige Moment); und dadurch, dass dieses einzige Mal – dieses einzige Leben – als *solches* genügt, wissen wir, dass seine Möglichkeit wirklich entfaltet ist, dass es wirklich »existiert« hat. Selbst wenn es gleich vergessen wird oder unbeachtet bleibt. Leben erschöpft sich; existieren, erworben und erlangt, ist für immer.

Erste Auflage Berlin 2022

MSB Matthes & Seitz Berlin Verlagsgesellschaft mbH
Göhrener Str. 7 | 10437 Berlin
info@matthes-seitz-berlin.de

Umschlaggestaltung: Dirk Lebahn
Layout und Satz: Monika Grucza-Nápoles, Berlin
Druck und Bindung: GGP Media GmbH, Pößneck
Printed in Germany
ISBN 978-3-95757-859-4
www.matthes-seitz-berlin.de